世经政丛书
之"一带一路"系列

系列主编:张宇燕

"一带一路"
与文明交流

薛 力◆著

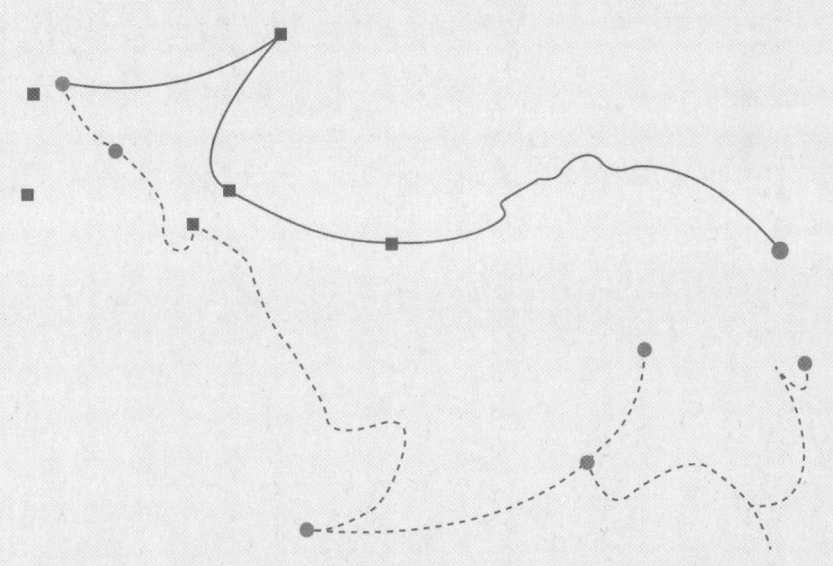

中国社会科学出版社

图书在版编目（CIP）数据

"一带一路"与文明交流 / 薛力著. —北京：中国社会科学出版社，2020.11（2021.7 重印）

（世经政丛书之"一带一路"系列）

ISBN 978-7-5203-7195-7

Ⅰ.①一… Ⅱ.①薛… Ⅲ.①"一带一路"—国际合作—关系—文化交流—研究—中国　Ⅳ.①F125②G125

中国版本图书馆 CIP 数据核字（2020）第 177028 号

出 版 人	赵剑英	
责任编辑	马　明	乔镜蕻
责任校对	赵　洋	
责任印制	王　超	

出　版	中国社会科学出版社
社　址	北京鼓楼西大街甲 158 号
邮　编	100720
网　址	http://www.csspw.cn
发 行 部	010-84083685
门 市 部	010-84029450
经　销	新华书店及其他书店

印　刷	北京明恒达印务有限公司
装　订	廊坊市广阳区广增装订厂
版　次	2020 年 11 月第 1 版
印　次	2021 年 7 月第 2 次印刷

开　本	710×1000　1/16
印　张	19.75
字　数	268 千字
定　价	98.00 元

凡购买中国社会科学出版社图书，如有质量问题请与本社营销中心联系调换
电话：010-84083683
版权所有　侵权必究

世经政丛书之"一带一路"系列
编委会

编委会主任：张宇燕
编委会副主任：姚枝仲　邹治波
编委会成员（以姓氏拼音为序）：
　　　　　东　艳　李东燕　欧阳向英
　　　　　邵　峰　王　新　徐　进
　　　　　徐秀军　薛　力　姚枝仲
　　　　　袁正清　张宇燕　张　明
　　　　　邹治波
秘　　　书：薛　力

系　列　主　编：张宇燕
系　列　副主编：姚枝仲　邹治波
执　行　编　辑：薛　力

系列序言一

张宇燕*

　　主权、安全和发展利益构成我国涉外国家利益的三大要素，三者相辅相成、三位一体。维护并最大化国家利益，乃我国对外战略目标所在。如果说主权是关键，安全是首要，发展是基础，那么夯实发展基础的便是"一带一路"。真理应该是具体的、简单的，我们可以从器物、制度、货币和理念四个角度理解和把握"一带一路"构想。

　　首先是器物角度。相对于大多数沿线国家，中国在基础设施建设、装备制造等领域拥有明显的绝对优势和比较优势，而"一带一路"沿线的许多发展中国家拥有丰富的资源与劳动力，尤其是有着快速工业化的愿望。通过产能合作，打造以基础设施建设和互联互通为器物条件的跨区域生产网络，势必有利于产业链的延伸，分工与专业化的深化，市场规模的扩大，生产要素更有效的配置，"得自贸易之收益"的实现，最终有利于使各国凝结成牢固的命运共同体。

　　其次是制度角度。制度在此指的是保证、维持和拓展国家间分工与贸易的国际规则。"一带一路"沿线各国内部外部的制度环境各不相同，现行国际规则又大多具有"非中心"的特征（这意味着同样的规则对不同的国家意味着不同的事情）。中国和沿线发展中国家一道，可以通过双边与多边合作，继承、改进、整合、创新现有国际规则体系，既让交易成本

---

* 张宇燕，中国社会科学院世界经济与政治研究所所长、研究员。

大为降低,更让国际制度趋于中性,甚至更有针对性地维护发展中国家的利益,实现全人类的共同繁荣与发展。

再次是货币角度。肇始于美国的次贷危机最终演化为国际金融危机,基本原因之一在于世界经济对美元的过度依赖。推进人民币或"华元"国际化与"一带一路"建设相辅相成。"华元"在"一带一路"沿线区内计价、结算和储备功能的拓展与加强,除了使沿线各国在降低交易成本、规避汇率风险、提升经济一体化程度等方面获得直接好处外,亦有利于推进国际货币体系多元化进程,并最终使国际货币金融新秩序朝着更加公正合理的方向迈进。

最后是理念角度。当今世界有人将中国所走的和平发展道路视为"新殖民主义",认为中国是为了获取原材料和输出过剩产能;也有人将中国视为"另起炉灶",认为中国想建立一个平行体系与西方体系抗衡。有鉴于此,"一带一路"构想意在从获得理解开始,逐步达成共识,然后形成集体行动,真正让"和平合作、开放包容、互学互鉴、互利共赢"之共同发展理念不断展开,获得持久的世界性影响力,最终成为人类精神殿堂的宝贵财富。

(此文以《多角度理解"一带一路"构想》为题,发表于《世界经济与政治》2016年第1期)

系列序言二

邹治波[*]

"一带一路"倡议是我国在新的历史条件下实行全方位对外开放的重大举措,是我国与沿线国家"共商、共建、共享"和平与发展之路的重要合作平台,外交将在此伟大蓝图构建中发挥开拓、通融、助推和引导作用,时代和使命要求我国应有与这种作用相适应的外交思维、外交战略和外交方式。

首先,我国应持大国思维、大国胸怀和大国心态。怀有中华民族伟大复兴之志,我国应着眼长远、坚定目标,保持持久耐力和定力,不为一城计利,不为一时所迷,不与大国争强锋,不与小国争微利。在"一带一路"建设中,基于各国发展目标、形态和文化、政策等的差异,不免会遭到一些误解、怀疑甚至阻挠。对此,我国应以一种开放透明、和善包容、合作共赢的心态和理念,与有关国家充分协商、协调、协作,消除误解、化解阻力,取得对方的理解、融入和支持,要让各国感受到对其经济发展和民生带来的实实在在的益处,感受到"一带一路"的正能量。正如习主席所说:"要以我国发展为契机,让更多国家搭上我国发展快车,帮助他们实现发展目标。我们要在发展自身利益的同时,更多考虑和照顾其他国家利益。要坚持正确义利观,以义为先、义利并举,不急功近利,不搞短期行为。"

---

[*] 邹治波,中国社会科学院世界经济与政治研究所副所长、研究员。

其次，我国应有与"一带一路"建设相对应的外交战略。"一带一路"是一条横跨亚欧大陆、穿越几大文明区涉及60多个国家和地区的世界上最大的经贸文化线，其建成将对地缘政治和世界战略格局带来深远影响，各国特别是大国对此怀有复杂心态、采取不同政策。对此，外交上我国需采取对域外大国开放协调、对域内大国平等协作、对中小国家怀柔合作的策略，构建一个域外大国不杯葛、域内大国相配合、中小各国均支持的政治外交格局。这种格局将给"一带一路"倡议，创造一个安全、平稳、有效实施的国际和地区环境。正如习主席所说："要统筹我国同沿线国家的共同利益和具有差异性的利益关切，寻找更多利益交汇点，调动沿线国家积极性。"

最后，在外交方式上应基于"一带一路"建设的特点，采取全方位、多层次、宽领域立体外交模式。政府是暂时的，人民是永恒的；政策是一时的，文化是长久的。只有得到沿线国家人民的理解和支持，"一带一路"才能得到当地政府、政策的配合与合作，"一带一路"才有持久的生命力。为此，我国应坚持大外交思路和思想，围绕"一带一路"建设，采取全方位、多层次、宽领域的立体外交模式，做好各国社会各个层面的工作，争民心、顺民意。为此，应大力开展民间交往、交流，特别要抓好对智库、媒体这两个对民众影响大的方面的工作。正如习近平主席所说："真正要建成'一带一路'，必须在沿线国家民众中形成一个相互欣赏、相互理解、相互尊重的人文格局。民心相通是'一带一路'建设的重要内容，也是'一带一路'建设的人文基础。要坚持经济合作和人文交流共同推进，注重在人文领域精耕细作，尊重各国人民文化历史、风俗习惯，加强同沿线国家人民的友好往来，为'一带一路'建设打下广泛社会基础。"

作为专门从事世界经济和国际政治研究的智库与学术研究机构，世界经济与政治研究所将"一带一路"作为所重点研究领域之一，从战略、安全、外交、经贸等多个方面进行深度研究，并与沿线国家智库合作开展学术交流活动，包括举办"一带一路"专题国际研讨会、人员交流、研究合作等。迄今为止，所里的研究人员已经出版或发表了大量与"一带一路"相关的学术论文、研究报告、时事评论，并参与国家相关部门的决策咨询活动，接受海内外媒体的许多采访，形成了相应的学术与社会影响力，一些政策建议被国家有关部门采纳。为了充分展示相关研究成果，并推动"一带一路"研究，我们决定推出"世经政丛书之一带一路系列"，交由中国社会科学出版社出版。

第一部为《"一带一路"与"亚欧世纪"的到来》，汇集了中国社会科学院世界经济与政治研究所国际战略研究室主任薛力研究员自2013年"一带一路"倡议出台以来所发表的相关成果，按照研究的对象进行了分类。薛力在深入思考"一带一路"建设中面临的问题，并提出了自己的应对思路，分别从全球、地区、双边和国别各个层面，分析了中国推进"一带一路"建设的外交环境，探究了中国应持的外交方略和对策。其研究结论对实施"一带一路"外交，对企业"走出去"，以及对"一带一路"民间交流等，都有较多教益和帮助。

第二部为《"一带一路"：中外知名学者的剖析》，汇集十几个国家知名学者的几十篇文章或学术论文，展示他们眼中的"一带一路"，评估已经取得的成果，提出问题和挑战，并就未来"一带一路"建设给出改进建议。这些将有助于读者了解中外对"一带一路"的理解和看法。

第三部为《"一带一路"与改革开放》，是薛力研究员研究"一带一路"的第二部个人著作，系2016年5月至2017年12月期间发表相关成果的集成。在这本书中，他分析了以下三个方面的问题："一带一路"对中国的意义与中国外交方略调整、全球与区域治理、双边关系与国别研究。这些研究提出了一些富有新意的观点，如："一带一路"建设意味着中国进入了新改革开放阶段，其主要特点是，中国从"开放自己"到

"既开放自己也开放别人";周边外交已经成为中国外交的优先方向,为此,中国有必要制定针对周边不同次区域的外交方略;伊朗成为什叶派国家的主要原因是,伊朗人在伊斯兰化过程中试图保持自己的"雅利安人"身份,等等。他的这些见解丰富了读者对"一带一路"的认识。

第四部为《"一带一路"与企业行为:研究与实践》。当前,"一带一路"建设正在深入实施,企业处在"一带一路"建设的第一线,是"一带一路"建设的主要实践者,并体现着"一带一路"建设的主要成就。习近平主席说,"一带一路"是世纪工程,因此,"一带一路"建设需要坚实的脚印和可持续进展。为此,我们精选了一批有代表性的中国企业,来展现它们在"一带一路"建设中取得的成就与面对的挑战。考虑到"一带一路"建设中金融支持的重要性,我们也邀请一些金融机构展现它们对"一带一路"建设的参与和贡献。同时,我们还邀请一批有过海外园区与项目调研经验的学者,从学术层面展示"一带一路"建设的成就与不足,并提出相应的政策建议。希望本书有助于读者从研究与实践两个层面,加深对"一带一路"的理解。

第五部为《"一带一路"与文明交流》,是薛力研究员关于"一带一路"研究的第三部个人文集,主要汇集了他在2018年和2019年期间发表的部分成果。全书包括四个部分,第四部分为22篇英文文章,前三个部分研究主题分别为全球治理、区域治理、双边关系、国别研究。这些研究提出了一些新的观点,比如,所谓的逆(反)全球化应该被看作全球化进程中的涡流;不同文明对于世界秩序有不同的主张,世界正在进入文明间交流、互鉴、竞争、合作的时代,中华文明的优点将在此过程中凸显;中美关系并没有发生质变,因为双方是对手不是敌人,双方处于"冷缠斗"状态;中俄结盟弊大于利,双方也没有结盟的意愿;长期奉行"与强者为伍"的外交方略让日本受益匪浅。作为国内研究"一带一路"有影响的学者之一,薛力提出的这些观点值得借鉴。

中国有一句名言，即"要致富先修路"。而要修好"一带一路"，则需修好民心之路。民心相通则一通百通。我坚信，"一带一路"建设将始于人文归于文化。也就是说，对于中国而言，"一带一路"始于沿线国的了解、理解、接受、支持与合作，待"一带一路"建成通达之后，最终将归于沿线国乃至更多国家的接纳、融合、欣赏、向往与推动。对沿线国家来说，则是获得按照自己意愿发展的机遇与有利条件，搭上中国发展的快车，通过改进基础设施、提升制造业能力、强化与外界的交往，多方面地增进国民的福利。"一带一路"倡议由中国首先提出，但其成功有赖于沿线国家的互相理解与共同努力。"一带一路"的成果，也将由沿线国家共享。中国的进一步发展需要沿线国家的配合与支持，而沿线国家的发展也是中国所乐见的。

历史将见证，"一带一路"的建设将创造一个共同发展繁荣、命运休戚与共的美好未来！

此书敬献给
　　曾外婆陆允菊

目 录

导 读 ·· (1)

第一部分 "一带一路"下的国际秩序与全球治理

1.1 文明交流与互鉴 ·· (13)

1.2 "基于规则的国际秩序"正走向多元 ······················ (23)

1.3 "中华礼治秩序"初探 ·· (26)

1.4 中国与未来国际秩序 ·· (29)

1.5 中国与未来国际角色 ·· (32)

1.6 中国与世界:七十年轨迹 ····································· (35)

1.7 两次"一带一路"峰会比较 ·································· (42)

1.8 马哈蒂尔访华与可持续建设"一带一路" ················· (45)

1.9 全球化研究之一:"涡流"而非"逆全球化" ············· (48)

1.10 全球化研究之二:中国如何应对"涡流" ················ (51)

1.11 全球化研究之三:大阪 G20 峰会评析 ···················· (55)

第二部分 "一带一路"与区域治理

2.1 东亚国家如何看待"一带一路" ····························· (61)

2.2 新加坡国立大学郑永年访谈 ·································· (83)

2.3 深耕与拓展:习近平中东非洲行评析 ······················ (91)

2.4 "中欧陆海快线"与"一带一路" ······ (95)
2.5 "中间走廊"倡议与"一带一路" ······ (103)
2.6 中意签谅解备忘录对欧盟的影响 ······ (112)
2.7 英国"一带一路"特使范智廉访谈 ······ (114)
2.8 "印太战略"与"一带一路" ······ (123)

第三部分 "一带一路"下的国别研究

3.1 朝核问题与"顽固性牛皮癣" ······ (129)
3.2 韩国研究之一:政治文化 ······ (134)
3.3 韩国研究之二:总统命运 ······ (137)
3.4 韩国研究之三:"新北方政策" ······ (147)
3.5 韩国研究之四:"新北、南方政策"与"一带一路"对接分析 ······ (151)
3.6 日本研究之一:文化特征 ······ (168)
3.7 日本研究之二:圣德太子以来的对外方略 ······ (171)
3.8 日本研究之三:平成时期三特征 ······ (175)
3.9 日本研究之四:安倍晋三致辞与礼文化 ······ (178)
3.10 新加坡研究:华族的身份与认同 ······ (182)
3.11 土耳其研究之一:历史魅力 ······ (185)
3.12 土耳其研究之二:历史痕迹 ······ (188)
3.13 土耳其研究之三:世俗魅力 ······ (191)
3.14 英国研究之一:"脱欧"后走向自闭? ······ (198)
3.15 英国研究之二:"脱欧"后的多重分化 ······ (201)
3.16 美国研究:如何运用"基于规则的秩序" ······ (206)
3.17 俄罗斯研究:中俄合作的潜力与限度 ······ (210)

第四部分 "一带一路"下的国际变局与双多边关系

4.1　UN Best Framework to Address NK Nuke Issue ……………（215）

4.2　How Will the Indo-Pacific Strategy Impact the Belt and Road Initiative? ……………………………………（219）

4.3　What Might a Chinese World Order Look Like? Using the Ancient Concept of Li to Understand a Chinese Order ………（223）

4.4　Moon's Policies Could Enhance Cooperation with The Belt and Road …………………………………………（228）

4.5　Singaporean Chinese Struggle with Identity Amid Cross Currents …………………………………………（232）

4.6　The Belt and Road Initiative in Malaysia has Exemplary Effect …………………………………………（235）

4.7　Africa Key to Chinese Diplomacy in New Era ……………（238）

4.8　Understanding China-US Relations: Cold Wrestle Rather Than a New Cold War ……………………………（241）

4.9　Resolving the Trade War at the G20 Summit? ……………（246）

4.10　Will the UK Isolate Itself after Brexit? ……………………（250）

4.11　New World Order must Be Based on Cooperation ………（254）

4.12　China and US: Are They Rivals or Enemies? ……………（256）

4.13　What Kind of Future Order Should China Pursue? ………（259）

4.14　Japan's Heisei Era is Not the Lost 30 Years ………………（262）

4.15　How does US Wield 'Rules-based Order'? …………………（265）

4.16　Competition Won't Even Spare Civilization ………………（269）

4.17　Unexpected Achievements, Emerging Challenges on Sixth Anniversary of The Belt and Road ……………（272）

4.18 The Recent CPC Resolution and Sino-US Relations ⋯⋯⋯⋯⋯⋯ (277)
4.19 With Security as the Core Concern, Japan Seeks
     Help in Quartet Alliance ⋯⋯⋯⋯⋯⋯⋯⋯⋯⋯⋯⋯⋯⋯⋯⋯ (281)
4.20 Will China Replace the US Global Role? ⋯⋯⋯⋯⋯⋯⋯⋯⋯⋯ (284)
4.21 Distinguishing between Anti-globalization and
     De-globalization amid Global Turmoil ⋯⋯⋯⋯⋯⋯⋯⋯⋯⋯⋯ (288)
4.22 UK Will Increase Internal Division after Brexit ⋯⋯⋯⋯⋯⋯⋯ (292)

后 记 ⋯⋯⋯⋯⋯⋯⋯⋯⋯⋯⋯⋯⋯⋯⋯⋯⋯⋯⋯⋯⋯⋯⋯⋯⋯⋯⋯⋯ (297)

导　读

转眼间，以研究"一带一路"为主业已经六年。本书是第三部以"一带一路"为主题的个人文集。前两部是：2016年出版的《"一带一路"与"亚欧世纪"的到来》与2018年出版的《"一带一路"与改革开放》。可能有人心理会嘀咕："一带一路"是个政策性很强的议题，有多少学术性可言，值得如此投入地研究，还一本接一本地出文集？我的回答：是的，非常值得研究，在2025年退休之前，都会以此为主业。

◇ 一　"一带一路"研究与个人志业

笔者愿意沉入"一带一路"研究，一方面是因为其丰富的内涵，几乎到了无所不包的程度，这给了学者发挥的空间，从宏观的战略到微观的企业行为、民众心理。另一方面，中国发展到今天，进一步的发展确实需要有一个导引性的东西。叫什么并不重要，关键是要能助力中国克服障碍、进一步发展。纵观人类历史，没有一个国家（无论是王朝、帝国还是民族国家）是以和平方式实现崛起的。如果说，战争是几千年来国家崛起的标配，殖民则是五百年来基督教国家轮番崛起的必备手段。但这两条路都不适合于中国，和平发展进而实现国家崛起是唯一可行的现实选择。这正是"一带一路"所展示的理念与运作方式。同时，"一带一路"倡议并不完善，甚至显得"粗糙"，很容易找到缺点与毛病，作为一个宏大的倡议，这很正常。也正因为如此，非常需要中国学者从不同角度进行深入研究。无论是理论构建还是政策建议，都是"一带一路"建设所需要的。当然，有些议题也可能与"一带一路"的关联性并不明显，但归根结底有益于14亿国人，因此也必须加以研究。

中国国际关系学界有一批学者重点研究"一带一路"，但各人的侧重点不太一样。这与学者个人的兴趣点与自我定位有关。笔者的兴趣点与定位是：

（1）从政策研究角度看，做建设性的批评者。一味点赞不是学者该做的，一味批评也不可取。发现问题、给出高质量的改进建议，是政策研究的题中应有之义。基于过去几年的经历，觉得自己在这方面还有发力的空间。

（2）如果能从理论上清晰阐述中国的崛起路径，则于中华功莫大焉。不敢说自己有足够的智力进行理论创新，但愿意为此做小小的铺垫，充当一粒沙子。近年埋首《论语》《礼记》《圣经》等经典即与此有关。

（3）从学术角度看，做有深度与广度的研究者。为此，从历史、哲学、宗教、文明、战略文化、外交方略、政治、经济等不同角度进行思考、写作。在思考与写作的过程中，"可以沉默，不做谀言"，尽力做到不人云亦云，言人所未言，俾使受众在阅读中有所获益。

粗看上去，我的研究跨度很大，有的议题（issue）也未必与"一带一路"有关。以至于有些人觉得笔者的研究没有边界。从来没有回应过这个问题，这里简单说几句。首先，学术研究只能基于学者的求知愿望与"觉得好玩、有意思"的心理，而绝不能以直观的"有用与否、能否赚钱"作为评判的标准。既往的人生经历决定了我很重视这个标准。其次，我有比较强烈的求知欲与好奇心，这对从事学术研究是个有利因素。但人生有涯而求知无涯，学术上要有所成，必须要有所聚焦。为此，我已经把许多议题、领域从研究对象中排除，并确定了自己的志业："把握不同文明之真谛、探究中华崛起之方略"，因此，与战略、文明相关的大小议题，经常会放任自己的好奇心去探究一番，直到弄明白，比如说，与中国本土的中国人相比，新加坡华族到底有什么特点？以英美为代表的盎格鲁—撒克逊战略文化的精髓是什么？波斯人接受伊斯兰教后为什么成为什叶派而不是逊尼派？大和民族的神道教到底有什么特点？一神教与多神教的关键区别在哪里？中华文明的核心特征是什么？禅宗与佛教、道教是什么关系？中国崛起的指标是什么？如此等等。

二 文章介绍——基于文本类型

本书是2018年1月1日到2019年12月31日期间发表的部分成果汇编，中文文章36篇，英文文章22篇，多为中文文章的改写或者翻译。依据文章特点可分为：学术论文（3篇）、时事评论（21篇）、深度战略评论（6篇）、词条（3篇）、媒体专访（1篇）、学术访谈（2篇）。对此，需要稍加说明。

学术论文 许多人注意到，韩国总统多数下场不佳，但很少人对此进行学理分析。基于几年来的阅读与思考，加上向中韩两国学者请教，笔者在与董向荣研究员合写的《韩国研究之二：总统命运》一文给出了四大原因：强调"义"的韩式儒家、几百年来的党派斗争传统、过于密切的政商关系、浓重的地缘情结。这是个有待深化的研究结论，可能遗漏了别的重要因素。而这四种因素之间的相互关系、对领导人影响的权重等，也都需要进一步研究。

韩国与新加坡很可能是对"一带一路"研究最为深入的周边国家，所以文在寅总统甫上台即能推出"朝鲜半岛新经济地图""新南方政策"

"新北方政策"等外交政策,并且有许多可操作的建议。相形之下,中国对文在寅提出的这些政策的重视程度与了解,都存在落差。因此,在《"新北、南方政策"与"一带一路"对接分析》一文中,笔者建议,考虑到韩国在中国对东北亚国家外交方略中的地位与作用,中国有必要强化对韩国上述政策的研究,以更好地造福于两国、东北亚乃至其他国家。

《东亚国家如何看待"一带一路"》一文基于对东亚八个国家精英的访谈,分类分析他们对"一带一路"的看法,对于读者了解东北亚与东南亚国家的精英如何看待"一带一路"或有助益。毕竟,周边国家是新时代中国外交的优先方向,东南亚国家更是"21世纪海上丝绸之路"与"丝绸之路经济带"交会区,从经济合作、安全合作、文化交流等方面,可以看作是验证"一带一路"建设是否成功有效的试金石。整体而言,中国不应该满足于现有的成绩,应该着眼于存在的问题,如南海问题对"一带一路"的影响、国家形象的提升、对东道国角色更为重视等方面做出改进。

时事评论 这一部分的内容最多,有21篇,多是2018—2019年两年时间里在《世界知识》"地心力说"专栏上发表的文章。笔者感谢《世界知识》编辑部特别是王亚娟总编的邀请,在这个面向普通读者的代表性国际问题杂志上,展示自己对一些问题的思考。数十年前,笔者就是这个刊物的读者,但没有想到自己会成为其专栏作者。历时三年(2017—2019年)的专栏作者经历无疑是一笔难得的财富。很难想象以后还会有这种经历。笔者智商不算高,但好奇心比较重,也知道以勤补拙。所以,专栏文章的主题比较广泛。综观这些文章,很少近距离地介绍、评价某一个具体事件(会议、讲话、出访、国际热点事件),多数情况下,都是有距离地分析一个国家的某些特性:或者是历史视角,或者是文化视角,或者是战略视角,或者兼而有之。主要原因在于笔者的研究偏好是:力避"小题小做"(即单纯地介绍与分析),而能就特定议题"小题深做"(即舍弃

"树叶",抓"树干"、挖"树根")。

职是之故,写作专栏文章时,通常就是一个专题学习的过程,除了自己大量阅读、思考、提炼外,还要把初稿发给专业研究人员斧正,以避免硬伤、深化认知。这个过程不容易,以至于一篇不到2000字的文章,要耗时一周乃至两周。有时候要到截稿日前一天才通宵熬夜写出。这些文章,时效性通常不强,但过若干年看,可能还有一定价值。文章主题选择文化、历史、认同、方略即与此相关。一个副作用是,不时发现一篇写不完,乃按照不同的分主题在2—3篇展开论述,如土耳其的历史魅力与历史痕迹,日本的文化特征与长期外交方略。有些实在没法在1700字内阐述清楚的主题,则干脆扩展为3000字以上的深度战略评论,典型如《英国研究之二:"脱欧"后的多重分化》。

深度战略评论 这是笔者比较喜欢写作的文章类型,因此自创了"深度战略评论"这个术语。这类文章的特点是:通常在3000—10000字,论述比较详细,有时伴有一些考证,常有一些个性化的文字。此类文信息量明显大于一般的时事评论,基本上能把问题与观点说透。因此,写起来比较过瘾,社会影响力方面也大于笔者写的其他类型文章。FT中文网"一带一路与中国外交转型"专栏上发表的30篇左右文章多属此类。通常是自己选题,没有交稿时间限制。少数情况是编辑约稿的主题恰好是自己想写的,但给的时间比较充裕。因此,我可以从容思考、修改、与同行交流,提交给编辑后可能还要交流修改。此类文写作时间需要半个月到一个月,乃至更长。有些文章字数在8000字以上,对不同分论题进行详细的论述,有文内注释,整体上已经接近学术论文。当然,也有一些长期思考后在几天内就写出的,如《朝核问题与"顽固性牛皮癣"》。

《朝核问题与"顽固性牛皮癣"》写作于朝美河内峰会之前,完整地阐述了笔者对朝核问题、河内峰会的看法,核心观点是:朝鲜在20世纪90年代全力发展核武器的内部原因有二:经济困难以及由此导致的政权脆弱性增加。外部主要原因有三：苏东剧变；来自美国的安全压力；中韩建交。朝核问题是难以根治的"顽固性牛皮癣"，特朗普与金正恩在河内的第二次峰会，是双方都需要的一场政治秀，会谈在解决朝核问题上的作用有限。

词条 这是为新版《"一带一路"手册》而写的。选择这三个词条的原因是希望通过专题研究，深化对它们的认识，便于后续的研究。在写作的过程中，也确实有新的认识。

笔者在本书中希望传递的一个信息是：地球上从来不存在单一文明独存的时代，文明共存是常态。过去几百年里，西方文明一家独大。但随着西方的相对衰弱，"西方独大"时代正在过去。事实上，两次世界大战清晰地展示："最文明的欧洲"主导世界的后果是把人类拖入空前的大屠杀与对文明的大破坏，这使得欧洲丧失了主导世界的能力与正当性。两次世界大战的一大后果是，世界中心从欧洲转移到美国，基督教文明因而得以继续主导"二战"后的世界秩序构建。在核武器背景下，世界大战或者主要国家之间很难发生全面或者大规模的战争。不过，随着美国的相对衰弱与充当世界领导的意愿下降，加上非西方文明整体实力的发展，导致的一大后果是：西方文明一支独大的历史正在过去，世界将回到多文明共存的时代，这是一个多种文明互相竞争、取长补短的长周期，也许要历时百年以上。基于这种判断，笔者将本书命名为《"一带一路"与文明交流》。作者将在另外的文章与专著中对此进行详细的论述。

在《文明交流与互鉴》一文中，笔者强调，中国意识到了文明共存、竞争与合作将成为常态，因此将"文明交流与互鉴"当作构建人类命运共同体的一大手段与"一带一路"建设的一个重点领域，赋予其沟通民心、缓和冲突、实现文明间取长补短、助力共同繁荣的重任。

"一带一路"是中国几百年来首次有能力、有意愿提出的综合性、全球性合作倡议，其实施的重点地区是亚欧大陆，如果中欧能大力合作，那么，亚欧大陆有望取代美国成为世界的政治经济文化中心，世界从而进入亚欧世纪。为此，笔者将第一部个人文集命名为《"一带一路"与"亚欧世纪"的到来》。在《"中欧陆海快线"与"一带一路"》一文中，笔者的体会是："中欧陆海快线"是中国为巴尔干四国量身定做的项目，属于"一带一路"倡议下中欧合作的旗舰项目。中欧陆海快线贯穿希腊、马其顿、塞尔维亚与匈牙利，直接辐射人口3200多万，将产生巨大经济地区辐射效应，为中欧贸易、商品运输、人员交流往来带来客观利益与美好前景。

"中间走廊"倡议是土耳其政府呼应"一带一路"倡议而提出的一个发展计划，体现了土耳其总统厄尔多安的眼界与雄心。很有意思的一点是：这个走廊的主要部分不在土耳其境内，而是在中国与土耳其之间的若干国家：格鲁吉亚、阿塞拜疆、土库曼斯坦、哈萨克斯坦、乌兹别克斯坦、阿富汗、巴基斯坦。这显著不同于巴基斯坦、哈萨克斯坦、蒙古国、韩国、越南等周边国家提出的"对接"倡议。中国政府对此表示赞赏。关键问题在于如何将之操作化。

媒体专访　《中意签谅解备忘录对欧盟的影响》一文中，笔者表达的观点是：意大利是七国集团成员，因此，中国与意大利签署"一带一路"谅解备忘录具有象征意义。但这是特定情况下的产物，其他西方大国跟进的可能性不大，因为他们对中国崛起、对"一带一路"、对中国人的天下治理理念，尚不了解。这需要相当长的时间。中国意识到了这一点，因而欢迎但不祈求西方国家加入"一带一路"。

学术访谈　这是笔者主持的"'一带一路'6年评估全球访谈"项目，从2017年开始实施，现在仍在进行中。具体操作是：围绕"一带一路"，列出三大类十多个问题，然后选择不同国家熟悉中国问题的精英（学者、外交官、知名媒体人）进行一对一的录音访谈，访谈时间通常在1—2个小时。访谈过程中有一些进一步的追问。然后把这些访谈录音整理成文。刚开始由于人手的限制，通常直接整理成中文稿。后来随着助手的增加，通常先整理出英文稿，由笔者进行初步审核后发给受访对象进行核对，然后再翻译成中文。如果受访者懂中文，则还会发给对方中文稿供审阅，笔者再做文字润色后定稿。这是一个非常烦琐、耗时间的过程，先后参与这个过程的将近 20 人。笔者对这些人表示由衷的感谢。

这个系列已经发表了 20 多篇，算是个比较有特色的"一带一路"研究，体现了"源自中国、属于世界"的"一带一路"精神，也有助于海内外受众更好地理解"一带一路"。因而受到中央相关部委、中外学术界同仁、中外媒体的关注，国家外文局还将其中若干篇缩写后以英文版与中英文对照两种形式，通过英文网站 China Focus 向全球推送。许多同行建议将这个访谈结集出版，笔者也希望有这样的机会。这里仅选择其中 2 篇，受访者之一郑永年教授为有代表性的海外华人学者。受访者之二为英国政府财政部"一带一路"特使范智廉（Douglas Flint）。

◇◇ 三 文章介绍——基于文本涉及的地理

显然，按照文章的特点分类编排，结构上将很不平衡。为此，从地理角度将文章分为全球、区域、国别三个部分："一带一路"下的国际秩序与全球治理，"一带一路"与区域治理，"一带一路"下的国别研究，英文文章仍然予以单列，构成本书的第四部分。

第一部分的"一带一路"下的国际秩序与全球治理，探讨全球性问题：全球化有什么新特点？所谓"基于规则的（国际）秩序"是怎么回事？走向如何？更重要的是，过去 70 年中国与世界的关系如何？未来中国应该谋求什么样的国际秩序，并将承担什么样的角色？

笔者的初步判断是：核武器的出现使得通过战争构建国际新秩序变得不可能，但是，随着西方的相对衰弱，世界将进入一个文明间和平竞争的长时段。在这个时段，西方文明依然有相对的优势，但无法如过去几十年那样继续主导全球规则的制定与调整。全球主要文明将基于自己的价值观而构建秩序，可能是地区性的，也可能是功能性的。中国应该清晰意识到这个历史大趋势，从而确定自己崛起的指标，避免犯大错误。

第二部分的"一带一路"与区域治理，涉及以下几个区域：东北亚、东南亚、非洲、中东、欧盟、中东欧、印太。重点分析在"一带一路"背景下，中国针对这些区域应该采取什么样的方略，现有的做法与这些方略有什么关系，这些地区是如何看待"一带一路"等，以及"印太战略"对"一带一路"的影响。

笔者觉得中美是对手不是敌人，"冷缠斗"是双边关系的显著特征，东北亚地区的冷战结构依然明显，中国对此应该以适应为主，为此针对这一地区的方略应该是双边为主。韩国是支轴国家。中国在处理朝鲜问题时应该注意到一点：没有朝鲜的经济开放，东北与世界市场的区隔就很难消除。即使是为了东北的发展，中国也应该促成朝鲜的对外开放。"印太战略"对"一带一路"影响有限。

第三部分的"一带一路"下的国别研究，涉及朝鲜、韩国、日本、新加坡、土耳其、英国、美国、俄罗斯等国家。

笔者认为，以核武器为代表的朝鲜问题属于疑难杂症，没有任何国家可以独力解决，也急不得。韩国政治文化有其特征，新北方政策值得中国强化研究。神道教是日本文化底色，"坚守中开放"是日本文化的显著特征。圣德太子以来日本始终采取"与强者为伍"，在此过程中致力于"吸纳他者长处强筋日本"。平成时期的主要特征是平静成熟不淡定，日本在对华外交中非常重视"礼文化"并受益匪浅。中国应高度重视新加坡华族"普通外国人"的自我定位，以免误判两国关系。土耳其的历史具有多重性，与其他伊斯兰国家相比具有比较明显的世俗色彩。脱欧后的英国不会走向自闭，但会出现多方面的分化。美国对"基于规则的秩序"整体上采取实用主义态度，有利则用，无利则不理。中俄不应该结盟，双方也无意结盟。中韩发展战略对接有提升的空间。

第一部分
"一带一路"下的国际秩序与全球治理

　　本部分探讨全球性问题：全球化有什么新特点？所谓"基于规则的（国际）秩序"是怎么回事？走向如何？更重要的是，过去70年中国与世界的关系如何？未来中国应该谋求什么样的国际秩序，并将承担什么样的角色？

　　笔者的初步判断是：核武器的出现使得通过战争构建国际新秩序变得不可能，但是，随着西方的相对衰弱，世界将进入一个文明间和平竞争的长时段。在这个时段，西方文明依然有相对的优势，但无法如过去几十年那样继续主导全球规则的制定与调整。全球主要文明将基于自己的价值观而构建秩序，可能是地区性的，也可能是功能性的。中国应该清晰意识到这个历史大趋势，从而确定自己崛起的指标，避免犯大错误。

1.1 文明交流与互鉴

核心观点：中国不是最早提倡"文明交流与互鉴"的国家，但中国政府将"文明交流与互鉴"当作构建人类命运共同体的一大手段与"一带一路"建设的一个重点领域，从多方面入手，并出台一系列具体政策、提供人财物加以落实，从而将"文明交流与互鉴"提升到新的高度；经济合作之外又一个重点合作领域，赋予其沟通民心、缓和冲突、实现文明间取长补短、助力共同繁荣的重任。

◇◇ 一 "文明交流与互鉴"概念阐述及形成过程

强调各种文明均有其长处，不同文明之间应该通过交流（包括对话）以借鉴彼此的优势，从而维护世界和平、实现共同繁荣。这是中国领导人过去几年里勉力推动的外交理念与实践。

2014年3月底，习近平在联合国教科文组织的讲话中表示，"文明因交流而多彩，文明因互鉴而丰富。文明交流互鉴，是推动人类文明进步和世界和平发展的重要动力"。[①] 这是"一带一路"倡议提出后，中国领导人

[①] 《习近平在联合国教科文组织总部的演讲（全文）》，新华网，http://www.xinhuanet.com/world/2014-03/28/c_119982831_2.htm，2018年3月5日。

在国际重要场合首次力推文明交流与互鉴。

2014年6月28日,习近平在和平共处五项原则发表60周年纪念大会上的讲话中强调,"文明多样性是人类社会的基本特征。当今世界有70亿人口,200多个国家和地区,2500多个民族,5000多种语言。不同民族、不同文明多姿多彩、各有千秋,没有优劣之分,只有特色之别"。因此,"我们要尊重文明多样性,推动不同文明交流对话、和平共处、和谐共生,不能唯我独尊、贬低其他文明和民族"。①

在2015年3月28日公布《推动共建丝绸之路经济带和21世纪海上丝绸之路的愿景与行动》,在"时代背景"部分提出"增进沿线各国人民的人文交流与文明互鉴",在"框架思路"部分提出"人文交流更加广泛深入,不同文明互鉴共荣,各国人民相知相交、和平友好"。最后的"共创美好未来"部分则提到,"一带一路"是一条互尊互信之路,一条合作共赢之路,一条文明互鉴之路。

在2015年3月29日博鳌亚洲论坛主旨演讲中,习近平强调"必须坚持不同文明兼容并蓄、交流互鉴","要促进不同文明不同发展模式交流对话,在竞争比较中取长补短,在交流互鉴中共同发展,让文明交流互鉴成为增进各国人民友谊的桥梁、推动人类社会进步的动力、维护世界和平的纽带",并倡议召开亚洲文明对话大会。②

2016年4月28日,习近平在亚信第五次外长会议开幕式上的讲话中,提到亚信"推动不同文明交流互鉴"。③

---

① 《习近平在和平共处五项原则发表60周年纪念大会上的讲话(全文)》,人民网,http://politics.people.com.cn/n/2014/0628/c1024-25213331.html,2018年3月5日。

② 《习近平主席在博鳌亚洲论坛2015年年会上的主旨演讲(全文)》,新华网,http://www.xinhuanet.com/politics/2015-03/29/c_127632707.htm,2018年3月5日。

③ 《习近平在亚信第五次外长会议开幕式上的讲话(全文)》新华网,http://www.xinhuanet.com/2016-04/28/c_1118761158.htm,2018年3月8日。

2016年4月29日,中共中央政治局就历史上的丝绸之路和海上丝绸之路进行第三十一次集体学习,强调人文交流、文化建设是"一带一路"建设的应有之义。积极推动"一带一路"成为文化交流之路、文明对话之路,通过深耕"一带一路",共谋文化发展,共促文明互鉴。①

2017年1月18日,习近平主席在联合国日内瓦总部的演讲中提到,"人类文明多样性是世界的基本特征,也是人类进步的源泉","不同文明要取长补短、共同进步,让文明交流互鉴成为推动人类社会进步的动力、维护世界和平的纽带"。②

2017年5月,习近平在"一带一路"国际合作高峰论坛开幕式讲话中主张,"一带一路"建设要以文明交流超越文明隔阂、文明互鉴超越文明冲突、文明共存超越文明优越,推动各国相互理解、相互尊重、相互信任。③

2017年9月,习近平在金砖国家工商论坛开幕式讲话中建议,"我们应该发挥人文交流纽带作用……打造更多像文化节、电影节、运动会这样接地气、惠民生的活动……让我们五国人民的交往和情谊汇成滔滔江河,为金砖合作注入绵绵不绝的动力"。④

在2017年10月18日所做的党的十九大报告中,习近平提到,未来构建人类命运共同体,需要采取许多措施,其中之一就是"促进和而不同、兼收并蓄的文明交流"。⑤

---

① 谢金英:《让"一带一路"成为文明对话之路》,新华网,http://www.xinhuanet.com/comments/2016-05/04/c_1118795453.htm,2018年3月5日。

② 《习近平主席在联合国日内瓦总部的演讲(全文)》,新华网,http://www.xinhuanet.com/world/2017-01/19/c_1120340081.htm,2018年3月6日。

③ 《习近平在"一带一路"国际合作高峰论坛开幕式上的演讲》,新华网,http://www.xinhuanet.com/politics/2017-05/14/c_1120969677.htm,2018年3月5日。

④ 《习近平在金砖国家工商论坛开幕式上的讲话(全文)》,人民网,http://world.people.com.cn/n1/2017/0903/c1002-29511835.html,2018年3月5日。

⑤ 习近平:《决胜全面建成小康社会,夺取新时代中国特色社会主义伟大胜利——在中国共产党第十九次全国代表大会上的报告》,人民出版社2017年版,第25页。

◇◇ 二 "文明交流与互鉴"的主体内容、推进措施以及若干进展

(一) 主体内容

"文明交流与互鉴"的主体内容：(1) 它指的是不同文明之间的沟通与取长补短；(2) 它强调跨文明的交流，但大部分国与国之间的交流，都发生在不同文明之间，因此，文明交流与互鉴的实现形式通常表现为人文交流；(3) 亚洲是多文明分布区与"一带一路"实施的重点区域，文明对话是实现文明交流与互鉴的重要形式，因此应给予特别的重视；(4) 中国政府将"文明交流与互鉴"当作"一带一路"建设的一个抓手，因此许多措施在建设"一带一路"的框架下进行，操作时以双边交流为主，同时兼顾多边与区域交流机制。内容上，广泛开展文化交流、学术往来、人才交流合作、媒体合作、青年和妇女交往、志愿者服务等。①

(二) 措施与进展

在推进**人文交流**方面，中国政府采取了**许多措施**。

扩大相互间留学生规模，开展合作办学，中国每年向沿线国家提供1万个政府奖学金名额。沿线国家间互办文化年、艺术节、电影节、电视周和图书展等活动，合作开展广播影视剧精品创作及翻译，联合申请世界文

---

① 国家发改委、外交部、商务部：《推动共建丝绸之路经济带和21世纪海上丝绸之路的愿景与行动》，2015年3月28日。

化遗产，共同开展世界遗产的联合保护工作，深化沿线国家间人才交流合作。

加强旅游合作，扩大旅游规模，互办旅游推广周、宣传月等活动，联合打造具有丝绸之路特色的国际精品旅游线路和旅游产品，提高沿线各国游客签证便利化水平。推动"21世纪海上丝绸之路"邮轮旅游合作。积极开展体育交流活动，支持沿线国家申办重大国际体育赛事。

强化与周边国家在传染病疫情信息沟通、防治技术交流、专业人才培养等方面的合作，提高合作处理突发公共卫生事件的能力。为有关国家提供医疗援助和应急医疗救助，在妇幼健康、残疾人康复以及主要传染病领域开展务实合作，扩大在传统医药领域的合作。

加强科技合作，共建联合实验室（研究中心）、国际技术转移中心、海上合作中心，促进科技人员交流，合作开展重大科技攻关，共同提升科技创新能力。

整合现有资源，积极开拓和推进与沿线国家在青年就业、创业培训、职业技能开发、社会保障管理服务、公共行政管理等共同关心领域的务实合作。

充分发挥政党、议会交往的桥梁作用，加强沿线国家之间立法机构、主要党派和政治组织的友好往来。开展城市交流合作，欢迎沿线国家重要城市之间互结友好城市，以人文交流为重点，突出务实合作，形成更多鲜活的合作范例。欢迎沿线国家智库之间开展联合研究、合作举办论坛等。

加强沿线国家民间组织的交流合作，重点面向基层民众，广泛开展教育医疗、减贫开发、生物多样性和生态环保等各类公益慈善活动，促进沿线贫困地区生产生活条件改善。加强文化传媒的国际交流合作，积极利用网络平台，运用新媒体工具，塑造和谐友好的文化生态和舆论环境。①

---

① 以上内容转引自《中国"一带一路"规划正式公布（全文）》，国务院新闻办网站，http://www.scio.gov.cn/xwfbh/xwbfbh/wqfbh/33978/34499/xgbd34506/Document/1476358/1476358.htm，2018年3月8日。

中国政府在推动人文交流方面，已经取得了**许多进展**。

如约做到每年向相关国家提供 1 万个政府奖学金名额。而且地方政府也设立了**丝绸之路专项奖学金**，鼓励国际文教交流。各类丝绸之路文化年、旅游年、艺术节、影视桥、研讨会、智库对话等人文合作项目百花齐放，人们往来频繁，在交流中拉近了心与心的距离。①

文化推广是文明交流的一个重要环节。截至 2016 年 5 月，在"一带一路"沿线 60 多个国家中，蒙古国、俄罗斯、埃及、斯里兰卡、老挝、泰国、尼泊尔、新加坡、巴基斯坦等多个国家的中国文化中心已建成。在沿线其他重点国家建立文化中心，也已列入发展计划。②

跨国合作进行考古挖掘是文明交流的一个典型事例。改革开放以来，先后有十几个国家的考古队到中国进行了 70 多个项目的合作。借着"一带一路"的春风，中国考古学者也开始走出国门，到境外进行考古合作。2012—2016 年，中国与乌兹别克斯坦考古学者对费尔干纳盆地的明铁佩古城遗址（mingtape）进行了四次联合挖掘，对这一遗址的时代、性质、演变等有了初步认识，并取得了一系列重要收获。联合考古的过程中，充分展示了中国田野考古的技术、思想与理念，增进了中乌两国学者的交流与互信，也彰显考古学在保护与研究中亚文化遗产中的重大影响力。③

在推进**文明对话**方面，中国也有一些举措。

倡议召开"亚洲文明对话大会"。习近平主席在博鳌亚洲论坛 2015 年年会主旨演讲中提到："今天的亚洲，多样性的特点仍十分突出，不同文明、不同民族、不同宗教汇聚交融，共同组成多彩多姿的亚洲大家庭"。

---

① 《习近平在"一带一路"国际合作高峰论坛开幕式上的演讲》，新华网，http://www.xinhuanet.com/politics/2017-05/14/c_1120969677.htm，2018 年 3 月 5 日。
② 谢金英：《让"一带一路"成为文明对话之路》，新华网，http://www.xinhuanet.com/comments/2016-05/04/c_1118795453.htm，2018 年 3 月 5 日。
③ 姜潇：《走近中乌"联合考古"队里的中国考古人》，新华网，http://www.xinhuanet.com/2016-06/22/c_1119094692.htm，2018 年 3 月 8 日。

1.1 文明交流与互鉴

为此,"中方倡议召开亚洲文明对话大会,加强青少年、民间团体、地方、媒体等各界交流,打造智库交流合作网络,让亚洲人民享受更富内涵的精神生活,让地区发展合作更加活力四射。"

在 2016 年 3 月举行的博鳌亚洲论坛年会期间,国务院新闻办主办"亚洲文明对话会",邀请中国国务院新闻办公室主任蒋建国、巴基斯坦前总理阿齐兹、联合国教科文组织助理总干事诺达、伊朗常驻联合国教科文组织大使贾拉利教授、诺贝尔文学奖得主莫言、中国北京大学国家发展研究院名誉院长林毅夫、新加坡国立大学东亚研究所所长郑永年、中国复旦大学中国研究院院长张维为等嘉宾进行对话。蒋建国在会上表示,中方将推动举办亚洲文明对话大会。① 2016 年 9 月,中国成都举办了"亚洲青年文明对话论坛",并将之当作"亚洲文明对话大会"的有机组成部分。②

2016 年 4 月 28 日,习近平在亚信第五次外长会议开幕式上的讲话中再次提到亚洲文明对话大会,他认为,"推动不同文明包容互鉴、共同发展,为维护地区和平稳定发挥作用。各方可以通过参与亚洲文明对话大会等平台和手段,汇聚智慧和力量,为地区安全综合治理营造更加深厚的基础"。③

与希腊共同倡议发起"文明古国论坛",推进具有悠久文明的国家之间的联系、从文明中寻求智慧与营养、应对人类面临的挑战。首届部长级会议于 2017 年 4 月在希腊举行,中国、希腊、埃及、伊朗、伊拉克、意大利、印度、墨西哥、秘鲁、玻利维亚等国家部长和高级别官员与会。会后发表了《关于建立"文明古国论坛"的雅典宣言》。④

---

① 《亚洲文明对话会:吹响亚洲文明对话的号角》,中国政府网,http://www.gov.cn/xinwen/2016-03/26/content_5058502.htm,2018 年 3 月 8 日。
② 《亚洲青年文明对话论坛开幕 46 国青年精英汇聚成都》,人民网,http://world.people.com.cn/n1/2016/0921/c1002-28730823.html,2018 年 3 月 5 日。
③ 《习近平在亚信第五次外长会议开幕式上的讲话(全文)》新华网,http://www.xinhuanet.com/2016-04/28/c_1118761158.htm,2018 年 3 月 8 日。
④ 《王毅出席"文明古国论坛"首次部长会》,中华人民共和国外交部网站,http://www.fmprc.gov.cn/web/wjbzhd/t1456264.shtml,2018 年 3 月 8 日。

中国也参与和支持一些文明对话与交流活动：如中国宋庆龄基金会组织专家学者团出席俄罗斯、印度、希腊三国民间人士组织的"文明对话——罗德论坛"。①

◇◇ 三 "文明交流与互鉴"的意义

孟子说过："夫物之不齐，物之情也。"所以人类才有多样的文明，而文明各有其长，这就决定了文明间交流与互鉴的价值。古代丝绸之路跨越不同流域、文明与宗教：尼罗河流域、底格里斯河和幼发拉底河流域、印度河和恒河流域、黄河和长江流域，埃及文明、巴比伦文明、印度文明、中华文明，佛教、基督教、伊斯兰教信众聚居地。因此，不同文明、宗教、种族求同存异、开放包容，共同书写相互尊重的诗篇、描绘共同发展的美好画卷。②

国之交在于民相亲，民相亲在于心相通。不同国家之间的文化交流是实现民心相通的重要手段，有助于不同国家的人从不同文明中寻求智慧、汲取营养，为人们提供精神支撑和心灵慰藉。但文明间的差异长期以来一直是亚欧大陆上许多冲突的根源。冷战期间，意识形态矛盾盖过了民族矛盾，成为亚欧大陆冲突的主要根源。

冷战结束后，意识形态差异不再是大国间的主要矛盾。以亨廷顿为代表的一批人认为，"文明"将取代"意识形态"成为国家间冲突的主要原因，大国矛盾将主要表现为西方文明与非西方文明（主要是伊斯兰文明与

---

① 刘旭：《"文明对话"——世界公众论坛第13届年会希腊举行》，中新网，http: // www.chinanews.com/gj/2015/10-09/7561136.shtml，2018年3月8日。

② 光明日报社评论员：《促进文明交流互鉴共存——六论深入学习习近平主席"一带一路"国际合作高峰论坛开幕式演讲精神》，《光明日报》2017年5月20日。

中华文明）之间的冲突。这种观点影响广泛，但并没有成为全球共识。强调文明共存的可能性与必要性、主张强化文明交流与对话的观点受到更为广泛的支持，典型例子是联合国将2001年确定为"不同文明之间的对话年"并发布《文明对话宣言》。

中国政府与学者也对"文明冲突论"持保留态度。中国学者承认，不同文明间存在差异，但强调文明间可以通过对话避免冲突、化解分歧，因而主张各国应推动文明间的交流与借鉴，以实现不同文明的共同进步。① 不争的事实是：历史上的文明冲突虽然给人类造成了许许多多的灾难，但整体上人类依然在向前发展，文明间冲突的时间也少于合作与交流的时间。

中国政府则从2005年开始倡导建立和谐世界，并从大国关系、周边外交等方面进行实践。以习近平同志为核心的新一届中国政府执政后，依据国际形势的变化与中国实力地位的提升，提出了实现中国梦、建设人类命运共同体的内外双重目标。"一带一路"倡议则成为对外关系的顶层设计，其核心内容是：促进基础设施建设和互联互通，对接各国政策和发展战略，深化务实合作，促进协调联动发展，实现共同繁荣。② "一带一路"倡议的合作重点是"五通"：政策沟通、设施联通、贸易畅通、资金融通、民心相通。这里，民心相通是结果，也将助力其他"四通"的实现。民心相通也与建立人类命运共同体息息相关。民心相通的实现有许多方式，其中文明交流与互鉴扮演关键角色。因此，中国政府在提出"一带一路"倡议后，一方面在对外交往场合，不断强调文明交流、文明对话、文明互鉴；另一方面在实践中通过双边、多边、区域等多种途径推进人文

---

① 宋健：《文明对话：世界的共同追求》，人民网，http://www.people.com.cn/GB/guoji/24/20010921/566147.html，2018年3月6日。

② 《习近平在"一带一路"国际合作高峰论坛圆桌峰会上的开幕辞》，新华网，http://www.xinhuanet.com/politics/2017-05/15/c_1120976082.htm，2018年3月6日。

交流。

总之，中国虽然不是最早提倡"文明交流与互鉴"的国家，但中国政府将"文明交流与互鉴"当作构建人类命运共同体的一大手段与"一带一路"建设的一个重点领域，从多方面入手，并出台一系列具体政策、提供人财物加以落实，从而将"文明交流与互鉴"提升到新的高度：经济合作之外又一个重点合作领域，赋予其沟通民心、缓和冲突、实现文明间取长补短、助力共同繁荣的重任。

（本文以《文明交流与互鉴》为题，载蔡昉主编《"一带一路"手册》，中国社会科学出版社2018年版）

1.2 "基于规则的国际秩序"正走向多元

核心观点:世界正在走向文明间和平竞争的长时段。基督教文明占绝对优势的国际秩序,将演化为多文明和平竞争的格局。基督教文明仍在全球具有相对优势,但伊斯兰教文明、印度教文明、中华文明也将构建基于自己价值观的区域性"基于规则的秩序",以及某些功能领域的全球性"基于规则的秩序"。

在《世界知识》2019年第13期"地心力说"专栏文章中,笔者展示了两点:(1)国际规则是非中性的,现行"基于规则的国际秩序"(rule-based international order)主要体现的是基督教文明国家的价值观,有利于这些国家"吃肉"。但其也适当兼顾了来自其他文明国家的价值观,他们参加这些规则后也能"喝汤"。(2)美国虽然力推"基于规则的国际秩序",在这方面做得比"二战"前的"老欧洲"国家好一些,但这是基于其在"二战"后的超强综合实力。当相对实力下降或者触及其重大利益时,美国则毫不犹豫地追求或回落到"基于权力的国际秩序"。

美国动用国家力量在全球围剿中国华为公司,公然违背了市场经济的基本原则,让13.9亿中国人清楚地体认到:现行"基于规则的国际秩序"具有"美国底色",中国在现有的国际秩序下很难从"喝汤"过渡到"吃肉"。

主客观原因、特别是核武器的存在,决定了新兴大国难以通过战争来重构国际秩序，但以和平手段重构地区秩序或若干功能领域的国际秩序是可能的，这基于基督教文明的相对衰弱与其他文明软硬实力提升的大趋势。文明有相似性的一面，也有独特性的一面，前者使得不同文明之间的共存与交流成为可能，后者构成文明间的差异与互鉴的前提。不同文明共存与竞争是历史常态，全球范围内一种文明独存的状态从来没有出现过。

未来相当长时期，不排除会有局部的冲突或战争，但大国之间不大可能发生全面战争。而冷战后那种"大国间的竞争"将演化为"主要文明（体系）之间的竞争"，或曰"主要文明间的和平竞赛"。基督教文明（包括天主教与新教）、伊斯兰教文明、印度教文明、中华文明、日本文明、东正教文明等人口逾亿的文明将成为主要"选手"。这里以基督教文明与中华文明为例加以说明。

基督教文明、伊斯兰教文明的全球地理分布明显大于印度教文明与中华文明。这与宗教理念有关，多神教文明通常缺乏全球扩张的动力，而一神教文明则具有比较强烈的扩张动力。因为一神教教徒自认为是上帝的选民或追随者，具有"让异教徒皈依本宗教"的强烈信念与使命，并采取"和平传教"与"武力胁迫"两种手段。这是两大宗教分布区经常发生大规模宗教战争的主因。以哥伦布"发现"美洲新大陆为界，此前伊斯兰教文明地理扩张的势头胜过基督教文明。而文艺复兴与资本主义的生产方式催生了基督教文明的现代性改造，包括政教分离、主权取代神权、赚钱与获取利息符合上帝的要求等。这些又反过来推动了生产力的大发展，使得基督教势力得以胜过伊斯兰教势力，为基督教势力的全球扩张提供了便利与可能。欧洲人向全球移民、建立殖民地成为趋势，欧洲成了世界的中心。"二战"后这一中心转移到了美国。

中华文明的主干是儒家与道家。用宗教标准看，道家属于半入世的宗教，聚焦于人与自然的关系，个人修身养性方面追求天人合一、顺其自然、不追求世俗享受；齐家治国方面追求无为而治。儒家对中国的影响大于道家,其聚焦于人际关系,以家庭为核心、以"礼"为准绳,构建一整套规范以处理个人、国家、天下的关系,并实现社会的有序运转:对侯服、甸服、绥服,力推三纲五常;对要服与荒服,主张修文德以来之、礼不往教。儒家容许世俗的享受,但以中庸为度。总之,儒家与道教主张的是一个亲疏有别、和而不同的社会与天下,愿意接受、容纳不同的文明并加以融化,但缺乏全球扩张的动力。因此,中华文明可以较好地适应现代性的大部分内容,只要消除了内部障碍后,就可以较快地实现经济发展,韩国等汉字圈经济体已经证明了这一点。而中国则因为其巨大的体量而明显地影响着现行的国际秩序。中国无疑将构建基于自身价值观的地区性"基于规则的秩序",并在某些领域构建全球性"基于规则的秩序"。

美国对世贸组织丧失信心、转向构建双边与小多边经贸安排等行为客观上给其他文明提供了空间,他们能以自身价值观为依托,构建区域性与功能领域的全球性"基于规则的秩序"。未来,现有的基督教文明占绝对优势的国际秩序,将演化为多种秩序并存的状态,其中基督教文明仍在全球具有相对优势,但伊斯兰教文明、印度教文明、中华文明也将构建基于自己价值观的区域性"基于规则的秩序",以及某些功能领域的全球性"基于规则的秩序"。这也将被其他影响力较小的文明所效仿。

总之,世界正走向"文明间和平竞争"的历史阶段并将持续相当长时期。

(本文以《"基于规则的国际秩序"正走向多元》为题,《世界知识》2019年第15期)

1.3 "中华礼治秩序"初探

核心观点：不同的文明对于国际秩序有不同的主张。中国在致力于复兴的过程中，将以和平手段构建基于自身文明的世界秩序，即"中华礼治秩序"，其主要特点是："礼"成为秩序的关键黏合剂；这是一种圈层结构；这个体系具有开放性，但"成员国"主要是中国的周边国家。

中国将致力于建立什么样的世界秩序？这是全球瞩目的议题，中国学者有必要加以思考与回答。笔者的思考体会是：中国可能将致力于建立"中华礼治秩序"，或叫"中华礼治体系"。其主要特点是："礼"成为秩序（体系）的关键黏合剂；这是一种圈层结构；这个体系具有开放性。

"礼"的地位 汉代以后，儒家思想已经成为中华文化的主干，对国家政治生活与个人生活影响巨大。而"礼"在儒家文化中居于中心地位，仁义礼智信这"五常"中的"仁""义"要靠"礼"来实现，而"智"与"信"则是实现"礼"的手段。古代中国还有"家国同构"的理念，所以，法家倾向浓厚的荀子也强调"人无礼则不生，事无礼则不成，国无礼则不宁"。这表明，无论是处理个人关系还是国家关系，都要"有礼"，而"失礼"则是一件比较严重的事情。显然，这些状况现在依然存在。

"礼"在汉语中含义广泛：恰当的言语或行为、行为准则、仪式、赠物、姓等。"五常"中的"礼"主要指前两者。在长达1000多年的历史里，东亚地区存在着以中国为中心的国际体系即华夷秩序，中国在处理与藩属国关系时奉行"薄来厚往"。这种做法无疑"合于礼",且有助于维持彼此间关系的稳定,进而维护整个华夷秩序。今天,中国在推进"一带一路"建设的过程中,未必采取"薄来厚往"的做法,但也没有把商业利益放在首位。"扶持对华友好的发展中国家"是重要考量,因此强调正确义利观、亲诚惠容、真实亲诚等,并大量投资于经济回报不太理想的基础设施。在未来的"中华礼治秩序"中,作为主导国的中国在处理与体系内成员国的关系时,也不大可能强调相对获益。原因在于,这既不符合大国与小国相处的一般特点,也不是中国一贯的风格。

圈层结构 华夷秩序是以皇宫为中心向外扩展的圈层结构体系。体系内的成员,不但亲疏有别,而且具有明显的等级制色彩。皇宫周围是王畿,王畿之外以五百里为一服,由近及远分为甸服、侯服、绥服(或宾服)、要服、荒服,合称五服。前三服为"华",属于开化之地;后二服为"夷",属于化外之地。这是因为,中国传统文化认为:人与人之间不平等是常态,重要的不是实现平等,而是根据适当的"礼"把个人联系起来,实现社会的有序运转。个体之间是如此,国家间亦然。每个人的亲属关系由亲到疏包括"五服",国家也可以参照而划分为"五服"。是谓"家国同构"。

基督教有"上帝面前人人平等"的观念,因此在现代性框架下演化出"法律面前人人平等""男女平等""大小国家一律平等"等。这些理念已经从地方性知识变成全球大部分人与国家认可的理念与实践。因此,"中华礼治秩序"很难重建等级制。但亲疏有别是客观存在,也消灭不了。即使是当今国际体系,美国与加拿大、英国、澳大利亚、新西兰的关系也特别密切。可以预期,在"中华礼治体系"中,中国也会把成员国依照亲疏进行分类。不过,与中国关系最好的那批国家未必来自儒家文化圈。

体系的开放性 历史上的华夷秩序,不排斥任何国家,四方"化外之地"在进贡、册封等事务上,决定权主要在自身(藩属国在这方面的自由度相对小一些)。这主要是因为中国传统文化中具有"无外"理念,信奉"和而不同",并强调"远人不服则修文德以来之"。基督教属于"一神教",必然要区分"我们"与"他们",强调"我们"是好的,必须想方设法同化"他们",并且"我们"是先进的,必须教化"他们"。因此,欧美国家主导下建立的民族国家体系,强调结盟与树敌,习惯于用制度约束与同质化盟友。中国20世纪90年代开始强调"伙伴外交",提出"一带一路"倡议后,继续强化伙伴外交。这是传统文化的体现,也将会体现在中华礼治秩序中。这一秩序只能以和平方式建构,很难取代现有的国际体系。开放性也决定了它与现行国际体系可以兼容。基于上述特点,"中华礼治体系"的成员国数量将是动态的,不会太多,也不会太少,它们散布于各大洲,但大部分是中国周边国家。

总之,"中华礼治秩序"(Chinese Li-based order)既不是西方人搞了几百年的"基于权力的秩序"(power-based order),也不是现在许多国家反复向中国推销的"基于规则的秩序"(rule-based order),而是一种基于中国传统、经过了现代性改造、以一些国家与中国的双边关系为导向(bilateral guanxi-oriented)、与现行国际体系兼容的新型国际体系。

(本文以《"中华礼治秩序"初探》为题,《世界知识》2018年第5期。编入本书时有部分修改)

1.4 中国与未来国际秩序

核心观点：中国应追求什么样的国际秩序？兹事体大。整体而言，这一秩序必须基于以下三个特点才能取得成功：与现行国际秩序相兼容、具有鲜明的中华特色、不超越中国能力界限。

中国应追求什么样的未来秩序？是更为地区性的还是全球性的？与现行国际秩序是什么关系？这不仅事关外界的关切，更事关中国的长远前途与命运。答案是，这个秩序必须具有如下特点，才可能存续与稳固，并增进中国本身与其他国家的福利。

首先，必须**与现行国际秩序相兼容**。现行的国际秩序，是以西方国家主导、其他国家参与的方式建立起来的，美国在其中的作用最大。这与"二战"后美国的软硬实力独步全球直接相关。这个秩序在设计与运作的过程中，并没有考虑到"崛起的中国"这个变量，或者说考虑的程度不够。以中国的巨大体量与潜能，崛起过程中不可避免地会对现行国际秩序构成大冲击。而内外环境又决定了中国只能走和平崛起的道路，而不能重复欧美国家的崛起模式。这就要求中国构建一种与现行秩序整体上兼容的秩序。

在和平环境下构建未来秩序，必然是一个循序渐进的过程。中国需要与其他国家在每一个领域、每一个议题上进行互动，以确定新均衡点并进行动态调整。这个过程要一直持续到中国主张并主导构建的秩序已经稳定地建立起来为止，这个秩序既能充分展示中国的软硬实力，又能与现行的国际秩序兼容。其间可能会发生规模不等的摩擦甚至冲突，但发生大规模冲突的可能性非常微小。外来影响很重要，但最重要的是中国自己的选择。中国如果能充分意识到自己的优势与不足并扬长避短，就可望以较少的代价、在较短的时间里实现目标。

其次，必须具**有鲜明的中华特色**。从生物学角度看，不同的个体既有共同的基因也有不同的基因。共同基因使得人类"物以类聚"，即构成人类社会、组成婚姻家庭。另外，基因会出现突变，大体上，展现出不适宜环境性状的基因会被淘汰，展现出适宜环境性状的基因会得到保存。科学技术的发展，使得基因突变的重要性下降。

作为社会事实（social fact）的文明亦然。文明是对人性与人类潜能的挖掘与培育，具有共通性与差异性两个方面。共通性构成不同文明交往的基础，而差异性构成不同的文明特征。文明的"改良"一般通过不同文明间的交流来实现。没能实现改良的文明则有可能在世界大潮中走向没落。

中华文明也有自己的特色，并且经历了若干次的改良。这是中华文明强弱交替地传承数千年的主要原因，也为中国的崛起奠定了文明基础。中国在构建未来秩序的过程中，所需要做的就是：再次辨别导致自身强大与衰弱的"成分"，保持强大成分、剔除衰弱成分，并与其他文明中的强大成分相结合，实现中华文明在现代性框架下的又一次"改良"，从而实现中华文明核心价值观体系的重塑。

最后，必须**不超越其能力界限**。跨文明的治理成本巨大而高昂。从没有一种文明能统治全球，即其对全球有如此强大的软实力（包括辐射力与吸引力），以至于代表这种文明的国家（集团）能综合应用软硬实力做到"治全球如一国"。未来也不大可能出现这样的文明与国家。因此，每一个文明或者大国，都必须清晰"评估"其软硬实力的影响半径或领域，以免因为超越这个半径或领域而导致其文明与所代表国家的衰弱。

全球影响力排前的文明中，伊斯兰文明的内在凝聚力比较强，但对外的辐射力与吸引力不足，硬实力也有限，这限制了其在非伊斯兰国家的影响力。基督教文明经过现代性的改造，内在的凝聚力与硬实力以及对外的影响力较强，是现代国际体系的主导文明，但也没能实现软实力的全球均等化。美国作为基督教文明的代表性国家，通过内外的制度设计，实现了程度空前的"聚全球人才而用之"与"领导全球"。但即使是在"二战"后与冷战后的软硬实力顶峰期，美国依然无法做到"治全球如一国"。

中华文明作为一种典型的地区文明，不可能在未来单独"领导全球"。即使到了软硬实力的顶峰期，其软硬实力与对外影响力也主要集中在周边地区，加上其他地区的若干国家，并在某些领域有全球影响力。这意味着中华文明再次主导的秩序更多仍将是一种区域秩序。假如这种判断成立，中国应该追求什么样的未来秩序就比较清楚了。依照这种思路去构建未来秩序，也容易被理解与接受。其间难免会有曲折，但最终实现目标大有可能。

（本文以《中国应追求什么样的未来秩序》为题，《世界知识》2019年第3期。编入本书时有部分修改）

1.5　中国与未来国际角色

核心观点：中华文明是典型的区域文明，未来不大可能取代美国的全球角色地位。中国会致力于构建自己主导的区域性秩序，其主导性主要体现在非军事领域。在某些功能领域会构建全球性机制。

在《世界知识》2018年第5期的"地心力说"专栏文章中，笔者提到中国可能致力于建立一种"中华礼治秩序（体系）"，其特点是：以"礼"为主要黏合剂、是圈层结构、保持开放性。这种体系与现行的国际体系兼容，而体系的成员国大部分是中国周边国家，也包括若干来自其他大洲的国家。

那么，届时中国是否将取代美国在全球的领导地位？这取决于两方面因素：中国的意愿和中国的实力。

邓小平、江泽民、胡锦涛、习近平等中国领导人均明确表示过"中国永不称霸"。习近平主席还说过，中国"不是想成为所谓的'世界警察'，更不是要取代谁"。这可以看作中国没有取代美国的意愿。有人或许会说：国家的意愿是可变的，关键是实力，中国现在这样表态是因为实力还不够。那么，中国的实力有可能超过美国吗？

实力分为硬实力与软实力。"二战"后美国能在全球建立领导地位，硬实力是必要条件，特别是经济实力与军事实力。但硬实力要加上软实力才能构成充当领导国的充分必要条件。美国的软实力主要体现在：对国际制度的构建与主导；基督教国家属性；较高的科技与教育水平；比较宽松的移民政策。

"二战"结束时美国占全球经济总量的60%，工业生产能力达全球的一半，其中石油与钢铁产量分别占全球的70%和64%，再加上占当时整个资本主义世界73.4%的黄金储备。以此为基础，加上其强大的生产能力与科技水平，美国在"二战"结束时的军事实力足以与其他国家组成的"世界联军"对垒，并且不落下风。

"二战"后美国始终是全球最大的经济体，同期构建起了全球同盟体系与全球军事基地网。

不同于英、法等国通过殖民地体系来发挥国际影响力，美国更倾向于通过构建国际制度来治理世界：政治与安全领域的联合国及其附属机构、军事领域的同盟体系以及在全球的军事基地、金融领域的布雷顿森林体系、贸易领域的关贸总协定。

与地理大发现相伴随的是欧洲势力的全球扩展。但欧洲主导世界局势的结果是，在欧洲本土爆发两次世界大战。这既摧毁了欧洲领导世界的能力，也表明欧洲的世界治理模式已经失效。但欧洲又不希望世界的领导权落在苏联或者非基督教国家手中（欧盟对土耳其入盟的态度即是明证）。基督教国家的身份、强大的实力以及在"二战"中发挥的作用，使得美国成为欧洲国家的理想选择。"二战"的爆发也让美国摆脱了孤立主义。而基督教徒在世界上的广泛分布则显著地降低了美国治理世界的成本。在民族国家体系中，跨文明治理的成本非常昂贵，美国通过别的方式较好地处理了这个问题。

美国的工业生产总值在1894年已经位居世界首位，但在科研、高等教育方面全面超越欧洲，还需要等到"二战"之后。这期间，有别于"欧洲精神"的"美国精神"得以构建并成型，人文与社会科学迅速发展，在许多学科已经赶上乃至超过欧洲。加上"二战"期间大量流向美国的欧洲知识精英，美国得以取代欧洲成为全球高等教育与科研的中心，从而吸引全世界的人才往美国流动。而比较宽松的移民政策也吸引各国移民在美国定居并发挥才干。"得天下英才而用之"的结果是，美国拥有独步全球的创新能力（"二战"后美国贡献了半数以上的诺贝尔奖获得者），并成为不同国家、不同文明背景的人都能接受的"新故乡"，从而大大降低了美国治理世界的成本。移民政策与人才政策的良性互动是美国的一大比较优势，这一点在可以预见的未来还会继续。

"二战"为美国成为世界领导国提供了难得的契机。然而，在核武器时代通过世界大战重构世界秩序已经难以想象。和平崛起是中国的现实选择，从而使得中国只能在一些指标上超过美国，如经济实力、吸引的留学生数量等，而在同盟国数量、全球军事基地、金融领域的国际影响力等方面，则很难达到美国的水平。

跨文明的治理成本高昂。与基督教文明与伊斯兰教文明相比，中华文明是比较典型的区域文明。这种特点提升了中国的全球治理成本，也在一定程度上使得中国难以像美国那样吸引全球人才并成为他们的"新故乡"，从而给中国在科研实力与创新能力上超越美国带来了不利影响。

中国在崛起的过程中很可能会致力于构建自己主导的一些体系。但在可预见的未来这仍将是一种区域性的秩序（体系），其主导性主要体现在非军事领域。但在某些功能领域，可以构建全球性机制，比如亚洲基础设施投资银行。

（本文以《中国崛起后的国际角色》为题，《世界知识》2018年第7期）

1.6 中国与世界:七十年轨迹

核心观点:1978年前,中国奉行的是革命外交、斗争外交,这虽提升了中国的国际地位,但人民生活水平欠理想。1978年后施行的是合作外交、伙伴外交,成效显著,不但改变了中国,对世界的影响也日益上升。"一带一路"是合作外交与伙伴外交的继续,意味着改革开放进入了新阶段,或成为对世界影响最大的中国外交决策之一。中国的独特崛起之路,不但有利于自己,也对发展中国家具有借鉴价值。发达国家对"一带一路"倡议的怀疑,需要中国以长期表现来弱化与消除。

◇ 一 七十年来不同时期中国社会主义实践之概述

中国七十年来始终在坚持社会主义实践,从中华人民共和国成立之后到现在,中国虽然已经成为世界经济增量的最大贡献者,但对发展道路的探索仍然在继续。这种探索以1978年为界,分为前后两个时期。

从中华人民共和国成立到1978年,中国选择走社会主义道路,给整个社会主义阵营增加了巨大的筹码。从国际政治的角度看,两极格局的领导者分别是美国与苏联,但中国这样一个大国加入社会主义阵营,对国际形势影响巨大，譬如成为美国推出"多米诺骨牌"理论的一大原因。

60年代起，中国与苏联在政治上渐行渐远，并探索自我发展的道路。这一时期，中国侧重加强与发展中国家的关系。进入70年代，则在强化与发展中国家关系的同时，缓和与美国的关系，并强化与欧洲等第二世界国家的关系。

改革开放之后，中国无论内政还是外交都有了巨大转变。内政上，停止以阶级斗争为纲，确立以经济建设为中心，坚持四项基本原则；外交上，实行改革开放，重点是向发达国家开放，以便为经济发展创造外部环境，体现为与美国、日本等发达国家建交，发展外向型经济。80年代初期，依据"和平与发展是两大时代主题"的国际环境，确立了独立自主的和平外交路线。80年代末90年代初期，与苏联、越南等国家的关系正常化。在坚持不结盟外交的同时，致力于推行伙伴外交。

1992年邓小平南方谈话之后，中国确立了社会主义市场经济制度，这为中国经济在90年代的快速增长提供了内生动力。外在方面，欧美经济也处于快速增长期（如美国经济进入克林顿时代的增长周期），推进自由贸易是关贸总协定与世贸组织的主要任务。2001年加入世界贸易组织以后，中国继续集中精力发展经济，经济总量快速提升，奋力克服2008年国际金融危机带来的不利影响，并在2010年超越日本成为世界第二大经济体。2012年前后，中国经济进入新常态。为了拉动经济增长，并强化与发展中国家特别是周边国家的关系，中国推出了"一带一路"倡议，中国经济的外溢影响开始凸显，并成为经济全球化的坚定捍卫者与有力推动者。

外交上，从南方谈话到2012年，中国外交整体风格为"韬光养晦"，致力于发展不同类型的伙伴关系。2013年之后，外交风格向"有所作为"乃至"奋发有为"调整，以适应新时代的国际环境与"一带一路"建设需要。到2019年，虽然面临发达国家民粹主义盛行、美国把中国视作战略竞争对手并以贸易战等方式挤压中国的发展空间，中国依然致力于发展伙伴外交、积极参与全球治理、为发展中国家的经济与社会发展提供中国智慧与中国方案。

◇◇ 二 "一带一路"的全球影响

"一带一路"倡议已经提出六周年。"一带一路"倡议内容丰富，可以从不同层级进行解读。从宏观层次看，它是新时期中国外交的顶层设计，对内服务于"中国梦"的实现，对外致力于构建人类命运共同体。中国梦是中国复兴的另一种表述，而人类命运共同体这个概念相对抽象，许多人不太理解到底是什么意思，不知道千差万别的国家之间如何形成"命运共同体"。中国官方的英文译法有助于我们理解这个概念。a community of shared future for mankind 这个译法，关键点是"共享未来"（shared future），即强调致力于为人类这个"社群"（community）构建一个可以更好分享发展成果的未来。它体现了中国人"和而不同""无外"的天下治理理念。这意味着在尊重差异的前提下，通过合作实现发展，不把自己的价值观强加于人，也不排斥任何人与国家。

这种理念显然不同于一神教的他我二分法思维方式，具有更强的包容性，因此能够为不同文明背景的国家所接受。迄今为止，中国已经与136个国家和30个国际组织签署了共建"一带一路"合作文件，一些原先对"一带一路"持保留态度的发达国家、发展中大国，或者转变态度签署谅解备忘录（如意大利），或者从"对抗与抵触"转向"理解与有条件合作"（特别是第三方合作，如日本），或者愿意在"不戴帽子"的情况下与中国进行合作就具体项目展开合作（如法国、德国、印度）。展望未来，"一带一路"倡议有可能成为对世界影响最大的中国外交决策之一。

当然,"一带一路"也面临越来越多的挑战,既有中国自身经验不足的原因,也有一些国家的误解误判,还有一些国家的刻意打压。但这整体上属于枝节问题。只要中国不断总结改进,作为"世纪工程"的"一带一路"不但有利于中国,也将让参与期间的东道国获得实实在在的利益。中国政府已经意识到这种挑战,从 2015 年 3 月公布《推动共建丝绸之路经济带和 21 世纪海上丝绸之路的愿景与行动》,到 2017 年首次"一带一路"峰会,再到 2019 年第二次峰会,中国政府以不同的方式回应了这些挑战。第二次峰会对高质量、绿色发展的强调,既是对外界的回应,也是中国自身进一步发展的要求。

◇◇ 三 中国崛起与历史上其他国家的崛起有何不同?

可以从三个方面进行概述。(1)一个不争的事实是:在人类历史进程中,迄今为止实现现代化的国家和地区不超过 30 个、人口不超过 10 亿。而作为当今世界最大的发展中国家,中国实现现代化意味着比现有发达国家人口总和还要多的中国人民将进入现代化行列。这体现了中国"改变自己、影响世界"的客观效果。

(2)所有发达国家与地区都是以典型的资本主义方式实现的,而中国已经基本实现现代化,并希望在 2050 年成为发达国家。这将是非资本主义国家中的第一个。在这个过程中,中国摸索着走出了一条自己的发展道路。这在精准扶贫上体现得尤为明显,将历史性地解决中华民族千百年来存在的绝对贫困问题。

(3)中国的"一带一路"倡议既是新时代中国外交的顶层设计,也是一种全球发展倡议。中国基于自己的发展经验,出钱出力出技术以落实共商共建共享，发展与不同国家的伙伴关系，不使用武力、不谋求建立军事同盟体系、没有遍布全球的军事基地、不干预其他国家的内政。这是一种新型的全球治理思路。对于许多发展中国家具有启发与借鉴价值，让他们看到另一种实现现代化的途径。一些国家可能对中国实施"一带一路"的动机仍然有所怀疑，这是正常的。但经过若干年后，中国的实际表现，将会减少乃至消除他们的疑虑。

◇◇ 四 中国崛起对现行国际体系有什么影响？

中国反复强调，自己是世界和平的建设者、全球发展的贡献者、国际秩序的维护者，无意于另起炉灶。但也认为，现有体系有不合理、过时的成分，需要改进，以便更好体现发展中国家的作用与利益。以国际货币基金组织改革为例，欧美发达国家虽然在减少投票权上做出了一些让步，但并不愿意减少到与其经济体量在全球经济中占比相一致的程度。这意味着新兴经济体的投票权无法得到合理的反应。

中国推动设立亚洲基础设施投资银行，出于多种原因的考虑，国际货币基金组织的上述做法很可能就是其中之一。现在亚投行的成员数量已经达到100个，远多于亚开行的68个。亚投行的信用评级已经与世界银行一样，属于最高等级。

中国不排除推动建立更多的聚焦某一领域的功能性国际组织，但不大可能推动构建与联合国、世界贸易组织平行的机构。这不是中国的诉求。

值得强调的一点是：亚投行是开放性的，不排斥任何国家加入。这与美国偏好建立排他性的国际组织不同。这可能与两种文明拥有不同的世界治理理念有关。中国在秦朝之后，就很少搞结盟外交，而是以"礼治天下"为理念治理天下，实行"圈层外交"，这是一种开放性的外交体系。中华人民共和国成立之后，中国在比较短的时间里尝试过结盟外交，但很快就转向独立自主的外交。90年代之后则重点推行伙伴外交，一直到现在都是如此。在可以预期的未来也不大可能改变。中国运用伙伴外交远比结盟外交得心应手，主要是因为既满足了中国外交的现实需要，又契合中国传统的天下治理理念。这是我最近的研究体会。

◇ 五 对七十年中国外交的简要评估

七十年来的社会主义实践，是一个不断探索的过程。就对外关系而论，改革开放前三十年有得有失。50年代加入社会主义阵营，70年代推行"一条线""一大片"，打开了中国外交的国际空间，并为后来的外交方针调整打下基础，均得大于失。60年代"两个拳头打人"，同时与美苏交恶，并且与周边多数国家关系比较紧张，对中国国家利益的获得与国际形象均有影响。

改革开放后奉行独立自主的和平外交，与发达国家、周边国家均实现了建交或者国家关系正常化，为中国集中精力发展经济创造了比较稳定的国际环境。90年代以后的伙伴外交契合中国的现实需要与战略文化传统，展示出比较强大的生命力。

新时代中国推出了"一带一路"倡议，继续奉行伙伴外交，致力于建立以合作共赢为核心的国际关系。基于以下四点，个人认为中国进入了改革开放的新阶段：第一，以前是向发达国家开放，现在是既开放自己也开放别人，即一方面继续向发达国家开发，另一方面用比较优势帮助别国发展；第二，整个外交风格从韬光养晦转向有所作为乃至奋发有为；第三，从强调大国外交向注重周边外交，而大国外交的内涵，也从"针对大国的外交"到"我作为大国如何处理与其他国家的关系"的转变；第四，底线外交的思维越来越明显，对于其他严重损害国家利益的行为坚决顶回去。

（本文以《大道向前、其命维新——七十年来的中国与世界》为题，发表于澎湃新闻，2019年10月8日。此为原稿）

1.7 两次"一带一路"峰会比较

核心观点：2019 年的第二次"一带一路"峰会属于"工笔画"阶段。2017 年的第一次峰会则属于过渡期。在工笔画阶段，重要的是"质量"而非"数量"，即"高标准、惠民生、可持续"与"开放、绿色、廉洁"。因此需要"在自愿参与和协商一致的基础上开展政策对接和项目合作，责任共担，成果共享"。

"一带一路"倡议从提出到现在已经有五年多，整体上可以用"成效显著、问题凸显"来概括。第二届"一带一路"国际合作高峰论坛已经在 4 月底圆满落幕。那么，两次峰会有什么异同？本文以两次会议的主要文本为对象做简要探析。

形式上的异同点　形式上的相同点是：两次峰会上，习近平主席均四次致辞，其中相同的有开幕词、祝酒词与主旨讲话。两次峰会均发布了联合公报。

形式上的不同点有两个：第二次峰会的记者会讲话替代了第一次峰会的闭幕词；第一次峰会公报侧重规划，而第二次侧重可操作性，内容更详细且有附件。

开幕词比较　第二次峰会开幕词强调了三点：完善合作理念、着力高质量共建"一带一路"；明确合作重点、着力加强全方位互联互通；强化合作机制、助力构建互联互通伙伴关系。第一次峰会开幕词强调的三点则是：推动互利共赢、明确合作方向；密切政策协调、对接发展战略；依托项目驱动、深化务实合作。显然，第一次峰会开幕词指涉对象相对宏观，第二次峰会开幕词显然是基于对前几年建设过程的总结，意识到"一带一路"建设过程中，关注点有必要从"数量"转向"质量"，为此，需要从理念、重点、机制等几个方面着手改进。

祝酒词比较　第一次峰会的关键词"文明交流""和平安宁""共同发展""美好生活"侧重前瞻性，第二次峰会的关键词"记忆""启迪""责任"展示的则是过程、收获与反思，这有助于下一步推进"一带一路"建设。

主旨发言比较　几次发言中主旨发言无疑是重头戏。除了其他发言中提到的内容外，第二次峰会的主旨发言最大的特点是：后半部分概述了中国自身在改革开放上将采取的五大措施：扩大外资准入、强化知识产权保护、增加进口、增强宏观经济政策国际协调、强化国际协议执行机制。对外部分，除了其他几个发言中所提互联互通、高质量等内容外，还强调不搞封闭小圈子、绿色发展、强化廉洁理念与措施，除了与其他国家的发展战略对接外，还要与联合国、东盟等国际和地区组织的发展和合作规划对接。

记者会讲话与闭幕致辞比较　第一次峰会的闭幕辞变成了第二次峰会针对记者的讲话。导致这一变化的原因或许是，意识到"一带一路"的国际传播需要进一步强化，而除了与会嘉宾外，媒体是其重要一环，因此，主办方把第四次对嘉宾的讲话改为对记者的讲话，把记者从"听众"变成"主宾"，媒体对这种礼遇自然有感。从讲话内容看与开幕辞相差不大，其中值得注意的是提到峰会将常态化举办。

联合公报比较　作为不需要宣读、总结会议成果的文件，公报比讲话要详尽得多。第一次峰会联合公报内容有18条，计3600多字。而第二次峰会联合公报有38条，计6000字（其中附件1200字）。第一个联合公报包括时代背景、合作目标、合作原则、合作举措、愿景展望几个方面，而第二个联合公报则在七点概述后，列出了几大类工作：加强发展政策对接、加强基础设施互联互通、推动可持续发展、加强务实合作、加强人文交流等，每一类中又列出4—8条不等的主张与建议。有些主张与建议相当具体，如加强多式联运、发展节水技术、强化动植物检疫合作。

在"下一步工作"中，明确提到将举办第三次高峰论坛。

比较有意思的是，在附件中列出了各专业领域的三类"一带一路"合作平台：由互联互通带动和支持的经济走廊和其他项目35个；专业领域多边合作倡议和平台14个；参与方提及的其他倡议和措施15个。前两者多数是中国与东道国联合提议的，也有少数是东道国自己规划的（如泰国东部经济走廊与越南"两廊一圈"发展规划）。而第三项则均是其他国家提议、中国支持或者附议，如泛阿拉伯自由贸易协定、巴库进程框架下的世界跨文化对话论坛。这说明一点：其他国家倡议的项目也可以成为"一带一路"建设的一部分。

小结 "一带一路"是百年工程。2015年3月发布的《愿景与行动》属于"大写意"阶段，2019年的第二次"一带一路"峰会属于"工笔画"阶段。2017年的第一次峰会则属于过渡期。在工笔画阶段，重要的是"质量"而非"数量"，即"高标准、惠民生、可持续"与"开放、绿色、廉洁"。因此需要"在自愿参与和协商一致的基础上开展政策对接和项目合作，责任共担，成果共享"。对中国来说，这意味着需要造就大量的"工笔画专才"，并贯彻"东道国为主、其他国家为辅"的合作原则。

（本文以《两次"一带一路"峰会的异与同》为题，《世界知识》2019年第11期）

1.8 马哈蒂尔访华与可持续建设"一带一路"

核心观点：马哈蒂尔2018年再次出任首相后暂停了大型的中马合作项目。但不大可能完全放弃这些项目。他的北京之行将会重新谈判这些，双方将会重新达成协议。这从短期来看延缓了相关项目的推进，但却使得中马经济合作建立在更坚实的基础上，也有利于这些项目的可持续推进。马来西亚案例对"一带一路"建设或具有普遍意义。

马来西亚总理马哈蒂尔8月17—21日的中国之行，至少具有三个层面的影响：中美在东南亚的战略竞争、中马关系的稳定发展、"一带一路"建设的整体可持续性。对于中方来说，应对的关键在于：通过谈判与新一届马来西亚政府就下一步合作推进"一带一路"建设达成若干原则共识。

历史上霸权国与崛起国之间发生冲突是常态。主客观原因决定了中美之间爆发武装冲突的可能性比较低，但两者的和平竞争不可避免，而东南亚就是双方竞争的重点地区。东南亚国家采取的策略是：经济靠中国、安全靠美国、努力捍卫东盟在地区事务中的中心地位。美国对盟友与伙伴国的支持通常表现为"安全为主，经济为辅"。特朗普政府虽然实行"美国优先"政策，但又不愿意让战略竞争对手中国在东南亚地区"独领风骚"，采取的应对是：安全上让盟友与伙伴国家承担更大的责任，经济上也提供适当的支持。这表现为：在退出TPP后，又于2017年年底推出

"印太战略"并重启"美澳日印四边安全对话机制（quad）"，2018年8月初蓬佩奥在新加坡宣布为东南亚国家新提供近3亿美元"资金"，以及7月底他在华盛顿表示将投资1.13亿美元用于推动印太地区的数字化、能源项目和基础设施建设。中国的应对则是：经济上做大与东盟国家合作的蛋糕，安全领域管控与东盟声索国之间在南海问题上的分歧，并与东盟开展非传统安全领域的合作。目前为止，中美在东南亚的博弈结果是：经济领域中国占上风，安全领域美国占上风。

周边外交是中国外交的优先方向，而东南亚则是周边外交的重点地区，对21世纪海上丝绸之路建设来说，东南亚还是枢纽地区。在东盟10国中，马来西亚属于"一带一路"建设的重点合作对象国。过去几年中马两国签署了大量的合作项目合同与协议，包括一些引人瞩目的大项目。这些都是纳吉布当政时期达成的，而5月份意外赢得大选而上台的马哈蒂尔总理则认为，纳吉布时期签署的大型基础设施项目数量太多、金额太大、有些项目还涉嫌腐败，因此，有必要重新审查这些项目，然后再决定这些项目的命运：或继续、或缩小规模、或延缓、或取消。同时，与项目的外国合作方磋商下一步的处理意见，比如新隆高铁与新加坡谈判（尚未进行）。由于与中国国企合作的大项目比较多，因此，与中国政府的磋商就成了重点，这也是他此行的目的之一。对此，中国应如何应对？

"一带一路"是中国外交的顶层设计，被习近平主席称为世纪工程。因此，"可持续性"事关这一世纪工程最终成功。而东道国政府的支持是大型"一带一路"项目成功的必要条件。新一届马来西亚政府要求重新审查项目，既出于党派斗争，也出于治国理念差异。另外，坦率地说，中马合作项目对马来西亚的意义要大于对中国。故而，中国不妨与马方合作，重新论证项目的必要性与协议金额的合理性，以便达成新的共识：是继续、取消、延缓，还是缩小规模。如果双方无法达成共识，中国再考虑协议的终止与损失的赔偿。如果中国企业确实涉及腐败，中国政府应该予以惩罚，并以此为契机推动海外反腐败法律的制定。马哈蒂尔年轻时是激进的马来民族主义者，当任国家领导人后却成为务实而成熟的政治家，他很清楚与中国合作的价值。他1981—2003年任总理期间曾7次访问中国，任内中马关系持续稳健提升。

"一带一路"倡议即将五周岁，正是反思、总结的恰当时候。五年来的建设实践可以概括为"成就巨大、问题凸显"。成绩不说跑不了，问题不说化不了。笔者几年来研究"一带一路"的体会是：中国方面推动的力度太大，速度太快。既然是世纪工程，就应该从严把握，求质不求量。因此，有必要进行整体的评估与总结，以确定下一个五年"一带一路"的推进方式、力度。这是实现"一带一路"可持续性的必要一环。

马来西亚案例的主要意义在于，比较典型地展示了"一带一路"重点国家的政局变动对相关项目设施的影响。解决这个案例过程中所取得的经验，对于后马哈蒂尔时代的马来西亚、对于其他"一带一路"重点国家，都具有借鉴意义。另外，美国在直接推动其他国家发展经济方面成功经验不多（在经营殖民地方面也比英国、日本逊色），只要中国能稳健、有效地推进东盟国家的"一带一路"建设，就不必担心这一地区来自美国的经济竞争。

（本文以《马哈蒂尔访华与在马中资项目前景："一带一路"可持续性思考》为题，发表于澎湃新闻，2018年8月18日。编入本书时有增补）

1.9 全球化研究之一:"涡流"而非"逆全球化"

核心观点:全球化进程并没有被逆转,所谓的"逆全球化",不过是一些发达国家在全球化进程中出现的"旋涡",旨在适当补偿全球化受害者,以便他们继续参与全球化。"涡流"过去有,以后也会有。

过去两年,一些发达国家主张贸易保护、限制移民的声音明显放大,持民粹主义立场的边缘政党势力大增,甚至出现了英国脱欧、特朗普当选这种"小概率"事件。这被一些学者称为"逆全球化",以区别于1999年在西雅图兴起的反全球化。

反全球化的主要特征是:主要针对西方发达国家政府、国际经济组织(如国际货币基金组织、世界银行、世界贸易组织等)以及大型跨国公司;参与者主要是西方发达国家的非政府组织,他们依据不同的议题实现松散的跨国联合,通过游行示威、组织对抗性会议(如世界社会论坛)等方式展示自己的主张。反全球化势力对政府与国际经济组织只能施加间接影响,影响程度也有限。

逆全球化的主要特征为:名义上主张本国利益至上,实际上强调本阶层利益至上,并通过选票影响本国的政府组成与政策走向;目标主要针对发展中国家及其移民。逆全球化论者认为,主张推进全球化的发展中国家无力对抗这种势头,全球化已经被逆转。

1.9 全球化研究之一："涡流"而非"逆全球化"

本文不赞成这种观点。

亚当·斯密发现社会分工有助于提高劳动生产率，大卫·李嘉图则证明了贸易有助于发挥各国的比较优势。近代以来科学技术的发展大大降低了通信与运输的成本。因此，"二战"后虽存在两极对抗，但美苏两国主导建立起了两个平行市场体系，在本体系内都实现了全球产业分工与贸易。苏联主导的市场体系随着冷战的终结而解体，相关国家并入了美国主导的市场体系，全球市场真正形成。产业链的全球布局成为趋势，主要表现为：各个产业（特别是服务业与制造业）中的高端部分集中于发达国家，低端部分纷纷向发展中国家转移。中端部分则或者存在于发达国家，或者转移到相对发达的发展中国家。这种全球化提升了世界的整体福利水平，直观表现为：发展中国家民众的寿命明显延长，受教育人口明显增加，大量民众能享受到发达国家公民的生活设施（典型如家用电器与智能手机）。他们也不得不面对一些随之而来的问题：传统生活方式被打破、环境污染、食品不够安全、患上某些疾病（癌症、心脑血管疾病、糖尿病）的可能性增加。但整体生活水平在改善。

发达国家则不同，位于产业链中低端的人群成了全球化的受害者，冷战的结束并没有给他们带来实在的好处，反而导致其实际收入水平的缓慢增长与停滞，甚至失业。在2008年以前，发达国家的福利制度还能支撑这些全球化受害者的基本生活与娱乐需要。国际金融危机爆发后，福利网的作用弱化，中产阶级的实际收入增长缓慢甚至跌入社会底层，这使得反对全球化的队伍大大扩充，并且在知识、组织能力等方面明显提升。他们需要一个时机，把自己的不满通过投票等方式表现出来。对欧盟成员来说，2015年到来的大量难民对他们实际生活的冲击构成了扳机点。对美国来说，希拉里的不诚实以及她可能继续奥巴马的"白左"政策等因素则成为扳机点，促使生锈地带与"红脖子"发力，把特朗普送进了白宫。

欧美国家全球化受害者的做法不难理解。他们的做法也确实影响了政府的构成与政策选择,使得强化边境管控、实行贸易保护得以很快落实。

但是,发达国家的精英多是全球化的信奉者与受益者,发达国家的国内生产总值大部分来自服务业、先进制造业、大型采矿业、现代化的养殖业与种植业,这些行业通常也是全球化的信奉者与支持者。谷歌、波音、西门子、华尔街与伦敦金融城不会支持贸易保护。这些行业与精英阶层决定了发达国家在全球化问题上的基本走向,他们低调不发声,甚至会支持本国全球化受害者,但这是暂时的策略。让本国全球化受害者获得某种支持或补偿,长远而言,也有利于这些精英与行业的全球拓展。

以中国、印度等大型新兴经济体为代表的发展中国家,虽然处于全球产业链的中下游,但整体上受益于经济全球化进程,他们希望在参与全球产业分工的过程中提升自己在产业链中的位置,并把低端产业移到其他国家。

发展中国家数量众多,经济总量已经超过发达国家,中国甚至成为全球经济增量的最大贡献者,而发达国家中支持全球化的力量也占主导地位。因此,我们有理由得出结论,全球化进程并没有被逆转,构成"逆全球化"的种种现象,不过是一些发达国家在全球化进程中出现的一个"旋涡",旨在适当补偿全球化受害者,以便他们继续参与全球化。这种"旋涡"以前有过,以后也会出现。

(本文以《是"全球化中的涡流"而非"逆全球化"》为题,《世界知识》2018年第23期)

1.10 全球化研究之二：中国如何应对"涡流"

核心观点：所谓逆全球化、反全球化，都是不准确的表述。但全球化进程确实出现了"涡流"。对此，中国应该采取两手：进一步开放以释放中国的潜在比较优势，促成中国经济从"大"到"强"的转变；团结发展中国家与发达国家中支持全球化的力量，以推动经济全球化进程。这是中国实现和平崛起的必要条件。

背景概述 经济全球化并没有全球公认的一般性定义，但欧洲的向外扩张与工业革命则被看作是全球化的两大动力，推动了全球产业分工。但是，受殖民体系与战争等因素影响，这种分工并未真正遍及全球。这一点在冷战时期表现明显：美国与苏联领导的两个平行市场互相竞争。

冷战后苏联领导的市场体系瓦解并被吸收入美国主导的市场体系，全球范围内的产业分工快速发展，结果是，各个产业的高端部分集中于发达国家，低端部分向发展中国家转移，中端部分则分散在发达国家与较发达的发展中国家。

概念辨析 这种全球化提升了世界的整体福利水平，表现为：多数国家国民生活改善、寿命延长、受教育人口明显增加。但在发达国家外移产业中的就业者成了"全球化受害者"，他们要求获得补偿的呼声在2008年国际金融危机后明显增强，并在近几年的选举中影响了投票结果，因此在一些发达国家出现了所谓的"逆全球化"。其主要特征为：名义上主张本国利益至上、实际上强调本阶层利益至上，并通过选票影响本国的政府组成与政策走向，目标主要针对发展中国家及其移民。逆全球化论者认为，主张推进全球化的发展中国家无力对抗这种势头，全球化已经被逆转。这显然不同于"反全球化"。

反全球化的主要特征是：主要针对西方发达国家政府、世界经济组织以及大型跨国公司；参与者主要是西方发达国家的非政府组织，他们在具体议题上实现松散的跨国联合，通过游行示威、组织对抗性会议等方式展示自己的主张。反全球化势力对政府与国际经济组织只能施加间接影响，影响程度也有限。

可见，"逆全球化"不但有民间的参与，还有一些发达国家政府的参与，针对的目标是发展中国家。而"反全球化"主要是全球民间力量反对各国政府特别是西方国家政府、国际组织与跨国公司。

力量对比分析 发达国家的精英多是全球化的信奉者与受益者，发达国家的国内生产总值大部分来自服务业、先进制造业、大型采矿业、现代化的养殖业与种植业，这些行业通常也是全球化的信奉者与支持者。谷歌、波音、空中客车、西门子、罗尔斯·罗伊斯等公司，硅谷、华尔街、法兰克福与伦敦金融城等地也不会支持贸易保护。这些行业与精英阶层决定了发达国家在全球化问题上的基本走向，他们暂时低调不发声并支持本国全球化受害者，旨在让本国全球化受害者获得某种支持或补偿，从而有利于行业在全球的未来拓展。

以中国、印度等大型新兴经济体为代表的发展中国家，虽然处于全球产业链的中下游，但整体上受益于经济全球化进程，他们希望在参与全球产业分工的过程中提升自己在产业链中的位置，并把低端产业移到其他国家。

发展中国家数量众多，经济总量已经超过发达国家，中国甚至成为全球经济增量的最大贡献者。而发达国家中支持全球化的力量也占主导地位。因此，我们有理由得出结论，全球化进程并没有被逆转，构成"逆全球化"的种种现象，不过是一些发达国家在全球化进程中出现的一个"旋涡"，旨在适当补偿全球化受害者，以便他们继续参与全球化。这种"旋涡"以前有过，以后也会出现。

可见，以新兴经济体为代表的发展中国家以及发达国家的主流都支持继续全球化，发达国家的"逆全球化"不过是全球化进程中的一个"涡流"。全球主流力量依然支持经济全球化。

中国参与经验　中国在"二战"后采取的"自力更生"经济政策，在建立独立的工业体系上效果明显，但也导致中国经济区隔于世界主要市场，经济发展水平与发达国家相比明显扩大。改革开放后中国参与全球市场分工体系，在取得明显成效后于1992年开始致力于建立社会主义市场经济，并在2001年加入以"自由贸易"为主要宗旨的世界贸易组织。中国经济因而实现了持续数十年的快速增长，经济规模从2010年起处于全球坐二望一的地位。

这表明，即使是中国这样的人口大国，在经济赶超阶段也应当推行"出口导向"政策，而不宜采取"进口替代"政策。而奇瑞与吉利作为中国汽车业海外拓展的两个先锋，其成功经验也证明了一点：无论是国营企业还是民营企业，参与全球竞争是企业发展的有效途径。更有说服力的例子是华为，其1996年开始的国际化是被迫进行的，且1999年的营收中只有4%来自海外。而现在，华为已经是第五代无线通信技术的全球领导者，海外营收已经占收入的大头。

挑战与应对　中国经济进一步增长面临着国内外两方面的挑战。国内方面主要有：劳动力供给到了"路易斯拐点"，劳动力成本快速上升，与周边发展中国家相比已不再有这方面的优势。同时，环境压力巨大，投资拉动型经济面临瓶颈。因此，中国应加速从粗放型增长转向要素增长，为此至少可采取以下措施：通过户籍制度改革促进城市化以释放消费需求、进一步改革职业教育体系以助力制造业升级、通过科技创新培育全球优势产业从而提升中国在全球产业链中的地位。

　　国际方面的挑战主要有：全球经济增长放缓、发达国家的贸易保护主义、美国对华战略定位的调整、来自发展中国家在中低端产业的竞争。而以中国为代表的新兴经济体是全球化的受益者，但中国只有少数产业达到世界领先水平。因此，针对西方国家出现的全球化"涡流"，中国的应对不是"以涡流对涡流"，而是更大的开放：一方面，以开放促改革，扫除经济发展的障碍、释放中国的潜在比较优势，促成中国经济从"大"到"强"的转变，为中国梦的实现奠定坚实的经济基础。从这个角度看，"改变自己、影响世界"将长期适用于中国。另一方面，团结发展中国家与发达国家中支持全球化的力量，以推动经济全球化进程，推进人类命运共同体建设，让自己的崛起进程与国际秩序兼容，这是中国实现和平崛起的必要条件。

　　（本文以《"逆全球化"不符合历史大势》为题，发表于《人民日报》2019年1月21日。本文为原稿）

1.11 全球化研究之三：大阪G20峰会评析

核心观点：峰会的主要看点是主要大国元首之间的会晤，但多属于礼节性会晤。主要由于特朗普的"美国第一"政策，G20对全球经济的影响变弱了。"三驾马车"合作机制也弱化。日本这个东道主将因为一些因素的影响而难以有大作为。

2008年滥觞于美国的金融危机催生了G20，并使之迅速成为应对全球经济议题的主要平台。许多全球经济议题在这个年度会议上被讨论并形成政策建议。这些建议会后除了与会各国分头落实外，还通过相关国际组织而影响到更多国家。但本次峰会情况将有所不同。

◇◇ 一 本次峰会的主要看点

G20的政治化 G20峰会已经成为会聚全球主要国家元首的一大平台，其政治代表性明显大于G7。在经济议题难以有大收获的情况下，文化与政治议题就成了重心。但文化议题的影响力有限。因此，未来G20将越来越多地聚焦政治议题，特别是在关系到发达经济体与发展中新兴经济体关系的政治议题。

这方面，大阪峰会有可能成为一个转折点。一方面，中、美、俄、印等国家或多或少希望利用这个机会。另一方面，安倍有意愿推进一些政治议题，如中美峰会、中俄印峰会。他也有条件这么做：与特朗普、莫迪关系良好，中日关系、日俄关系也处于相对不错的时期。

中美元首会谈　一般认为，这会发生，但形式大于实质。原因有二："说好听话、做狠心事、归责于对方"是特朗普把玩双边峰会的常用套路；美国已经把中国定位为全面竞争对手，中国固然不希望与美国脱钩或者全面对抗，但"坚持底线"是习近平外交的一大特色，不大可能在美国的系列霸凌举动下示弱，同意见面已经是给美方面子。中国也有底气不看美国脸色，而美国的盟国与伙伴国通常难以扛住美国的压力，即使是日本这样的经济体。

中俄印三边会晤　莫迪提议的这一会晤如果落实，等于是一次缩小版的金砖峰会。由于政治经济双方面的原因，金砖在过去几年有所褪色。但南非与巴西的综合国力在金砖国家中靠后，因此，只要中俄印三边峰会破题，以后可能成为惯例。这等于向世界昭告：金砖机制依然有效。但是，这一会晤发生的可能性大约为50%。

◇◇ 二　本次峰会也面临一些挑战

对全球经济的影响弱化　G20能发挥作用，关键在于与会国特别是主要经济体之间的协商一致。这一基础已经被美国破坏。特朗普的外交套路是：先制定比较具体的政策目标并施加威胁，再通过谈判迫使对方让步。由于对手都比美国弱小，他的这一策略屡屡奏效。因此，会聚全球主要经济体的G20峰会，已经不是他看重的对外经济政策平台，出席会议时侧重于双边或者小多边会谈。屡遭美国霸凌行径打击的其他国家，既没有兴趣也知道不可能再利用这一平台推进全球性的经济议程,"大国借机开小会、其他国家当看客"将成为本次峰会的显著特征。

"三驾马车"合作机制弱化　由于涉及的经济议题比较具体与专业,通常数量较多,而G20又不设秘书处,因此,如何避免峰会成为一年一度的清谈会就成了各方关注的一大重点。为此,各方确定建立"三驾马车"机制,即当届主办国与前后两届主办国互相合作。经验表明,这个创设是有效的,已经成为G20峰会的一个特点。从大的方面说,这一机制有助于保持经济议题的选择、经济政策建议的制定与后期落实。从小的方面说,也有助于会议组织工作的对接。随着与会各国的"心散了","三驾马车"接力中合作的动力也将弱化,从而进一步削弱G20的功效。

东道国面临新考验　根据既往的经验,经济实力强大的国家主办G20峰会的效果好于实力比较小的国家。因为这些国家有经验和能力在议题选择、形成政策建议、推进建议落实等多个环节发挥更大的影响。

日本是全球第三大经济体,安倍又是长期任职的首相,本来有条件把大阪峰会办成影响力比较大的一次全球经济峰会。中美贸易战等因素使得日本难以遂愿。虽然可以试图在政治与文化议题上发力以便"找补",但这毕竟不是G20的主业。另外,在此次峰会期间中美就重启贸易谈判达成共识的可能性不大,其客观原因固然是美国"欺人太甚",主观原因则是,中美未必愿意把这个荣誉让给日本。

显然,并非每次峰会都能找到适当政治议题并取得成果。如果政治经济议题都难以取得进展,只能在文化议题上做文章,那么G20机制虽然不会泡沫化,但其存在的价值将明显下降。

笔者的研究体会是:全球性机制弱化、区域性机制强化将是长期趋势。个中原因在于,在核武器时代,通过大战重构全球性机制的可能性不大，各国之间的竞争将以文明为边界进行。换句话说，不同文明之间的和平竞争将是个大趋势。

（本文以《大阪G20峰会的看点与挑战》为题，发表于《大国策智库》，2019年6月26日）

第二部分
"一带一路"与区域治理

本部分涉及以下几个区域：东北亚、东南亚、非洲、中东、欧盟、中东欧、印太。重点分析在"一带一路"背景下，中国针对这些区域应该采取什么样的外交方略，现有的做法与这些方略有什么关系，这些地区如何看待"一带一路"等，以及"印太战略"对"一带一路"的影响。

笔者觉得中美是对手不是敌人，"冷缠斗"是双边关系的显著特征，东北亚地区的冷战结构依然明显，中国对此应该以适应为主，为此针对这一地区的外交方略应该是以双边为主。韩国是支轴国家。中国在处理朝鲜问题时应该注意到一点：没有朝鲜的经济开放，东北与世界市场的区隔很难消除。即使是为了东北的发展，中国也应该促成朝鲜的对外开放。中国的南海政策整体上不利于"一带一路"在东南亚乃至周边的实施，调整整体思路是必要的。"印太战略"对"一带一路"影响有限。

2.1 东亚国家如何看待"一带一路"①

核心观点：本文通过对东亚八个国家20位精英的一对一访谈，总结了他们对"一带一路"的主要看法。他们认为，中国提出"一带一路"倡议主要是基于经济动因，但也有战略上的考虑，同时还有人文交流上的考量；"一带一路"建设为东道国的基础设施建设提供了亟须的资金支持，但也存在速度太快、规模太大、因对东道国的需求考虑不周而引发东道国疑虑等不足；中国外交变得积极主动，更加重视周边国家，但中国的国家形象整体上并没有明显改善，而南海问题也是影响东盟国家参与"一带一路"的重大因素。他们还认为，中国如果希望保持"一带一路"的可持续性，需要做出一些改进：从追求规模与速度转向追求质量与效益，强化"21世纪海上丝绸之路"建设，更多考虑东道国的利益需求，以减

---

① 本文是在许多人的支持与帮助下才完成的，笔者在此谨致谢忱。（1）中国社会科学院世界经济与政治研究所领导，批准通过高端智库基础项目为这个访谈项目立项，从而解决了本项目的部分资金，主要用于支付各个访谈录音的整理、翻译、打印等；（2）参与录音整理、录音稿翻译与审读，以及其他种种烦琐事物的同事、同行、博士生、硕士生、实习生，他们是徐晏卓、赵海、李天国、于婉莹、陈晨、郑海琦、刘贺、刘立群、凌枫、程章玺、苗蓓蕾、刘天一、李永珂、郑宇文、姚炳旭、张若晨、陈展等；（3）发表了15篇访谈的FT中文网与刘波编辑，许多人看到这个系列访谈后给予了积极的鼓励与肯定；（4）为笔者联系各国访谈对象的同行与友人；（5）接受笔者访谈的20位（其中一篇有两个受访者）学者、智库人员、外交官、商界人士，在一对一的访谈中，坦率贡献了他们的研究心得与观察体会；（6）上海社会科学院李开盛研究员受笔者之托，对两位菲律宾学者进行了访谈，笔者的同事卢国学副研究员参与了两个日本访谈的翻译与整理工作。

少有关国家的疑虑，并探索人工智能等新型发展模式；在南海争端问题上中国应调整思路，不采取"加倍报复"的策略，在致力于维持现状的同时，在解决南海争端上发挥领导作用并提供解决方案。

"一带一路"从2013年秋季推出，迄今已经6年，整体效果可用"成就突出、挑战凸显"来形容。其所产生的全球影响力、所取得的建设成果超过了许多人（也包括笔者在内）当初的估计。如果说，改革开放是中国致力于以和平途径改变自身、发展自身，"一带一路"建设则是中国在继续改变与发展自身的同时，以和平与合作手段促成其他国家特别是发展中国家的发展。综合而言，"一带一路"倡议是一个世纪工程，其建设过程将持续数十年乃至更长，如果实施得好，有可能成为百多年来对全球影响最大的中国外交大决策。

无疑，这项巨大的事业将面临许多挑战。中国虽然发展快速，但属于民族国家体系的后来者，在处理国际事务上仍有许多需要学习之处，"倾听天下广议、谦纳寰球镜鉴"是必要的。周边国家是新时代中国外交的优先方向，是中国崛起的战略依托带，更是中国换位思考的重点区域。为此，笔者设计了这个项目：在东亚代表性国家中，选择精英人士就"一带一路"倡议进行一对一的学术访谈。

本文选择的东亚国家有：韩国、日本、泰国、越南、马来西亚、印尼、新加坡、菲律宾八国，合计20位行业精英，他们大部分是所在国的知名学者，还有一些是外交官、企业家、智库研究人员等。他们研究或者熟悉中国事务，其立场观点大致可代表所在国对中国与"一带一路"的认知水平。

我们的访谈包括三个部分，共计17个问题，这里仅仅展示其中的若干个问题。第一部分为"一带一路"出台的动因、实施与影响，包括中国提出"一带一路"倡议的动因、"一带一路"的优点与不足以及面临的挑战；第二部分为"一带一路"与中国外交之间的相互影响，包括"一带一路"推出后中国外交政策的变化、"一带一路"推出后中国国家形象的变化、中国的南海政策及其与"一带一路"建设的关系等；第三部分为"一带一路"的未来，包括"一带一路"的可持续性与对"一带一路"未来实施的建议。

一 "一带一路"的动因、实施和影响

（一）中国提出"一带一路"倡议的动因

从受访者的回答看，中国提出"一带一路"倡议的动因可以概括为经济因素、战略因素（包括政治、外交、军事）、文化与人文因素。有些受访者还从国内、国外的两分法视野谈了自己的看法。

1. 经济因素

20 个受访者均承认经济因素的重要性，其中绝大部分将之归结为首要（或主导）因素。如新加坡东南亚研究所辛格认为"经济方面的考虑是很大一部分原因"[①]，菲律宾大学巴维耶拉认为是"主导因素"[②]。但具体涉及哪些经济因素，则有不同的侧重点，新加坡国立大学的郑永年与新

[①] 达吉·辛格、薛力：《"一带一路"与东南亚：达吉·辛格》，（香港）《中国评论》2019 年第 9 期，访谈时间为 2018 年 7 月 6 日。达吉·辛格（Daljit Singh）为新加坡东南亚研究所资深研究员、地区战略与政治项目协调员。

[②] 艾琳·巴维耶拉、李开盛：《"一带一路"与菲律宾之艾琳·巴维耶拉》，访谈时间为 2019 年 3 月 12 日，未刊稿。受薛力委托，上海社会科学院国际问题研究所李开盛研究员在访问菲律宾期间进行了这个访谈，谨致谢忱。录音稿的整理与校对由薛力负责，并经艾琳·巴维耶拉教授审核定稿后再翻译为中文。艾琳·巴维耶拉（Aileen Baviera）是菲律宾大学亚洲研究中心前主任。

加坡东南亚研究所的西瓦格的回答较好地概括了主要经济因素："主要是中国的资本（过剩）、产能（过剩）和基础设施建设技术（优势）三者"①，"为（许多国家的）贸易、投资、基础设施以及人文交流方面提供了合作的机会"②。泰国的充吉塔万③、菲律宾的巴维耶拉、马来西亚的邓秀岷④等侧重基础设施，新加坡的黎良福⑤以及一位要求匿名的受访者侧重产业（能）过剩，菲律宾的巴蒂斯塔侧重资本过剩⑥。日本的加茂具树则表示："'一带一路'是由中央政府和国有企业推动的国家资本主义自上而下的政策，以及由地方政府和私营企业参与的自下而上的政策"⑦。

---

① 郑永年、薛力：《"一带一路"五年评估全球访谈之一：郑永年》，FT中文网，2018年7月20日，郑永年为新加坡国立大学教授、东亚研究所前所长；黎良福、薛力：《"一带一路"与新加坡：黎良福研究员访谈》，FT中文网，2018年1月21日。黎良福为新加坡东南亚研究所《观点》（Perspective）编辑、资深研究员。

② 西瓦格·达马·内加拉、薛力：《"一带一路"五年评估全球访谈之二："一带一路"与印度尼西亚》，FT中文网，2018年8月27日。西瓦格·达马·内加拉（Siwage Dharma Negara）为新加坡东南亚研究所资深研究员、印尼项目协调员。

③ 卡威·充吉塔万、薛力：《"一带一路"五年评估全球访谈：卡威·充吉塔万》，FT中文网，2019年4月23日。卡威·充吉塔万（Kavi Chongkittavorn）为泰国安全与国际研究院（ISIS-Thailand）资深研究员。

④ 邓秀岷、薛力：《"一带一路"与马来西亚》，FT中文网，2018年10月15日。邓秀岷为新加坡东南亚研究所《东盟聚焦》（ASEAN FOCUS）编辑、资深研究员。

⑤ 黎良福、薛力：《"一带一路"与新加坡：黎良福研究员访谈》，FT中文网，2018年1月21日。

⑥ 格梅里诺·马丹巴·巴蒂斯塔、李开盛：《"一带一路"与菲律宾：巴蒂斯塔》，访谈时间为2019年3月13日，未刊稿。受薛力委托，上海社科院国际问题研究所李开盛研究员在访问菲律宾期间于达沃雅典耀大学宾馆进行了这个访谈，谨致谢忱。录音稿的整理与校对由薛力负责，并经受访者巴蒂斯塔（Germelino Madamba Bautista）教授审核定稿后再翻译为中文。选择达沃主要是因为，这个南部城市在菲律宾政治经济文化版图中具有特殊地位，也是现任总统杜特尔特的发迹地，在大马尼拉地区之外具有代表性意义。

⑦ 加茂具树、薛力：《"一带一路"与日本之二：加茂具树》，未刊稿。2019年7月6日发出问题提纲，8月7日收到书面反馈，并于8月8日下午在中国社会科学院世界经济与政治研究所面谈，补充大量内容。加茂具树为日本庆应义塾大学综合政策学部教授、东亚研究所现代中国研究中心副主任，主要研究中国国内政治与中国外交。

2. 战略因素

除了经济因素,受访者也普遍认为,中国推行"一带一路"还有战略上的考虑,包括政治、外交、军事等多个方面。如东盟前秘书长王景荣认为,除了经济因素外,中国还希望通过"一带一路"建设,扩大(自身)在本地区的影响力,习主席希望中国扮演更大的角色,即通过它将中国推向世界①。郑永年则认为政治原因"仅仅是辅助性的",但国有资本主导的资本输出并进行大规模的基础设施建设会带来政治后果②。新加坡东南亚研究所资深研究员辛格提到,基础设施建设的结果是:"沿线建设的道路都连接了北京。曾经,所有的道路一度都连接着华盛顿"③。邓秀岷也认为,"一带一路"推动的国家间连通,最终目的地"一定是中国地区"④。来自印度尼西亚的西瓦格·达马·内加拉认为"'一带一路'兼具经济和战略原因"⑤。菲律宾大学的巴维耶拉也认为,"一带一路"的发展有经济和政治方面的双重因素,原因在于:在"一带一路"项目建设的过程中,会强化中国与东道国精英团体的政治连接,"可以帮助中国实现战略目标"⑥。高丽大学的李正男认为,"一带一路"建设"是一种中国崛起的战略性倡议",因此提出"一带一路"的动因包括经济、政治、

---

① 王景荣、薛力:《"一带一路"与新加坡》,FT 中文网,2018 年 11 月 15 日。王景荣大使为东盟前秘书长、南洋理工大学拉惹勒南国际关系学院(RSIS)执行副主席(Executive Deputy Chairman)、国防与战略研究院(IDSS)院长。

② 郑永年、薛力:《"一带一路"五年评估全球访谈之一:郑永年》,FT 中文网,2018 年 7 月 20 日。

③ 达吉·辛格、薛力:《"一带一路"与东南亚:达吉·辛格》,(香港)《中国评论》2019 年第 9 期,访谈时间为 2018 年 7 月 6 日。

④ 邓秀岷、薛力:《"一带一路"与马来西亚》,FT 中文网,2018 年 10 月 15 日。

⑤ 西瓦格·达马·内加拉、薛力:《"一带一路"五年评估全球访谈之二:"一带一路"与印度尼西亚》,FT 中文网,2018 年 8 月 27 日。

⑥ 艾琳·巴维耶拉、李开盛:《"一带一路"与菲律宾之艾琳·巴维耶拉》,访谈时间为 2019 年 3 月 12 日,未刊稿。

战略等多重因素①。加茂具树也提到，"所以它看起来像是一项有长期计划的国家战略"②。

3. 经济因素与战略因素的权重

经济考虑与战略考虑何者更为主要，大部分受访者认为，经济考虑是主要的，战略方面的考虑相对次要③，"如果是政治或者理念框架，会导致一些国家反感，他们也不会融入"④。但也有一些学者认为"两者都有且相互关联"⑤，甚至认为它是"实现中国式全球化的长期国家战略"⑥。有意思的是，韩国4位受访者比较强调战略因素，虽然他们也赞成经济因素⑦。

4. 文化与人文因素

部分受访者则提到，中国提出"一带一路"除了经济与战略考虑外，也有文化和人文交流方面的考虑（或者效应），如充吉塔万认为"'一带一路'不仅仅关注经济利益，同样关注文化与人文交流"⑧，诗琳通公主

---

① 李正男、河度亨、薛力：《"一带一路"与韩国之四：李正男与河度亨》，（香港）《中国评论》2019年第10期，李正男为韩国高丽大学亚洲问题研究所中国研究中心主任，河度亨为韩国国防大学教授。

② 加茂具树、薛力：《"一带一路"与日本之二：加茂具树》，未刊稿。

③ 黎良福、薛力：《"一带一路"与新加坡：黎良福研究员访谈》，FT中文网，2018年1月21日。

④ 郑载兴、薛力：《"一带一路"五年评估全球访谈：郑载兴》，FT中文网，2019年4月24日。郑载兴为韩国世宗研究所研究企划部副部长、研究委员。

⑤ 艾琳·巴维耶拉、李开盛：《"一带一路"与菲律宾之艾琳·巴维耶拉》，访谈时间为2019年3月12日，未刊稿。

⑥ 李熙玉、薛力：《"一带一路"全球访谈之韩国站——李熙玉》，FT中文网，2019年3月28日。李熙玉为韩国成均馆大学中国研究所所长、教授。

⑦ 黄载皓、薛力：《"一带一路"全球访谈——黄载皓》，FT中文网，2019年4月22日。黄载皓为韩国外国语大学国际学部教授；郑载兴、薛力：《"一带一路"五年评估全球访谈：郑载兴》，FT中文网，2019年4月24日；李熙玉、薛力：《"一带一路"全球访谈之韩国站——李熙玉》，FT中文网，2019年3月28日；李正男、河度亨、薛力：《"一带一路"与韩国之四：李正男与河度亨》，未刊稿。

⑧ 卡威·充吉塔万、薛力：《"一带一路"五年评估全球访谈：卡威·充吉塔万》，FT中文网，2019年4月23日。

的作用是他再三强调的一点,甚至认为这构成了泰中两国关系的一大特色。西瓦格认为"一带一路"建设为人文交流提供了合作机会①。黎良福提到了中国与东盟的游客往来与留学生互换②。

5. 其他分类视野下的动因

受访者中的一些人除了提到经济动因与战略动因外,认为也可以从中国的国内需要与国外需要两个方面来考察③。如有的学者认为,对内可刺激经济、保持西部地区稳定④。有的认为,中国几十年的发展后出现了资本过剩、产能过剩问题,必须"寻找对外投资目的地"⑤。对外方面,这"也是中国回报世界经济的方式","中国可以通过这个倡议的实施在世界上获得更大的话语权","在世界范围内获得广泛支持"⑥,同时也有助于中国避免"修昔底德陷阱"⑦。也有学者认为"一带一路"的出台与领导人的个性因素有关⑧。

---

① 西瓦格·达马·内加拉、薛力:《"一带一路"五年评估全球访谈之二:"一带一路"与印度尼西亚》,FT中文网,2018年8月27日。
② 黎良福、薛力:《"一带一路"与新加坡:黎良福研究员访谈》,FT中文网,2018年1月21日。
③ 黎良福、薛力:《"一带一路"与新加坡:黎良福研究员访谈》,FT中文网,2018年1月21日;冯氏惠、薛力:《"一带一路"与越南》,FT中文网,2019年7月26日,冯氏惠为越南社会科学翰林院中国研究所前副所长、副教授,越南社会科学翰林院"中国'一带一路'倡议与越南政策建议"项目主任;饶兆斌、薛力:《"一带一路"全球访谈之马来西亚站:饶兆斌》,访谈时间为2018年11月2日,未刊稿,饶兆斌为马来西亚大学中国研交所所长;加茂具树、薛力:《"一带一路"与日本之二:加茂具树》,未刊稿。
④ 加茂具树、薛力:《"一带一路"与日本之二:加茂具树》,未刊稿。
⑤ 格梅里诺·马丹巴·巴蒂斯塔、李开盛:《"一带一路"与菲律宾:巴蒂斯塔》,访谈时间为2019年3月13日,未刊稿。
⑥ 同上。
⑦ 黎良福、薛力:《"一带一路"与新加坡:黎良福研究员访谈》,FT中文网,2018年1月21日。
⑧ 郑永年、薛力:《"一带一路"五年评估全球访谈之一:郑永年》,FT中文网,2018年7月20日。

（二）"一带一路"的优点、不足以及面临的挑战

对此，受访者观点有共性的方面，如普遍认可"为东道国的基础设施建设提供资金支持"，但分歧也不小，无论是关于优点、不足还是关于挑战。

1. "一带一路"的优点

（1）有受访者从一般性角度分析，认为"一带一路"建设具有比较完备的合作机制，"五通"建设将促进欧亚国家经济发展[①]，在2008年国际金融危机后为中国与世界经济发展提供动力[②]，侧重经济发展因而容易为其他国家接受[③]。

一些学者则关注"一带一路"建设对中国的益处，认为有助于中国提升硬实力与软实力，建立以中国为中心的发展模式，让中国成为世界强国，过去几年"一带"的政策效果比较好（如在巴基斯坦与哈萨克斯坦），但这类项目的政治象征性更大，（中国）真正的获益还是在"一路"上[④]。有研究中国国内政治的学者认为，"一带一路"是"由中央政府和国有企业推动的国家资本主义自上而下的政策，以及由地方政府和私营企业参与的自下而上的政策"[⑤]。

（2）"为东道国的基础设施建设提供资金支持"获得了普遍的认可。一个不争的事实是，发展中国家始终面临着基础设施缺乏且投资不足的问

[①] 冯氏惠、薛力：《"一带一路"与越南》，FT中文网，2019年7月26日。

[②] 郑永年、薛力：《"一带一路"五年评估全球访谈之一：郑永年》，FT中文网，2018年7月20日。

[③] 郑载兴、薛力：《"一带一路"五年评估全球访谈：郑载兴》，FT中文网，2019年4月24日。

[④] 李正男、河度亨、薛力：《"一带一路"与韩国》，（香港）《中国评论》2019年第10期。

[⑤] 加茂具树、薛力：《"一带一路"与日本之二：加茂具树》，未刊稿。

题，而长期以来发达国家与国际机构（如世界银行）的相关投入远远不能满足需要。据亚洲开发银行（ADB）估算，仅亚洲基础设施需求和实际投资的缺口每年就高达 3300 亿美元①。目前的情况是，这方面"只有中国准备对外大量投资"②，"中国作为大国将发挥其牵引力"③，这将使"需要资金发展经济的国家能够获得金融资源、基础设施建设和投资"④。有的受访者提到东道国可以利用自身在法律、银行、物流等方面的优势在与中国的合作中获得经济上的好处⑤。

不过，当被追问"对于难以赢利的基础设施项目，西方国家与国际机构通常不大愿意大规模投资或贷款，中国对此很清楚，可依然投入大量的资金，其原因何在"时，受访者给出了不同的回答。新加坡东南亚研究所的辛格与4位韩国学者都认为，中国是从（长远）战略角度才进行这种投入。有的学者认为，"因为美欧企业大多是私营的"，"很害怕不能赚取利润"，因此无法进行类似的投资⑥。

2. "一带一路"的不足以及所面临的挑战

不足与挑战包括针对中国、针对东道国与针对其他国家等三个方面。

（1）针对中国方面。"中国太积极、太主动、规模太大、速度太快、

---

① 青山瑠妙、薛力:《"一带一路"与日本之一：青山瑠妙》，未刊稿。2019年7月6日发出问题提纲，7月29日收到反馈，由中国社会科学院世界经济与政治研究所卢国学副研究员翻译为中文。青山瑠妙为日本早稻田大学教授、当代中国研究所所长。

② 卡威·充吉塔万、薛力:《"一带一路"五年评估全球访谈：卡威·充吉塔万》，FT中文网，2019年4月23日。

③ 青山瑠妙、薛力:《"一带一路"与日本之一：青山瑠妙》，未刊稿。

④ 格梅里诺·马丹巴·巴蒂斯塔、李开盛：《"一带一路"与菲律宾：巴蒂斯塔》，2019年3月13日，未刊稿。

⑤ 达吉·辛格、薛力:《"一带一路"与东南亚：达吉·辛格》，（中国香港）《中国评论》2019年第9期，访谈时间为2018年7月6日。

⑥ 同上。

对东道国的利益考虑不够"是经常提到的几点①。但他们都没有提供相应的数据来支撑其论点,个别受访者曾经就个别案例进行过田野调查。

有学者提到,中国提出"一带一路"倡议之前没有与相关国家沟通,实施后众多障碍难以克服②。与此相关,有学者甚至认为这与中国所说的"共商共建共享"相矛盾,引发其他国家的疑虑,一些大国拒绝参加也与此有关③。有受访者提到"贷款的利息非常高,利率高达6%—8%"④。

(2)针对东道国方面。来自中国的大规模、快速的投资引发相关国家对中国崛起的警惕、怀疑和害怕心理⑤;"怀疑中国有特殊目的:扩大影响力,要成为强国","中国最大的问题就是只考虑中国方面,不考虑沿线国家内部"⑥;担心中国过度介入东道国当地政治经济事务、项目投资过大影响当地生态等⑦;"没考虑好如何利用基础设施引发其他经济活动",即与制造业、工业化、民生经济等相结合⑧;"合作范围宽广、有关

---

① 黎良福、薛力:《"一带一路"与新加坡:黎良福研究员访谈》,FT中文网2018年1月21日;冯氏惠、薛力:《"一带一路"与越南》,FT中文网,2019年7月26日;饶兆斌、薛力:《"一带一路"全球访谈之马来西亚站:饶兆斌》,访谈时间为2018年11月2日,未刊稿;李正男、河度亨、薛力:《"一带一路"与韩国之四:李正男与河度亨》,未刊稿。
② 冯氏惠、薛力:《"一带一路"与越南》,FT中文网,2019年7月26日。
③ 引自2018年7月9日对一位要求匿名者的访谈。
④ 邓秀岷、薛力:《"一带一路"与马来西亚》,FT中文网,2018年10月15日。
⑤ 李正男、河度亨、薛力:《"一带一路"与韩国》,(香港)《中国评论》2019年第10期;冯氏惠、薛力:《"一带一路"与越南》,FT中文网,2019年7月26日;郑载兴、薛力:《"一带一路"五年评估全球访谈:郑载兴》,FT中文网,2019年4月24日。
⑥ 李正男、河度亨、薛力:《"一带一路"与韩国》,(香港)《中国评论》2019年第10期。
⑦ 许振义、薛力:《"一带一路"与新加坡企业发展》,访谈时间为2018年7月9日,未刊稿。许振义先生是新加坡隆道智库总裁,新加坡国际企业发展局驻上海办事处前主任(新加坡驻沪总领事馆商务领事)。
⑧ 郑永年、薛力:《"一带一路"五年评估全球访谈之一:郑永年》,FT中文网,2018年7月20日。

合作国家的经济、政治、社会、文化、风俗习惯等差别太复杂了，影响了'一带一路'的建设进展及效果"①。另外有人提到可能会被一些腐败的东道国政府"绑架"②。

一些重点项目面临的挑战值得关注。来自印尼的西瓦格博士提到雅万铁路征地问题，截至 2018 年 7 月仅仅完成 60% 的征地，而这已经比预期延后了两年多③。事实上，一直到 2019 年 2 月底，才完成 94% 的征地，实体工程则仅仅完成 9.2%④。主要原因在于印尼土地私有，142.3 公里的雅万高铁线路所需土地分属于 8000 多个地主，即使 2017 年 4 月佐科总统签署了 2 号法令，可以"公共设施用地"的名义强制征地，但仍需要逐一谈判，谈不成才通过法院获得征地手续⑤。一些学者还提到，对于海外投资来说，国企与民企的差别意义不大，都会被当地认为是中国政府的工具，如在欧洲的某个投资项目⑥。

另外，若干受访者提到："一带一路"在许多国家知名度还不够，除了关注中国的政治家、学者与商人，一般人对此不大了解⑦。

（3）针对其他国家方面。有学者认为"印太战略"与"一带一路"

---

① 冯氏惠、薛力：《"一带一路"与越南》，FT 中文网，2019 年 7 月 26 日。
② 饶兆斌、薛力：《"一带一路"全球访谈之马来西亚站：饶兆斌》，访谈时间为 2018 年 11 月 2 日，未刊稿。
③ 西瓦格·达马·内加拉、薛力：《"一带一路"五年评估全球访谈之二："一带一路"与印度尼西亚》，FT 中文网，2018 年 8 月 27 日。
④ 《雅万高铁完成 94% 征地拆迁实体工程完成 9.2% 凿开山洞和隧道口工作已近结束》，新浪网，http://www.sohu.com/a/303864983_100008179，2019 年 7 月 31 日。
⑤ 《雅万之困：项目征地为何如此艰难？》，搜狐网，https://www.sohu.com/a/325313439_516458，2019 年 7 月 31 日。
⑥ 许振义、薛力：《"一带一路"与新加坡企业发展》，访谈时间为 2018 年 7 月 9 日，未刊稿。
⑦ 郑载兴、薛力：《"一带一路"五年评估全球访谈：郑载兴》，FT 中文网，2019 年 4 月 24 日；饶兆斌、薛力：《"一带一路"全球访谈之马来西亚站：饶兆斌》，访谈时间为 2018 年 11 月 2 日，未刊稿。

形成竞争关系，美印日澳将借此牵制中国①；美国作为霸权国家，一定会牵制中国②。

◇◇ 二 "一带一路"与中国外交之间的相互影响

习近平主席在 2016 年"817 讲话"中明确提到，"一带一路"建设、京津冀协同发展、长江经济带发展是"十三五"时期和更长时期三个大的发展战略③，与主要针对国内的京津冀协同发展、长江经济带建设不同，"一带一路"建设主要针对国外，是三大发展战略中唯一的对外发展战略。那么，中国在提出和实施"一带一路"后，外交政策是否发生了变化？国家形象有何改变？中国的南海政策与"一带一路"建设之间是否协调？

（一）"一带一路"推出后中国外交政策的变化

大部分学者认为发生了变化，少部分学者认为变化不明显。持"有变化"观点的学者认为，最明显的变化是外交上从"韬光养晦"转向了"有所作为"，这种变化发生在党的十八大之后，先于"一带一路"的提出④。有的认

---

① 郑载兴、薛力：《"一带一路"五年评估全球访谈：郑载兴》，FT 中文网，2019 年 4 月 24 日。
② 李正男、河庹亨、薛力：《"一带一路"与韩国》，（香港）《中国评论》2019 年第 10 期。
③ 《习近平出席推进"一带一路"建设工作座谈会并发表重要讲话》，国务院新闻办网站，http：//www.scio.gov.cn/ztk/wh/slxy/gcyl1/Document/1487724/1487724.htm，2016 年 8 月 18 日。
④ 许振义、薛力：《"一带一路"与新加坡企业发展》，访谈时间为 2018 年 7 月 9 日，未刊稿。

为变化主要体现在积极推动"一带一路"上①。有的认为因为涉及多个区域的管理与协商，中国参与全球治理的力度明显加大了②。有的学者认为中国外交的原则没有变，但策略上有调整，如要求东道国在中国台湾问题、中美关系等问题上"表现出政治敏感度"③。

"重视周边"是普遍评价但侧重点有所不同，有的认为中国在外交上以前更看重大国，现在则更看重周边国家④；有的认为对周边国家的这种看重主要体现在投资方面⑤；有的认为中国变得"不只是追求自己的利益，也与周边国家分享利益"⑥；有的认为中国提出了有别于美国单边主义的新型国际关系，但在增加魅力与亲和力上还有改进的空间⑦。

也有学者认为中国外交的变化是渐进发生的⑧，或最近一两年才被当地人感受到⑨，或者"不太容易看得出来"，但南海形势有所缓和⑩。

有意思的是，韩国高丽大学的李正男教授认为中国的外交政策出现了范式性的大变化，过去（中国）认为（自己）是东亚国家，现在则认为

---

① 饶兆斌、薛力：《"一带一路"全球访谈之马来西亚站：饶兆斌》，访谈时间为2018年11月2日，未刊稿。

② 2018年7月9日在新加坡的一个匿名访谈。

③ 王景荣、薛力：《"一带一路"与新加坡》，FT中文网，2018年11月15日。

④ 卡威·充吉塔万、薛力：《"一带一路"五年评估全球访谈：卡威·充吉塔万》，FT中文网，2019年4月23日；郑载兴、薛力：《"一带一路"五年评估全球访谈：郑载兴》，FT中文网，2019年4月24日。

⑤ 黎良福、薛力：《"一带一路"与新加坡：黎良福研究员访谈》，FT中文网2018年1月21日。

⑥ 黄载皓、薛力：《"一带一路"全球访谈——黄载皓》，FT中文网，2019年4月22日。

⑦ 李熙玉、薛力：《"一带一路"全球访谈之韩国站——李熙玉》，FT中文网，2019年3月28日。

⑧ 达吉·辛格、薛力：《"一带一路"与东南亚：达吉·辛格》，（香港）《中国评论》2019年第9期，访谈时间为2018年7月6日。

⑨ 格梅里诺·马丹巴·巴蒂斯塔、李开盛：《"一带一路"与菲律宾：巴蒂斯塔》，2019年3月13日，未刊稿。

⑩ 邓秀岷、薛力：《"一带一路"与马来西亚》，FT中文网，2018年10月15日。

（自己）是世界大国。而她的先生韩国国防大学的河度亨教授则认为中国外交只是从被动变为主动，但整体是在效法美国的现实主义，希望通过扩大国家影响力成为世界大国而已，谈不上范式性的变化①。

（二）"一带一路"推出后中国国家形象的变化

部分学者认为变好了，如新加坡的辛格与菲律宾的巴蒂斯塔②；部分学者认为不好一概而论，有好有坏，如青山瑠妙认为"一带一路"项目在各国引发"赞否两论"③；有的认为不同国家看法不同，中南半岛的老挝与柬埔寨比较积极，泰国、印尼、马来西亚处于中间位置，越南最不积极，另外精英与民众看法不同，前者比较积极④；有的受访者认为刚开始的两年有提升，此后下降了⑤；有的认为"可以用变化与持续的视角来区分"，变化方面表现为（中国）更加开放与国际化⑥；有的认为中国在保护海外利益上整体政策"都是温和的"，采取的坚定举措"应该被视为特例而不是常规"⑦。

部分学者认为中国的影响力提升了，但国家形象并没有变好，甚至变

---

① 李正男、河度亨、薛力：《"一带一路"与韩国》，（香港）《中国评论》2019年第10期。
② 达吉·辛格、薛力：《"一带一路"与东南亚：达吉·辛格》，（香港）《中国评论》2019年第9期，访谈时间为2018年7月6日；格梅里诺·马丹巴·巴蒂斯塔、李开盛：《"一带一路"与菲律宾：巴蒂斯塔》，2019年3月13日，未刊稿。
③ 青山瑠妙、薛力：《"一带一路"与日本之一：青山瑠妙》，未刊稿。
④ 饶兆斌、薛力：《"一带一路"全球访谈之马来西亚站：饶兆斌》，访谈时间为2018年11月2日，未刊稿。
⑤ 冯氏惠、薛力：《"一带一路"与越南》，FT中文网，2019年7月26日。
⑥ 李熙玉、薛力：《"一带一路"全球访谈之韩国站——李熙玉》，FT中文网，2019年3月28日。
⑦ 达吉·辛格、薛力：《"一带一路"与东南亚：达吉·辛格》，（香港）《中国评论》2019年第9期，访谈时间为2018年7月6日。

坏了。变坏的原因中，受访者提到最多的是南海政策，特别是东南亚国家受访者；其次是中国太主动或太积极、对东道国的利益考虑不够、项目对当地环境的影响。

此外，不同的东道国中，中国国家形象发生变化的时间点不一致，不一定与"一带一路"提出有关，如菲律宾是在杜特尔特总统上台调整对华政策后，韩国是在"萨德"事件后，新加坡是在2016年两国关系发生摩擦后。

（三）中国的南海政策及其与"一带一路"建设的关系

绝大部分受访者认为，过去几年的南海政策不利于"一带一路"在东盟的实施，有的甚至认为二者是"基本对立的"，因为中国不可能放弃"主权属我"的立场，而"搁置争议、共同开发"与"主权属我"是矛盾的，这种矛盾使得中国与菲律宾、马来西亚、越南在"一带一路"建设中的合作受到了影响[1]。

"他们（指东南亚学者）在一定程度上都认为南海问题是中国外交的一个试金石，是东盟和中国关系里最重要的、核心的问题"，他们认为中国过去几年"在南海问题上以大欺小、用拳头说话、展示肌肉"，即使是印尼这样的非声索国，也对来自中国的投资存在争议与疑虑，一个重要原因就是南海问题，担心中国"以大欺小、不讲道理、不守规则"，这是"东盟作为一个整体基本上没有接受'一带一路'的原因"[2]。

有的学者认为南沙岛礁建设是必要的，因为其他国家（如越南、菲律宾）都已经建造了岛礁。但岛礁建造以后如何使用，中国没有处理好这个问题，如果能将这些岛礁对包括美国在内的其他国家船只开放，与航行自

---

[1] 李正男、河度亨、薛力：《"一带一路"与韩国》，（香港）《中国评论》2019年第10期。

[2] 本段均引自2018年7月9日匿名访谈。

由结合起来，结果会很好，而中国现有的做法会对"一带一路"建设造成很大阻力，（其他国家）会把中国建造岛礁的行动看作"新扩张主义"。中国有必要淡化"九段线"①。有的学者认为过去几年中国的南海政策加深了东南亚国家对中国的疑虑②。

也有受访者认为，中国的南海政策与"一带一路"建设没有矛盾，后者是宏大、长期的倡议，认为两者并行或者没有直接关系③。

◇◇ 三 "一带一路"的未来

作为一项世纪工程，我们非常关注"一带一路"下一步应该如何建设。为此，我们在问卷中设计了若干相关问题，这里展示其中的两个：是否可持续？下一步如何改进？

（一）"一带一路"的可持续性

受访者一部分认为"一带一路"可以持续，大部分认为要看情况或者现在无法下判断，个别认为不可持续。如西瓦格认为"一带一路"包括的内容很广泛：基础设施、种植业、能源与采矿业，总会有某些领域可以持续下去④。充吉塔万认为多种因素决定了"一带一路"可持续：中国

---

① 郑永年、薛力：《"一带一路"五年评估全球访谈之一：郑永年》，FT中文网，2018年7月20日。
② 达吉·辛格、薛力：《"一带一路"与东南亚：达吉·辛格》，（香港）《中国评论》2019年第9期，访谈时间为2018年7月6日。
③ 许振义、薛力：《"一带一路"与新加坡企业发展》，访谈时间为2018年7月9日，未刊稿。
④ 西瓦格·达马·内加拉、薛力：《"一带一路"五年评估全球访谈之二："一带一路"与印度尼西亚》，FT中文网，2018年8月27日。

需要为资本与产能开发市场,需要发展中西部地区,中国善于推陈出新(如澜湄合作机制就是发展了泰国的想法)①。

新加坡的王景荣认为,从资金与资源方面看可持续性不是问题,但要解决东道国的获益与其民众感受(这两个问题)②。韩国河度亨认为从推动经济增长角度看,中国会坚持跟周边国家、欧洲国家合作,因此可以持续;但在促进中国成为强大国家方面,"如果发生了消极的变化,中国可能坚持不下去"。李正男则认为,"一带一路"合作项目的资金大部分来自中国,因此,当中国国内经济不好的时候,很难持续③。巴维耶拉也认为这取决于中国经济的发展情况以及东道国是否有能力偿还贷款④。许振义认为目前对此"很难判断":时间还早,不知道哪些项目真正与"一带一路"相关⑤。冯氏惠同样认为现在下判断还太早⑥。辛格认为可持续与否取决于中国的政治意愿,但即使只是一半项目获得成功,也有助于提升中国的影响力⑦。

邓秀岷认为很难持续,因为基础设施总有修完的一天,而中国在海外大规模推进经济效益不好的基础设施建设,也将遇到国内越来越大的阻力⑧。饶兆斌认为不可持续的原因是:现在推进的速度太快,规模

---

① 卡威·充吉塔万、薛力:《"一带一路"五年评估全球访谈:卡威·充吉塔万》,FT中文网,2019年4月23日。
② 王景荣、薛力:《"一带一路"与新加坡》,FT中文网,2018年11月15日。
③ 李正男、河度亨、薛力:《"一带一路"与韩国》,(香港)《中国评论》2019年第10期。
④ 艾琳·巴维耶拉、李开盛:《"一带一路"与菲律宾之艾琳·巴维耶拉》,访谈时间为2019年3月12日。
⑤ 许振义、薛力:《"一带一路"与新加坡企业发展》,访谈时间为2018年7月9日,未刊稿。
⑥ 冯氏惠、薛力:《"一带一路"与越南》,FT中文网,2019年7月26日。
⑦ 达吉·辛格、薛力:《"一带一路"与东南亚:达吉·辛格》,(香港)《中国评论》2019年第9期,访谈时间为2018年7月6日。
⑧ 邓秀岷、薛力:《"一带一路"与马来西亚》,FT中文网,2018年10月15日。

太大①。

（二）对"一带一路"未来实施的建议

在对中国的政策方面，受访者多多少少都有所涉及，有时候还应笔者的要求专门就此进行论述。这些建议可以归并为以下几个。

（1）"一带一路"建设应该从"追求规模与速度"转向"追求质量与效益"，以减少东道国的疑虑与不适应，毕竟，许多东道国从来没有经历过大规模、高速度的建设阶段。从长远、可持续角度考虑，有必要减慢速度，减小规模。为此，可采取资本化大为小、吸引民营资本、与（东道国）民生经济结合起来等方式②。

（2）强化"21世纪海上丝绸之路"建设。虽然过去几年"丝绸之路经济带"的政策效果比较好（如在巴基斯坦与哈萨克斯坦），但这类项目的政治象征性更大，（中国）真正的获益还是在"一路"上③。而且，在内陆地区修铁路等项目非常敏感，不如做港口、航空运输等④。

（3）更多考虑东道国的利益，减少其疑虑，为此有必要更多考虑东道国的需求、人力资本利用、环境协调、注重民意、低调行事等⑤，与其

---

① 饶兆斌、薛力：《"一带一路"全球访谈之马来西亚站：饶兆斌》，访谈时间为2018年11月2日，未刊稿。
② 郑永年、薛力：《"一带一路"五年评估全球访谈之一：郑永年》，FT中文网，2018年7月20日。
③ 李正男、河㥁亨、薛力：《"一带一路"与韩国》，（香港）《中国评论》2019年第10期。
④ 郑永年、薛力：《"一带一路"五年评估全球访谈之一：郑永年》，FT中文网，2018年7月20日。
⑤ 卡威·充吉塔万、薛力：《"一带一路"五年评估全球访谈：卡威·充吉塔万》，FT中文网，2019年4月23日；黄载皓、薛力：《"一带一路"全球访谈——黄载皓》，FT中文网，2019年4月22日。

他国家进行第三方市场合作也是必要的①。

（4）调整思路，在南海问题上发挥领导作用并提供解决方案。"南海问题对东盟的影响太大"，如果中国继续"利用别人的失误大力回击，别人走一步中国走五步"，"只会增加东南亚国家对中国的疑虑"。未来应对上，应该以维持现状为出发点，运用综合国力促使其他国家也在南海地区维持而不是改变现状，这是可能的。东南亚国家也知道中国不可能放弃"九段线"②。此外，中国应将南海问题转变为经济、公共产品问题以便推动这一地区的旅游、贸易、投资③。

（5）探索新型发展模式，如在中国有优势的5G、大数据、人工智能等领域，与周边国家进行合作，促进东道国的跨越式发展④。

（6）关于朝鲜半岛，有韩国受访者认为，朝韩两国也是"一带一路"倡议实施过程中非常重要的变量，中朝韩要加强政策沟通，实现三国发展上的对接⑤。

◇◇ 四　总结

从前面的分析中，我们可以得出如下几点结论。

---

① 许振义、薛力：《"一带一路"与新加坡企业发展》，访谈时间为2018年7月9日，未刊稿。
② 2018年7月9日匿名访谈。
③ 西瓦格·达马·内加拉、薛力：《"一带一路"五年评估全球访谈之二："一带一路"与印度尼西亚》，FT中文网，2018年8月27日。
④ 黄载皓、薛力：《"一带一路"全球访谈——黄载皓》，FT中文网，2019年4月22日。
⑤ 郑载兴、薛力：《推进"一带一路"建设，须处理好与美国的竞争》，聚焦中国网站（China Focus），2019年6月3日。受访者在发布中英文对照版时，要求增补的内容中提到这一点。

第一，来自东亚八个国家的 20 个受访者中，绝大部分认为，中国提出"一带一路"倡议的首要动因是经济因素，因此容易获得其他国家的回应。但大多数也认为具有战略因素，包括政治、外交、军事等方面的考虑，以便通过"一带一路"建设来扩大中国在本地区的影响力，将中国推向世界，毕竟，大规模资金的输出、大项目的实施，其影响绝不仅仅限于经济，何况国有资本的输出、与东道国合作建设基础设施等，很难说没有政治、外交等方面的考虑，对东道国的影响也不会局限于经济领域。个别受访者甚至认为具有军事后果。除此之外，一些受访者也提到了文化与人文交流因素，如游客往来与留学生互换。有些受访者认为，"一带一路"的推出有中国国内需要与国外需要两方面的因素。

中国政府也把"加强全方位互联互通"列为"一带一路"建设的重点①，在 2015 年公布的《愿景与行动》中把"五通"列为"一带一路"建设的主要内容②，而"五通"中除了"人心相通"外，都与经济发展有关。另外，第二届"一带一路"峰会联合公报的第七点，也认为互联互通有助于推动增长及经济社会发展③。从上可见，中国与东亚国家对于"一带一路"倡议的首要动因或主要目的，存在比较广泛的共识。

第二，大部分学者认为中国的外交政策发生了变化，从过去的"韬光养晦"转向了现在的"有所作为"，有的甚至认为出现了范式性的大变化。有的认为中国外交的原则没有变，但策略上有调整；少部分学者认为

---

① 习近平：《高质量共建"一带一路"——在第二届"一带一路"国际合作高峰论坛圆桌峰会上的开幕辞》，http：//www.xinhuanet.com/2019 - 04/27/c_112442 4310.htm。

② "五通"的全称为政策沟通、设施联通、贸易畅通、资金融通、民心相通，参见国家发展改革委、外交部、商务部《推动共建丝绸之路经济带和21世纪海上丝绸之路的愿景与行动》，http：//ydyl.peo - ple.com.cn/n1/2017/0425/c411837。

③ 《共建"一带一路" 开创美好未来——第二届"一带一路"国际合作高峰论坛圆桌峰会联合公报》，2019 年 4 月 27 日，https：//www.mfa.gov.cn/web/zyxw/t1658762.shtml。

变化不明显，或者是渐进发生的。

从外交实施的地区看，"重视周边"是普遍评价但侧重点有所不同，有的认为侧重政治象征性比较强的"丝绸之路经济带"项目，有的认为投资是重点，有的认为中国既追求自身利益，也注重与周边国家分享，有的认为中国提出了有别于美国单边主义的新型国际关系，但在施展魅力外交上还有改进的空间。

第三，关于"一带一路"推出后的中国国家形象，部分学者认为变好了，部分学者认为有好有坏，不能一概而论，有的认为不同国家看法不同，精英与民众看法不同，有的认为中国外交整体上是温和的。

第四，大部分受访者认为，中国的南海政策不利于"一带一路"建设。过去几年里中国的南海政策比较强硬，东盟国家即使不公开说，私下也不赞成中国的做法，认为中国在以大欺小、不讲道理。东盟国家作为整体没有表态支持"一带一路"与此有关，许多国家对中国投资的疑虑也与此有关。

也有少数受访者认为南海问题与"一带一路"没有直接关系或者关系不大，两者属于平行议题，或者"一带一路"属于更为宏大的议题。

第五，"一带一路"建设的可持续性问题，受访者大部分认为要看情况或者现在无法下判断，原因包括：中国国内经济发展变缓，无力大规模对外投资，国内反对大规模对外投资于基础设施，东道国无力偿还或其民众反对，等等。一部分受访者认为可以，认为这种合作总能找到中国与东道国需要的结合点，只要中国有政治意愿，继续下去不是问题，毕竟中国还是有资金与资源进行对外投资。个别受访者认为不可持续，因为速度太快、规模太大、东道国也有腐败等问题。

第六，受访者还就"一带一路"建设的下一步给出了不同的建议：从"追求规模与速度"转向"追求质量与效益"，以便实现可持续性，强化经济效益更好的"21世纪海上丝绸之路"建设，更多考虑东道国的利益，减少其疑虑，探索人工智能等新型发展模式，等等。

受访者多认为，南海问题对周边国家特别是东盟影响重大，中国应该调整南海应对思路，不要采取"加倍报复"的策略，而要在南海争端的解决上发挥领导作用并提供解决方案。

（本文以《东亚国家如何看待"一带一路"——基于对东亚八国精英的访谈》为题，发表于《东南亚研究》2019年第5期）

2.2 新加坡国立大学郑永年访谈

核心观点：中国推出"一带一路"有领导人个性的原因，但主要出于经济上的考虑以及发挥自己的比较优势，政治上的考虑仅是辅助性的。"一带一路"并非中国的大战略。实施几年来效果明显，但如果要实现可持续发挥发展需要注意一些问题，如利用基础设施引发其他经济活动，适当减小工程规模。

访谈对象：郑永年，新加坡国立大学东亚研究所前所长、教授
中方访谈人员：薛力，中国社会科学院世界经济与政治研究所研究员
访谈时间：2018 年 7 月 4 日
访谈地点：新加坡国立大学东亚研究所
录音稿整理：郑海琦，中国人民大学国际关系学院博士候选人
录音稿校对：薛力
本稿件经访谈对象审定

1. 在您看来，中国推进"一带一路"的原因是什么？

主要是中国的资本、产能和基础设施建设技术三者。当中国的资本过剩了，中国资本也和其他国家的资本一样会"走出去"。"一带一路"之前，中国资本实际上已经开始走出去了，"一带一路"推出后加快了这一过程。"一带一路"出台也是基于中国产能过剩的考量。经济增速从以前

两位数的高增长下降到6.5%，相差至少三个百分点，导致产能大量过剩，所以需要去产能。但三个百分点的产能不可能马上去掉，所以需要"走出去"。中国的基础设施建设技术、过剩资本、过剩产能，加在一起使得中国在国外进行基础设施建设，具有比较优势，这一点与西方手法并不一致。"一带一路"沿线国家都需要基础设施建设以推动经济发展。就东南亚国家来说，除了各国自身的基础设施建设，还致力于国与国之间的互联互通。因此，基础设施建设所需资金缺口巨大。但现有世界机构如世界银行、亚洲开发银行很少投资于基础设施，所以给中国留下了投资的空间。但这不同于以前的国际援助，是在商言商，是为了中国自身的可持续发展。西方资本走出去也是为了自身的可持续发展，差别在政府层面。西方之所以总是对"一带一路"和"走出去"产生误解，是因为西方是私人资本的"走出去"，但中国资本"走出去"大部分靠国有企业，而国有企业被他国认为是政府的一部分。如果中国是私人资本"走出去"则完全是市场行为，与他国谈条件的时候可以在商言商。但由于是国有资本，这和国际援助又分不开，而且还具有政治性。这种误解就是资本与国家结合滋生出来的。

（薛：中国明白基础设施很难盈利，为什么还要大力开展此类建设？）

中国高科技含量资本不多，基础设施是中国强项。虽然基础设施盈利少且周期长，但由于中国的高科技空间较小，其他空间大多被西方占用，所以只能依靠基础设施的空间走出去。当前西方的资本分为三部分：实体经济，包括基础设施；金融资本；互联网资本。实体经济在西方尤其是美国的资本中很重要，但真正盈利的是金融资本和互联网资本。实体经济能解决就业，但从资本角度看，其本身并不那么重要。虽然中美都在发展实体经济，但华尔街重视的是金融资本和互联网资本。西方对基础设施等实体经济已经不那么感兴趣，这给其他国家留出了发展空间，但西方国家仍会批评中国的行为是"新殖民主义"。实际上，如果中国不（在这些国家）进行基础设施建设，其他国家也不会去做。

（薛："一带一路"主要是经济驱动的吗？一些人认为有政治动因，您的看法是？）

我认为不具有很大的政治原因，如果有也仅仅是辅助性的，不是主体。如果具有政治原因，中国就不应该采取这些做法。但在现实层面，即使没有政治原因，他国也会将其视为具有政治原因。大规模的基础设施建设尽管是经济项目，但也会带来政治结果，如缅甸的密松水电站；越南也永远不会让中国造一条从南到北的高铁，泰国则在中国和日本之间寻求平衡。国有资本规模大，大就会有政治性，别国不将其视为经济项目而是政治项目。一旦视为政治项目，就会意识形态化，而且他国会在经济方面寻求更多好处。"一带一路"主要是中国的需要，但事前没想清楚要做什么、如何做。这是现在导致许多问题的原因。

（薛："一带一路"为什么在习近平主席时期提出？）

首先因为中国经济在21世纪初开始就逐渐"走出去"，尤其是加入世贸组织后，只不过没有"一带一路"的名称。习近平时代中国的资本和产能过剩是很大的驱动力。

（薛：是否有领导人个性原因？）

当然有个性原因。邓小平时期主要解决国内问题，因此是韬光养晦、有所作为。江泽民时期提出和平崛起，开始具有外在影响。习近平时期提出新型大国关系，也是要避免大国之间的战争。这也符合国内经济不同的发展阶段。"走出去"的三个阶段也很明确。20世纪80年代中国资本短缺，因此只能"请进来"。90年代加入世贸组织，因此要接轨。"请进来"是打开国门，不会发生冲突，接轨是向世界学习，因此这两个阶段不会发生冲突。现在"走出去"是必然的，但会和别国发生冲突。

（薛：概括起来即，一是中国具有比较优势，二是中国到了"走出去"的阶段。）

是的，但是政策形成需要通过政治途径，因此在习近平主席时期形成。即使这一届政府没有提出，下一届政府也会提出。中国"走出去"的进程是一直持续的。

（薛：中国将"一带一路"称为倡议，但很多国家将之视为中国的大战略，您同意吗？）

不太同意。大战略一般较为宏观，而且有明确的规划，但中国建设"一带一路"，是在走一步看一步，摸着石头过河。如果是大战略，就不会出现当前的一些困境。德日等国当年对外扩展时有明确规划，但我不认为中国有国家规划。

（薛：还有一个区别就是，以前西方运用非和平手段，现在中国强调合作。有一种观点认为，中国因为现在力量不够所以采用和平手段，而力量够了则会运用非和平手段。您对此有什么评论？）

时代不一样。以前西方推行殖民主义、帝国主义，当时也没人反对。现在中国不可能走以前西方的路线了，只能采取合作的方式。时代、国际体系不一样，因此行为也就不一样。

2. "一带一路"最大的优点和缺点是什么？

最大的优点就是发展。尤其是2008年国际金融危机后，全球经济缺少发展动力，中国和世界的可持续发展成为问题，西方也自顾不暇。20世纪80年代开始，西方为世界经济提供发展动力，中国也加入他们。但是，一旦西方出现问题，那么就会缺乏动力。"一带一路"提供了新的机遇，基础设施对经济发展十分重要。

最大的不足是没考虑好如何利用基础设施引发其他经济活动，即有了基础设施我们应该拿来做什么？仅仅有基础设施建设不仅不可持续，很难获利，而且民众也没有获得好处。对民众而言，大规模基础设施需要与民生经济结合。中国不一样，中国自身的基础设施与制造业和工业化结合，但海外的基础设施没有和其他产业相结合。

3. "一带一路"目前在新加坡实施情况，有没有什么代表性项目？

新加坡由于国土面积小，不太需要基础设施建设，之前提的新马高铁在马哈蒂尔上台后也不提了。主要的着眼方面还是金融，新加坡作为金融中心可以融资，并为中国"走出去"提供桥梁，将"一带"和"一路"连接起来。金融目前有不少进展，但是否与"一带一路"结合起来还在探讨过程中。还有的领域就是双方合作在第三国开发，现在还处于讨论阶段。

（薛：新加坡对外投资很多都是中国的"过桥"资本，这些资本以前多从中国香港走，现在则大量从新加坡走，您觉得是什么原因？"新加坡资本"形象更好？）

是的，在"一带一路"下，新加坡比中国香港的地位更中心。

4. 新加坡对"一带一路"的整体评价是什么？

新加坡没有基础设施项目，与地方关联不大，且金融部门与民众的关联也不高，因此反应整体较为正面，将其视为机遇。

5. "一带一路"推出后，中国在外交政策方面发生了哪些变化？

中国的外交政策都围绕"一带一路"展开，这既是优势也是劣势。围绕"一带一路"虽然有助于更好地推进倡议，但会引起他国怀疑。这是中国的风格：（把对外关系上的）所有事务与"一带一路"联系。但国外的认知不一样，他们看到什么都是"一带一路"，就认为这可能是中国式的新扩张主义。

6. "一带一路"推行五年以来，中国的国家形象在东南亚特别是新加坡有什么变化？

大家都觉得中国强大了，但不见得形象就变好了。一个国家的强大与其形象是两回事。国家形象一旦联系到很多其他方面，就可能会是负面的。

7. 中国在南海问题上的做法是否有利于"一带一路"在东南亚的落实？

当然不利于"一带一路"的推进。

（薛：如何协调二者？您认为，中国在南海问题上的做法，主要问题是什么？）

中国在前一阶段的做法如造岛是不得不做的，但造岛以后应该如何处理这个问题非常重要。如果保持当前做法，对"一带一路"会造成很大阻力，因为其他国家会把南海问题和"一带一路"相结合。南海也是"一带一路"的一部分，会认为"一带一路"是一种扩张主义。中国现在在南海问题上掌握主动权，如果中国将这些岛礁开放，让他国船只停靠，与航行自由结合起来，那么结果就会很好。但如果采取宣布专属经济区之类的做法，结果可能会非常糟糕，就会被认为是新扩张主义。有必要指出的是，前段时间不得不那么做，因为越南、菲律宾都在造岛，中国也不能不造。

（薛：东南亚有一种声音认为，《南海行为准则》制定进展比较慢的原因是中国不太积极，您的观点是？）

不仅仅是中国，越南也是问题。

（薛：您的文章在中国影响广泛，估计高层也关注。如果中国领导层问：在东南亚建设"一带一路"，以及南海问题上，您有什么建议？您如何回答？）

应该开放这些岛礁给所有各国的船只，更应当容许美国船只的进入和停靠。

（薛：九段线怎么办？）

九段线就不要再提了，因为没法说清楚。而国家形象改善后，所有其他问题都不一样了，尤其是和美国的关系不一样了。中国没有能力去解决（九段线）这些老问题，也没有空间妥协，因此不要去谈这些问题。只能通过改善行为来解决这个问题。所以我说南海问题不是法律问题而是政治问题，要有政治意愿来解决这个问题，因为法律上无法解决。

总之，九段线问题（中国）不应该去触碰，中国只能通过改善自身行为被他国接受，中国甚至可以欢迎美国的航母到香港停靠。容许美国的航母在中国香港停靠，为什么不容许其停靠这些岛礁呢？

（薛：就是实质性淡化九段线？）

对，渐渐就没有九段线问题了。

（薛：那如何应对菲律宾发起的"南海仲裁案"？）

中国已经拒绝了仲裁案，现在就是这些岛礁怎么用，海洋生物资源、和平稳定、海洋安全这些问题应该怎么办，以问题导向来解决问题，不能回到之前的死胡同。

8. 您认为"一带一路"是否具有可持续性？中国现有的做法有什么不足？如何改进？

基础设施建设是必要的，其他国家发展经济一定需要有相应的基础设施。美国华尔街资本和国际机构对这方面都不感兴趣，因此，只能中国来做。印度在这方面（效仿中国）还早。一些国家会批评（中国的做法），但他们不会去做。不过，中国也要改变方式，如"21世纪海上丝绸之路"，有名称却没什么人谈海。海是已经存在的，为什么要去内陆修铁路？应该做各国港口、航空等互联互通，这比内陆修铁路要好，内陆的东西非常敏感。还有是工程规模太大，应当化大为小，化整为零。工程规模太大就有政治性，阻力就大。化大为小以后，民营企业和其他国家资本就可以参与其中，减少了自身的风险。把"一带一路"基础设施建设和民生经济结合起来，考虑"一带一路"项目如何带动当地其他经济活动。没有其他经济活动的话，"一带一路"项目本身就会不可持续、很难盈利，民众也无法获益，最后就容易烂尾。

9. 国有资本效率不够，容易引起政治敏感，但私营企业容易产生监管问题，如何解决这种困境？

首先应该化大为小。国有企业是一个自我封闭的系统，不仅中国的民营企业进不去，外国的民营企业也进不去。例如亚投行可以吸引民资，通过这一平台进行监管，就不会出现民营资本的无政府状态。

（薛：中国现在想把亚投行打造成世界银行或亚开行那样的模板，其标准和项目选择与这二者有很多相似之处，甚至与他们联合融资。因此很快拿到几家评级机构的最高评级，但其金额与投资的项目相对有限，远远不如国开行、进出口行等。）

如果亚投行做不了，那就要有其他机构规制这些金融活动，而不是无政府。

"一带一路"有项目规划，要学习其他国家经验，技术解决不难。

（本文以《"一带一路"五年评估全球访谈之一：郑永年》为题，发表于FT中文网，2018年7月20日）

2.3 深耕与拓展:习近平中东非洲行评析

核心观点:习近平"五国行"的关键词是:"深耕"与"拓展":在现有的基础上整体深化与阿拉伯国家、非洲国家的关系;通过对不同区域四个具有代表性国家的首次访问,表明中国外交工作"大小国兼顾"的特点,从而拓展与这两个地区的关系。访问有助于推动"一带一路"建设。

◇ 一 "一带一路"与中国外交布局

长期以来,中国外交的整体布局一直是"大国是关键、周边是首要、发展中国家是基础、多边是重要舞台"。随着"一带一路"倡议这一中国外交顶层设计的出台与落实,上述情况有所改变:周边外交在中国外交中的分量提升。那么,在这一新的外交框架下,外交上如何谋篇布局中东与非洲这两个发展中国家集中的地区,就成为中国外交的一大课题。事实上,这方面也经历了一些调整。

2015年3月,中国在博鳌亚洲论坛上公布了《推动共建丝绸之路经济带和21世纪海上丝绸之路的愿景与行动》(以下简称《愿景与行动》)。2017年"一带一路"国际合作高峰论坛上,习近平强调,"一带一路"

建设，"重点面向亚欧非大陆，同时向所有朋友开放。不论来自亚洲、欧洲，还是非洲、美洲，都是'一带一路'建设国际合作的伙伴"。这一表述与《愿景与行动》中"共建'一带一路'致力于亚欧非大陆及附近海洋的互联互通"相比有所变化，透露出的信息是：任何国家，只要愿意，都可以成为"一带一路"建设中的国际合作伙伴。

不过，中国的非周边国家分布广泛，是否需要划分发达国家与发展中国家？发展中国家除了小周边地区之外，还分布于大洋洲、拉丁美洲、非洲、欧洲、中东等地区，如何体现"发展中国家是基础"？是平均用力还是确定"重点地区"？"多边是重要舞台"应该体现在哪些多边机制上？

"一带一路"建设主要是双边驱动，中国是主要驱动力，这体现在中国具有比较优势的议题与领域。从而决定了"一带一路"建设的重点是发展中国家。

小周边包括东北亚 5 国、东南亚 11 国、中亚 5 国、南亚 8 国，合作的重点是其中与中国政治关系友好、积极回应"一带一路"建设的国家，体现为合作金额大、项目数量多等特点。

就大周边而言，非洲相对于其他地区对"一带一路"回应更为热烈。非洲的丰富资源对中国也有吸引力，加上中国的比较优势（金融、基础设施建设能力、外汇储备、技术标准）也比较容易体现在非洲的项目建设中。这些也整体上适用于阿拉伯国家。因此，"一带一路"背景下"发展中国家是基础"首先体现在非洲，其次体现在阿拉伯国家。

于是，西亚的阿拉伯国家成为中国中东外交的重要对象，中国同时也致力于维护与伊朗、土耳其、以色列等国家的友好关系。西亚（或曰中东）以其错综复杂的矛盾在历史上被称作"帝国坟场"。中国是民族国家体系的后来者，对这一体系下的多边外交尚在学习过程中，聚焦经济、避免选边站、努力成为有力度的和平鸽或可成为针对这一地区的外交方略。

◇◇ 二 习近平"五国行"与"一带一路"

那么,如何在"一带一路"建设的框架下理解习近平此次的中东非洲五国行呢?这是习近平连任国家主席后的首次出访,外交上具有一些象征性意义。

访问南非是为了出席金砖峰会。中国作为最大的发展中国家,致力于推进全球治理与经济全球化,金砖峰会就是发展中国家在这方面的代表性平台,其制度化程度在不断提升。

此次会议,政治领域的金砖+对话会继续举行。经济领域就贸易投资便利化、知识产权、电子商务、中小企业等达成一揽子成果。安全领域决定成立维和工作组,人文交流方面也有新举措。与此形成对比的则是此前不久在加拿大举行的"七国集团"首脑会议:冲突不断,不欢而散。

习近平主席2016年已经访问了埃及与沙特阿拉伯两个阿拉伯大国,阿联酋是海湾合作委员会中仅次于沙特的第二大经济体,还是中国在阿拉伯世界最大的出口市场,阿联酋对"一带一路"态度积极,许多中国企业投资阿联酋。此次习近平出访西亚与非洲多个国家,阿联酋作为首站是当然之选。

塞内加尔是非洲法语国家之一,中国国家领导人的访问有助于深化与法语国家的联系,同时巩固与塞内加尔的外交关系,助力西非地区的"一带一路"建设。

卢旺达是位处中东非的内陆国,卡加梅总统领导的政府2000年上台后致力于民族和解、政治稳定与经济发展,近些年社会稳定、基础设施明显改善、经济发展迅速,是非洲发展最快的国家之一,经济竞争力与营商环境均位居非洲前三名,以至于被称作"非洲瑞士"。卢旺达现在是非盟轮值主席国，一直保持与中国的友好关系，现有1000多名留学生在中国学习。卡加梅总统曾多次访问中国。同时，中非合作论坛9月将在北京召开。这些种种因素，共同促成了中国国家主席首次访问卢旺达。

作为印度洋上的岛国，毛里求斯与中国关系友好，是唯一将春节定为法定假日的非洲国家。毛里求斯是中国公民自费出境旅游目的地国之一，目前已经开通上海到毛里求斯的直航航线。该国积极回应"一带一路"建设，利用独特的区位优势，促成许多中国企业在毛里求斯设立地区总部，服务非洲区业务。习近平回国途中顺访这个国家将有力促进两国的合作。

总之，习近平主席此次五国之行，可以概括为"深耕与拓展之旅"：在现有的基础上整体深化与阿拉伯国家、非洲国家的关系；通过对不同区域四个具有代表性国家的首次访问，表明中国外交工作"大小国兼顾"的特点，从而拓展了与这两个地区的关系。显然，这次访问有助于推动"一带一路"建设。

（本文以《深耕与拓展：习近平中东非洲之行与中国外交"一带一路"布局》为题，发表于澎湃新闻，2018年8月1日。编入本书时有部分修改）

2.4 "中欧陆海快线"与"一带一路"

核心观点: "中欧陆海快线"是中国为巴尔干四国量身定做, 属于"一带一路"倡议下中欧合作的旗舰项目。"中欧陆海快线"贯穿希腊、马其顿、塞尔维亚与匈牙利, 直接辐射人口 3200 多万, 将产生巨大经济地区辐射效应, 为中欧贸易、商品运输、人员交流往来带来客观利益与美好前景。

◇◇ 一 "中欧陆海快线"的概念阐述及其形成过程

"中欧陆海快线"(the China-Europe Land-Sea Express Route)是指连接中国与欧洲的一条货物贸易新通道, 包括陆上运输通道与海上运输通道两个部分。陆上部分通过铁路进行运输, 其两端分别为匈牙利的布达佩斯与希腊的比雷埃夫斯港, 中间贯穿塞尔维亚与马其顿。海上运输通道的两端分别为比雷埃夫斯港与中国沿海港口, 货运航线经过地中海、红海、阿拉伯海、印度洋、马六甲海峡(或绕行巽他海峡与龙目海峡两者之一)、南海、东海、黄海。

2013 年 11 月, 中华人民共和国国务院总理李克强在罗马尼亚出席第二次中国—中东欧国家领导人会晤时,与匈牙利、塞尔维亚两国总理达成一致,共同改造升级匈塞铁路,即位于布达佩斯与贝尔格莱德之间的铁路线,将铁路运行速度从40公里/小时提升到200公里/小时。

2014年6月,李克强访问希腊期间,与希腊总理萨马拉斯共同考察了中远海运集团运营的比雷埃夫斯集装箱码头。港口扩建后,吞吐能力大大提升,其货物将远远超过1000万人口的希腊市场所需。为此,中希双方探讨了深化两国港口合作的可能途径与方式。

2014年12月,李克强在出访塞尔维亚期间,与塞尔维亚、匈牙利、马其顿三国协商达成一致,共同打造"中欧陆海快线",为此,将匈塞铁路向南延伸到比雷埃夫斯港。这样,一方面,途经希腊、马其顿、塞尔维亚和匈牙利的货运列车,将把货物直运进欧洲腹地。另一方面,在充分利用比雷埃夫斯港吞吐能力的同时,也比在西欧港口装卸货节省了一段航程。

2015年11月,在苏州举行的中国—中东欧国家领导人第四次会晤期间,中匈塞三国签署了匈塞铁路项目方面的一些合作文件。商定中国进出口银行为主要融资行。

◇◇ 二 "中欧陆海快线"与"一带一路"的关系

"一带一路"倡议是新一届中国政府对外关系的顶层设计,旨在实现中国梦、构建人类命运共同体,其建设方式是共商共建共享,其主要实施对象是周边国家,也包括愿意加入"一带一路"大合唱的其他国家。周边外交已经成为中国外交的优先方向。

中国政府并没有对周边国家进行界定。学界流传着一份65个"一带一路"沿线国家名单,包括20个中东欧国家:俄罗斯、白俄罗斯、乌克

2.4 "中欧陆海快线"与"一带一路"

兰、摩尔多瓦、波兰、黑山、马其顿、波黑、阿尔巴尼亚、立陶宛、拉脱维亚、爱沙尼亚、捷克、斯洛伐克、匈牙利、斯洛文尼亚、克罗地亚、罗马尼亚、保加利亚和塞尔维亚。① "16+1合作"不包括俄罗斯、白俄罗斯、乌克兰、摩尔多瓦等4个国家。

习近平在"'一带一路'国际合作高峰论坛"上明确指出,"一带一路"建设,"重点面向亚欧非大陆,同时向所有朋友开放。不论来自亚洲、欧洲,还是非洲、美洲,都是'一带一路'建设国际合作的伙伴"。② 这一表述与《愿景与行动》中"共建'一带一路'致力于亚欧非大陆及附近海洋的互联互通"有所不同,但均包括亚欧大陆与非洲。③ 从中可见,亚欧大陆与非洲无疑是"一带一路"建设的重点地区。而且,中国推进"一带一路"的重点对象国是周边国家与发展中国家,不是发达国家。主要原因是,中国在这些国家可以展示自己的比较优势、展示大国责任,从而展示"中国智慧"与"中国方案"。

从上可以看出,"中欧陆海快线"既不属于六大走廊,也与两条海上丝绸之路路线不完全吻合。实际上,中欧陆海快线可以看作"海丝"与"陆丝"的结合,更准确地说,是"海丝"之西线与"新亚欧大陆桥"的结合。这是中国政府在推进"一带一路"建设的过程中,结合中东欧16国的特点,对"海丝"与"陆丝"的进一步细化的产物。参与构建新亚欧大陆桥的中欧班列中,16个中东欧国家中只有波兰的华沙、罗兹与斯洛伐克多布拉成为终点城市。④

---

① 王义桅:《"一带一路":机遇与挑战》,人民出版社2015年版,第85页。
② 习近平:《携手推进"一带一路"建设——在"一带一路"国际合作高峰论坛开幕式上的演讲》,新华网,http://news.xinhuanet.com/politics/2017-05/14/c_1120969677.htm,2017年2月26日。
③ 国家发改委、外交部、商务部:《推动共建丝绸之路经济带和21世纪海上丝绸之路的愿景与行动》,2015年3月28日。
④ 刘卫东等著:《"一带一路"战略研究》,商务印书馆2017年版,第98—100页。

因此，"中欧陆海快线"乃中国为巴尔干四国量身定做的"一带一路"建设项目，旨在凸显这些国家的区位优势、弥补这些国家规模上的不足、带动这些国家的经济发展。而巴尔干四国（特别是塞尔维亚与马其顿）也对此很感兴趣。也就是说，"中欧陆海快线"的陆上部分，很好体现了《推动共建丝绸之路经济带和21世纪海上丝绸之路的愿景与行动》的要求："坚持共商、共建、共享原则，积极推进沿线国家发展战略的相互对接。"①

三 "中欧陆海快线"的意义与挑战

（一）意义

欧洲是中国最大的贸易伙伴，布达佩斯地理上位于欧洲比较中心的位置，而比雷埃夫斯港则是欧洲南部重要的对外联系门户。"中欧陆海快线"为中国与中东欧之间搭起了一条便捷的贸易通道。中国出口欧洲的货物可以通过这个通道快速抵达欧洲中心地带。欧洲出口中国的货物也可以通过这个通道送上开往中国的货船。"中欧陆海快线"建成后，从中国通往欧洲货物的海运时间将缩短7—11天。

"中欧陆海快线"开辟了中欧经贸合作互联互通新渠道。加强对外贸易合作，尤其是在世界经济整体下行趋势中，中国开辟对欧洲出口和欧洲商品输华便捷航线，无疑将给相关国家带来巨大发展机遇，对实现各国互利共赢、共同发展具有重要现实意义。"中欧陆海快线"贯穿希腊、马其

---

① 国家发改委、外交部、商务部：《推动共建丝绸之路经济带和21世纪海上丝绸之路的愿景与行动》，2015年3月28日。

顿、塞尔维亚与匈牙利，直接辐射人口 3200 多万，将产生巨大经济地区辐射效应，为中欧贸易、商品运输、人员交流往来带来利益可观的美好前景。

通过建设"中欧陆海快线"，中国也将以此为契机，将"中国制造""中国创新"带到欧洲，开辟新市场。另外，中国政府也强调要实施积极的进口促进战略，加强技术、产品和服务进口以及与群众生活密切相关的一般消费品进口。这"一出一进"，既能促进中欧贸易合作升级，推动我国产业结构调整，提高开放合作水平，又实实在在地惠及了各国百姓，可谓一举多得。

如果"中欧陆海快线"获得成功，将为中国以创新方式落实"一带一路"提供一个新鲜的经验，从而促进"一带一路"在非洲、拉丁美洲等发展中国家集中地区的落实。

因而，"中欧陆海快线"被视为"一带一路"倡议下中欧合作的旗舰项目。

（二）挑战

中国与欧洲分别位于欧亚大陆的两端，两者没有战略矛盾，经济具有互补性，双方合作将带动亚欧大陆中部地区的发展、将亚欧大陆打造成为世界中心，取代美国的角色地位是可能的。[①] 欧盟成为中国最大的贸易伙伴就是一个证明。但也存在一些因素影响中欧海陆快线的建设。

第一，政治信任问题。欧美之间的跨大西洋合作非常紧密，政治军事经济文化合作都达到了很高的水平。中欧合作虽然发展迅速，但整体上还达不到跨大西洋合作的层级水平。一个日益明显的倾向是：即使是对与中

[①] 薛力：《"一带一路"下的中欧合作如何双赢？》，FT 中文网，http://www.ftchinese.com/story/001066890? page=1，2018 年 2 月 27 日。

国的经济合作（如来自中国的投资），欧盟中的许多成员国也有所保留。

欧盟对于"一带一路"的整体态度是半信半疑，因而基本上采取"限制、利用"的政策，特别是在涉及中东欧国家时。欧盟中的发达国家担忧中国借此输出价值观与发展模式，影响欧盟内部的团结。① 德国传统上对巴尔干地区有较大的影响力，对中国在这一地区影响力的上升尤其敏感。2018年2月德国总理默克尔公开表示要警惕中国通过经济合作"渗透巴尔干"。②

即使是游离于欧洲大陆的英国，其精英阶层对于"一带一路"的看法也不一致。卡梅伦政府比较积极，特丽莎·梅则不那么积极，其上任后马上暂停了欣克利角C核电站项目以进行重新评估。最近的例子是，她2018年1月访问中国时甚至没有与中国签署"一带一路"政府间合作文件。

第二，制度壁垒。中国与中东欧国家为了强化彼此间的合作、从2011年开始"16+1合作"，几年来取得了一系列进展：制定了《中国—中东欧国家合作中期规划》，搭建起20多个机制化交流平台，规划出匈塞铁路、"中欧陆海快线"、"三海港区合作"等重大项目，推出200多项具体举措。投资、贸易、旅游等领域合作均呈现快速增长。③ 打造"中欧陆海快线"的陆上快线也是巴尔干沿线四国的共同愿望。但中东欧国家缺乏资金，加入欧盟后主要靠欧盟结构基金进行大型基础设施建设，因此必须执行欧盟的相关法规，这使得欧盟有了影响中东欧基建市场的手段，而中

---

① 《学者：欲制衡"一带一路"显示西方国家无法接受中国模式发展》，联合早报网，https://www.zaobao.com/special/report/politic/cnpol/story20180223-837277，2018年2月28日。

② 《默克尔警惕中国"渗透巴尔干"？德学者：欧洲还未适应中国崛起》，环球网，http://world.huanqiu.com/exclusive/2018-02/11615617.html?t=1519352843851，2018年2月27日。

③ 《"16+1合作"缘何而起？听听中匈总理怎么说！》，中国政府网，http://www.gov.cn/xinwen/2017-11/28/content_5242918.htm，2018年2月28日。

东欧的基建市场也主要被来自西欧的公司所占领。

"投融资+承建"是发达国家走向海外市场初期普遍采取的方式,"二战"前的西欧国家、"二战"后的美国、日本以及"亚洲四小龙",都是如此。中国在建设"一带一路"的过程中,也不时采用这一模式。这在亚洲、非洲乃至拉美都行得通。在欧洲,则碰上了习惯于玩"规则壁垒"的欧盟,如财政上的债务上限、公共工程招投标制度等。

欧盟 2017 年开始对匈塞铁路项目进行调查,其理由是匈牙利在这个项目中使用了欧盟基金,① 因此需要调查其是否符合欧盟法规,特别是其中的政府采购法。这一项目原先预计 2017 年竣工,其中塞尔维亚段 2015 年 12 月已经动工。但受欧盟调查的影响,匈牙利政府在 2017 年 11 月表示,该项目将在 2020 年动工。②

第三,中东欧的比较优势不足。市场潜力有限(直接辐射范围 3200 万人,不到德国市场的一半),四国之间的协调(多种文化分布区,历史上互相猜疑、战争导致的不信任,现在彼此间信任度依然不足,典型如希腊与马其顿之间围绕"马其顿"地名之争),四国的能力与期待不匹配(在欧洲属于相对落后的地区,但一心"向西",眼光比较高)。

第四,与其他线路的竞争问题。《欧盟交通基础设施新政策备忘录》中规划的九条优先发展的交通走廊之一的"东欧至地中海走廊",经过匈牙利、罗马尼亚、保加利亚与希腊,其间绕过了塞尔维亚与马其顿。另外,中欧班列从"渝新欧"开始,已经发展到 57 条线路,国内开行城市达到 35 个,顺畅连接欧洲 12 个国家 34 个城市,累计开行 6235 列,其中 2017 年开行数量达 3271 列。③ 中欧班列直通西欧多个国家,或

---

① 高晓川:《"一带一路"倡议下影响中国中东欧国际合作的制约因素分析》,搜狐网,http://www.sohu.com/a/218325963_115479,2018 年 2 月 28 日。
② 同上。
③ 王义桅:《如何看待"一带一路"建设的国际规则之争?》,FT 中文网,http://www.ftchinese.com/story/001076401?page=rest,2018 年 2 月 28 日。

导致中高附加值产品没有足够的动力走中欧海陆快线。低附加值的产品（如农产品、纺织品），利润率相对较低，还可能与中东欧产品产生竞争。

（本文以《"中欧海陆快线"与"一带一路"》为题，载蔡昉主编《"一带一路"手册》，中国社会科学出版社2018年版）

2.5 "中间走廊"倡议与"一带一路"

核心观点：土耳其提出的"中间走廊"计划，系有针对性地回应中国的"一带一路"，特别是中国—中亚—西亚走廊与中巴经济走廊，因而受到中国政府的肯定与支持。下一步两国应探讨如何将"中间走廊"倡议与"一带一路"倡议对接的具体方案，包括获得相关国家的支持。

◇ 一 "中间走廊"倡议概念阐述与形成过程

"中间走廊"倡议（Middle Corridor Initiative）又叫"中间走廊"计划（Middle Corridor Project），是土耳其政府提出的一个发展计划，旨在打造连接土耳其与中国的运输网络，起点在土耳其，沿途经过格鲁吉亚、阿塞拜疆、里海、土库曼斯坦、哈萨克斯坦、乌兹别克斯坦、阿富汗、巴基斯坦，最终到达中国。[1]

历史上，土耳其是丝绸之路的重要节点，在奥斯曼帝国的强盛期，君士坦丁堡（即伊斯坦布尔）甚至是丝绸之路的终点。现在的土耳其，有许多服装品牌、餐厅、高校、道路等以"丝绸之路"命名。"丝绸之路"

---

[1] 郑青亭：《土耳其总统：希望"中间走廊"成为"一带一路"重要组成部分》，《21世纪经济报道》2017年5月15日。

已经成为土耳其展示民族自豪感的重要资源。许多土耳其人喜欢说，土耳其与中国分别位于"丝绸之路"的起点和终点。因此土耳其比较容易接受与"丝绸之路"相关的事物。埃尔多安2002年上台后调整了一心向西的外交取向，对东部国家的重视程度上升，也有意挖掘古丝绸之路资源。

2009年，土耳其前任总统居尔访华时对时任中国国家主席胡锦涛表示，希望通过两国政府的共同努力，重新振兴古丝绸之路。[①]

2011年时任国家副主席的习近平访问土耳其，其间中土两国领导人均提到应设法复兴丝绸之路。2012年，土耳其现任总统、时任总理埃尔多安访华时，又与中国领导人讨论如何振兴古丝绸之路。

2015年7月，中国国务院总理李克强对来访的土耳其总统埃尔多安表示，中方愿将"一带一路"倡议同土方"中间走廊"计划相衔接，加强铁路等基础设施建设、新能源、轻工业、通信等产业合作，推动双边贸易均衡增长；拓展航空、航天、金融等新兴领域合作，希望能为中方企业赴土耳其投资提供便利和支持，中土双方应该用好两国副总理级政府间合作委员会机制，协调政治、经贸、人文等领域合作。埃尔多安则表示，土方非常希望发展对华关系，欢迎中方扩大对土基础设施建设、能源、信息通信、金融、航空、工程承包等领域投资与合作，土耳其愿成为中方企业生产、物流基地，期待与中方一道开展第三方市场合作。[②] 这里的第三方市场主要指中间走廊涉及的国家。

2015年10月，20国集团峰会在土耳其的安塔利亚举行，其间中国政府与土耳其政府签署了关于将"一带一路"倡议与"中间走廊"倡议相衔接的谅解备忘录，为双方相关合作提供了指南。[③]

---

① 李振环：《"一带一路"土耳其板块已见雏形》，《光明日报》2015年4月19日。
② 谭晶晶：《李克强会见土耳其总统埃尔多安》，新华网，http：//www.xinhuanet.com/world/2015-07/29/c_1116082658.htm，2018年3月2日。
③ Spotlight: China, Turkey working toward modern Silk Road，新华网，http：//www.xinhuanet.com/english/2016-11/28/c_135864545.htm，2018年3月2日。

2016年11月，外交部长王毅访问安卡拉，与土耳其外长恰武什奥卢达成共识：要深入对接"一带一路"和"中间走廊"倡议，创新合作思路和方式，重点推进东西高铁等大型合作项目，争取早期收获，实现共同发展。①

2017年5月，土耳其总统埃尔多安在"一带一路"国际合作高峰论坛上明确表示，希望"中间走廊"倡议成为"一带一路"倡议的重要组成部分。

二 "中间走廊"倡议与"一带一路"的关系

为了实现中国梦、建设人类命运共同体，中国政府推出"一带一路"倡议这一对外关系的顶层设计，与两大对内发展战略（京津冀协调发展、长江经济带建设）相配合。②"一带一路"建设是个长期的过程，奉行共商共建共享原则，推进沿线国家发展战略的对接，实现合作共赢。③ 习近平曾明确表示，"一带一路"建设，"重点面向亚欧非大陆，同时向所有朋友开放。不论来自亚洲、欧洲，还是非洲、美洲，都是'一带一路'

---

① 施春、邹乐：《中土将深入对接"一带一路"和"中间走廊"倡议》，国务院新闻办网站，http://www.scio.gov.cn/ztk/wh/slxy/31200/Document/1519441/1519441.htm，2018年3月2日。

② 习近平在讲话中明确提到，"一带一路"建设、京津冀协同发展、长江经济带发展是"十三五"时期和更长时期三个大的发展战略，参见《习近平出席推进"一带一路"建设工作座谈会并发表重要讲话》，2018年8月18日，国务院新闻办网站，http://www.scio.gov.cn/ztk/wh/slxy/gcyl1/Document/1487724/1487724.htm，2018年3月3日。

③ 国家发改委、外交部、商务部：《推动共建丝绸之路经济带和21世纪海上丝绸之路的愿景与行动》，2015年3月28日。

建设国际合作的伙伴"。①"一带一路"建设的一个重点领域是大型基础设施建设，这需要政府间的大力合作。

中国政府确定了"一带一路"合作的重点是周边国家与发展中国家，为此，提出建设六条"陆上经济走廊"（陆丝）与"21世纪海上丝绸之路"（海丝）两条线路。海丝与"中间走廊"关系不大。

六条陆上经济走廊是：中蒙俄、新亚欧大陆桥、中国—中亚—西亚、中国—中南半岛、中巴、孟中印缅。运输通道是走廊的一个重要组成部分。但中国需要与有关国家通过协商后确定这些走廊与运输通道的具体路线，而不大可能单方面确定。但不同国家偏好不同。譬如，俄罗斯力推亚欧大陆桥的北线，以充分利用西伯利亚大铁路。乌兹别克斯坦、土库曼斯坦、伊朗、土耳其等国家则可能青睐中国—中亚—西亚走廊。就中欧运输通道而言，中国目前推进的重点是亚欧大陆桥的中线，即新亚欧大陆桥，中欧班列大部分走这条线路，因为其他走廊与运输通道还没有开通。新亚欧大陆桥目前能运行的只有中国与哈萨克斯坦两国境内段，而在哈萨克斯坦出境后，还是要经过俄罗斯的铁路线才能到达欧洲终点城市。

中国可以通过中国—中亚—西亚走廊、中巴经济走廊、孟中印缅经济走廊来构筑不经过俄罗斯的抵达欧洲陆上运输通道。但孟中印缅经济走廊与运输通道因为印度的原因进展缓慢，未来前景难料。中巴经济走廊是"一带一路"的旗舰项目，许多项目在快速推进，如卡巴特水电站、瓜达尔港。喀喇昆仑公路升级改造大部分已经完成，横贯巴基斯坦南北的干线公路也在加快进行升级改造。巴基斯坦方面还主张修建中巴喀喇昆仑铁路。一旦建成，可以利用现有的巴基斯坦铁路线抵达伊朗扎黑丹，摆渡到舒尔加兹后接入伊朗铁路系统向西衔接土耳其境内铁路，而后穿过土耳其

---

① 习近平：《携手推进"一带一路"建设——在"一带一路"国际合作高峰论坛开幕式上的演讲》，新华网，http://news.xinhuanet.com/politics/2017-05/14/c_1120969677.htm，2018年3月3日。

进入欧洲铁路网。中国—中亚—西亚走廊方面,中吉乌铁路修通后,向西穿过土库曼斯坦接入伊朗铁路网再通往土耳其。这一方案的路线短于穿越巴基斯坦的线路。

土耳其已经规划把东部卡尔斯到西部埃迪尔内之间的铁路升级为高速铁路,[①] 其中伊斯坦布尔到安卡拉段533公里已经在2014年通车,时速250公里/小时。埃迪尔内已经有铁路连接保加利亚,未来则可望接入欧盟优先发展的九条交通走廊之一"东欧至地中海走廊"。卡尔斯已经有铁路通往阿塞拜疆的巴库与伊朗的大不里士,但伊朗铁路在马什哈德与土库曼斯坦铁路之间、舒尔加兹与扎黑丹之间是断头路。

土耳其提出的"中间走廊"计划,是有针对性地回应中国的"一带一路",特别是中国—中亚—西亚走廊与中巴经济走廊。"中间走廊"计划将助推这两个走廊的建设,因而受到中国政府的肯定与支持。下一步两国应探讨如何将"中间走廊"倡议与"一带一路"倡议对接的具体方案,包括获得相关国家的支持。

三 "中间走廊"倡议的意义、有利条件与面临的挑战

(一)"中间走廊"倡议的意义

对于不同的参与方,意义不同。对中国来说,为构建中国—中亚—西亚经济走廊与新亚欧大陆桥中线与南线,增添了一个强有力合作伙伴国,

---

[①] Spotlight: China, Turkey Working toward Modern Silk Road,新华网,http://www.xinhuanet.com/english/2016-11/28/c_135864545.htm,2018年3月4日。

再一次显示了"一带一路"倡议的生命力。对于中巴经济走廊、"一带一路"在伊朗的落实等也有助益。而对于中亚、南亚与南高加索国家来说,西亚经济总量最高、在伊斯兰世界影响日隆的土耳其积极呼应"一带一路",将减少他们对中国的疑虑,其参与"一带一路"建设的积极性将提升,特别是吉尔吉斯斯坦、土库曼斯坦、阿塞拜疆等国家。

对土耳其来说,"中间走廊"计划有多方面的意义,首先,有助于强化与中国的关系。"一带一路"倡议提出后,中国企业赴土耳其投资的明显增加,通信、核电、高铁、新能源为代表的中国高科技企业均落户土耳其,凸显土耳其投资环境的吸引力。[①] 考虑到"一带一路"建设经常涉及大型基础设施项目,中国政府在选择合作对象国时非常重视东道国政府的态度,像土耳其这样提出在第三国与"一带一路"倡议对接方案的国家还不多,因此,中国政府除了与土耳其合作推进"中间走廊"建设外,很可能会加大在土耳其境内的投资力度。以横贯土耳其东西的铁路升级改造为例,中国公司参与了伊斯坦布尔—卡拉奇段第二期的改造工程,这段158公里的工程已在2014年高质量完工,这为双方进一步的合作奠定了良好的基础。

其次,"中间走廊"计划也有助于塑造土耳其的"亚欧交通枢纽"地位。连接卡尔斯与埃尔迪内的铁路线东西横贯土耳其全境,长度约2000公里,这条铁路升级改造为高速铁路后,将大大改善土耳其东西部之间的交通。而一旦向西接入欧洲高速铁路系统、向东开通到中国的运输通道,土耳其作为"亚欧交通枢纽"的地位将得到确立。土耳其西部已经有了欧盟的"东欧至地中海走廊",土耳其可以促成欧盟将这一走廊接入土耳其。因而土耳其在东部回应中国的"一带一路"倡议也就顺理成章。毕竟,只要把若干"断头路"接通,土耳其就有了直达中国的铁路。

---

① 吴宇:《"一带一路"倡议成中国企业投资土耳其"分水岭"》,新华网,http://www.sh.xinhuanet.com/2017-10/23/c_136699694.htm,2018年3月4日。

最后,"中间走廊"倡议还提升土耳其的国际地位,助推土耳其的国家复兴进程。埃尔多安刚上台时继续奉行"融入欧洲"的政策。几年下来屡遭挫折后,意识到欧盟是个基督教俱乐部而非文明的联盟后,修改了外交政策,开始奉行新奥斯曼主义,其主要内容是:提倡民族与宗教平等;在不放弃西方的情况下,提升自己在穆斯林世界的影响力;推动突厥语国家的联合,采取多种措施强化突厥语国家联盟(成员国包括土耳其、哈萨克斯坦、吉尔吉斯斯坦、乌兹别克斯坦、土库曼斯坦和阿塞拜疆)的政治经济文化;强化与东亚国家的关系。

(二) 有利条件

对于大型基础设施建设,政府稳定而有力的支持是项目获得成功的必要条件。对于"中间走廊"与"中国—中亚—西亚经济走廊"这种在第三国的合作项目来说,更是如此。对于中国来说,可以做到"政府提供稳定而有力的支持"。那么,土耳其方面是否可以做到呢?

依据 2017 年公投通过的新宪法,埃尔多安总统有可能任职到 2029 年。① 并且,"有雄心、有治国能力、有政治手腕"是他的显著特点。他可能是"国父"凯末尔之后最强有力的土耳其领导人。

他的雄心集中体现在致力于让土耳其重振奥斯曼雄风,大胆喊出"奥斯曼帝国也有其长处"。在判断加入欧盟希望不大后,转而推行"新奥斯曼主义",以强化与非西方国家的关系、提升土耳其在伊斯兰世界与突厥语国家中的影响力。

他的能力体现在许多方面,首先是区域与国家治理能力。出身于普通穆斯林家庭,却能在 40 岁当选伊斯坦布尔市市长,并把这个国际性大都

---

① 《埃尔多安可能要干到 2029 年》,新华网,http://www.xinhuanet.com/local/2017-04/18/c_129544261.htm,2018 年 3 月 4 日。

市治理得井井有条。2003年当选总理后又推动土耳其经济快速发展，把土耳其人均GDP翻了四番，2016年达到10807美元。①

同时，他也有丰富的政治手腕：把行政体系从总理制改为总统制并当选为总统，利用军人发动"政变"的契机整顿军队、实现了对军队的控制，这很可能终结"军人干政"的传统；在一年内与俄罗斯的政治关系实现从敌对到亲密的大幅度转换。

他也比较务实。土耳其与以色列的关系在2010年蓝色马尔马拉号事件后陷入低谷，2016年却与以色列达成妥协以恢复两国关系、摆脱外交孤立。②虽然反对库尔德人独立建国，但承认土耳其境内有库尔德族人并给予一定权利，这有助于缓和政府与库尔德人的关系。③

（三）面临的挑战

"中间走廊"倡议与"一带一路"倡议的对接有许多有利因素，前景看好，但真正落实需要克服一些挑战。

首先，线路设计上的困难。"中间走廊"的最短路线是：从土耳其的卡尔斯经亚美尼亚到阿塞拜疆的巴库，穿越里海连接土库曼巴希后沿着土库曼斯坦铁路向东，经乌兹别克斯坦与吉尔吉斯斯坦进入中国。但里海沿岸国家之间围绕里海发生的争议，使得里海的利用严重受限，无论是里海油气资源开发、跨海油气管道、还是轮船摆渡。建设跨海大桥无疑是最佳选择，但这在可以预见的未来落实的可能性不大。

---

① 《土耳其2016年GDP增长2.9%》，中华人民共和国商务部网站，http://www.mofcom.gov.cn/article/i/jyjl/j/201704/20170402553307.shtml，2018年3月4日。
② 《土耳其拟恢复与以关系为何选现在?》，新华网，http://www.xinhuanet.com/world/2015-12/23/c_128560702.htm，2018年3月4日。
③ 土耳其政府因为叙利亚问题而与库尔德工人党关系重新变紧张，但这是另一回事。

其次，如果绕行伊朗进入土库曼斯坦或巴基斯坦，则受美国与伊朗关系的掣肘。特朗普政府明显逆转了奥巴马时期的对伊朗政策，"强硬"成为对伊朗政策的主要基调。埃尔多安虽然对美国的要求不再像以前那样配合，但作为北约盟国，土耳其难以完全不顾美国的意见大张旗鼓地发展与伊朗的关系。而且，中吉乌铁路与喀喇昆仑铁路何时落实还没有时间表。

再次，土耳其能用于"中间走廊"的资金有限。2003年埃尔多安执政后，土耳其很快摆脱了严重的通货膨胀，经济进入快速发展期，2016年GDP达到8567亿美元，① 成为全球排名第17位的经济体，在西亚各国中稳居第一。但国内需要大量投资，并且居民储蓄率不高，而经常账户赤字严重，② 因而能用于对外投资的资金有限。这意味着土耳其对于"中间走廊"的建设主要提供政治上的支持。

最后，土耳其境内的安全问题也会影响"中间走廊"计划的落实。库尔德工人党与伊斯兰国为报复土耳其政府的打击行动，在土耳其境内频繁发动恐怖袭击，其影响已经不限于土耳其南部与东南部，而涉及安卡拉、③ 伊斯坦布尔④等中心城市。这使得土耳其的入境旅游人数大幅度下降，也必然影响到土耳其的投资与建设，特别是在东部地区。

（本文以《"中间走廊"倡议与"一带一路"》为题，载蔡昉主编《"一带一路"手册》，中国社会科学出版社2018年版）

---

① 《土耳其2016年GDP增长2.9%》，中华人民共和国商务部网站，http://www.mofcom.gov.cn/article/i/jyjl/j/201704/20170402553307.shtml，2018年3月5日。

② 《综述：土耳其大举投资基础设施建设拉动经济增长》，环球网，http://world.huanqiu.com/hot/2016-06/9080851.html，2018年3月5日。

③ 《一个与库尔德工人党有关组织宣称对安卡拉恐袭负责》中新网，http://www.chinanews.com/gj/2016/03-17/7801391.shtml，2018年3月5日。

④ 《土耳其反恐形势日益严峻》，人民网，http://world.people.com.cn/n1/2016/1213/c1002-28946935.html，2018年3月5日。

2.6 中意签谅解备忘录对欧盟的影响

核心观点：中国与意大利签署"一带一路"谅解备忘录具象征意义，但其他西方大国跟进的可能性不大。中国欢迎但不祈求西方国家加入"一带一路"。

意大利即将与中国签署"一带一路"谅解备忘录（MOU），成为欧盟首个与中国展开"一带一路"经济合作发展的国家，中国社会科学院世界经济与政治研究所国际战略研究室主任薛力14日接受《旺报》专访时表示，意大利与中国签署"一带一路"谅解备忘录，具有比较强烈的象征性意义。

薛力表示：意大利是G7成员之一，成为继英国突破美国反对，加入亚洲基础设施投资银行（AIIB）后，第一个与中国展开"一带一路"经济合作的西方发达国家。具有象征示范效应，让"一带一路"在西欧又扩展了一步。

有否骨牌效应再观察

但薛力也指出，不需过度高估意大利愿意与中国展开"一带一路"合作，因为意大利在欧美的影响力整体不如英国，各方面所能发挥的示范效应也比英国弱，而且目前意大利是由具强烈民粹主义色彩的五星运动党与联盟党执政，意大利总理孔蒂通常被看作副总理兼经济部长迪马约的傀儡。五星运动党与联盟党在欧盟算非主流政党，其与中国接近主要是为了经济利益，这些利益可能是欧盟给不了的。而发展经济是执政党面临的最大压力。

至于意大利与中国合作，是否会在欧盟内部形成与中国展开"一带一路"合作的骨牌效应，薛力认为，这个可能性低于50%，英、法、德等欧盟发动机目前仍然与保持比较密切的联系，不会轻易与中国签署"一带一路"谅解备忘录。目前透露的信息看，欧洲最有可能效法意大利的是马耳他。

不求西方加入"一带一路"

薛力说，虽然意大利的示范效应没有英国这么强，现在的意大利也不能代表G7的主流，但中国以"一带一路"倡议的方式，不重复西方历史上在海外拓展利益的方式、以和平方式拓展海外利益，整体上西方没有理由反对，只是心存疑虑而已，这需要用时间与更多的实践来化解。中国欢迎但不祈求西方国家加入"一带一路"。

薛力表示，西方包括美国对中国"一带一路"的大规模、大数量发展项目一直抱高度怀疑，认为中国有些项目根本不赚钱，那到底想做什么？与美国通常只提供安全帮助、很少在经济发展上帮助发展中国家不同，中国的做法是传授发展经验并提供贷款、技术、教育等方面的帮助。西方人看不懂，因为不理解中国人的天下治理理念，而这需要相当长的时间才能改变。

（本文以《中意签MOU撬开欧盟带路大门》为题，发表于《旺报》，2019年3月15日）

2.7 英国"一带一路"特使范智廉访谈

核心观点:"一带一路"是一个宏大的发展战略,旨在构建可持续的经济与贸易联系。英国致力于成为"全球的不列颠",因此比其他欧洲国家在"一带一路"问题上更积极,是唯一设立专职特使的国家。英国希望能充分发挥自身在商业服务、融资等方面的优势,与中国合作设计出融资与治理标准的框架。这方面伦敦具有积极性而纽约没有。中国有太多的东西需要西方进一步了解,为此中国需要增加自己的透明度以便外界更好了解自己,同时修正自己的一些不足。"一带一路"的一些早期项目并非精心设计的产物。

访谈对象:范智廉(Douglas Flint),英国财政部"一带一路"金融和专业服务特使(BRI Financial and Professional Services),汇丰银行集团前主席。评论仅代表受访者个人观点。

中方访谈人员:薛力,中国社会科学院世界经济与政治研究所研究员

访谈地点:伦敦一咖啡厅

访谈日期:2018年9月28日

录音稿整理:刘贺,外交学院2018级国际关系专业硕士研究生

录音校对:薛力研究员

稿件翻译自经过受访者审核的英文版

1. 在您看来，习近平主席提出"一带一路"的原因有哪些？

最初的原因是探索扩大贸易路线，促进中国周边国家的经济发展，同时也是为了保障中国的边界安全，在东道国和中国间为中国企业对外投资提供贸易便利。过去五年里，"一带一路"通过创造贸易和经济发展机会、成功吸引一些国家向中国靠拢，逐步发展成为一个旨在建立贸易联系、促进经济发展和分享发展成果的更为宏大的发展战略。

由于许多国家的积极参与，这一概念比古老的"丝绸之路"更为宽泛。中国为世界的和谐发展提供了一种新愿景，表明：世界需要大规模的基础设施投资，以容纳接下来 20 年中即将出生的大量人口。

最重要的是，必须以一种可持续方式建设急需的基础设施，否则这个世界的运行成本将会非常高。世界难以承受西方和中国工业化早期出现的那些环境问题再次在非洲出现。

构建可持续的经济与贸易联系是"一带一路"建设的要害（essence）。

2. 在您看来，"一带一路"有哪些优点和缺点？

"一带一路"的一大优点是，可以为那些经济发展有赖于外来支持的国家提供机遇。像中国这样的国家，可望加速东道国的基础设施建设从而提高其人民福祉、提高就业率。这些都是实实在在的好处（demonstrable benefits）。

总之，无法自我养活的国家将越来越少，"一带一路"将创造出更大的全球经济体，提供更多的贸易机会，降低地缘政治带来的风险。同样，由于人们不再需要为生计而四处奔波，也将降低不可持续的经济移民。持续推进的"一带一路"将在《巴黎协定》框架下推进绿色议程的贯彻实施，为降低世界碳排放做出突出贡献。

"一带一路"的风险在于，项目如果没有准确的定位与充分的评估，其经济效益将难以实现，并会带来难以承受的环境影响。

3. 您了解英国有哪些与"一带一路"有关的投资项目吗?

在我看来,英国将为"一带一路"的成功实施做出重大贡献。中欧班列的终点在英国,我们从中受益良多,但很多项目并没有在英国实施。大多数正在商议的项目没有在英国实施,而是在东欧、南亚和非洲这些急需基础设施的地方落地。

(薛:英国似乎比其他欧洲国家在"一带一路"问题上更积极。)

我认为这得益于我们的历史传统。在经商方面,英国始终具有全球视野。伦敦金融城与我们的法律框架都是为促进国际贸易和投资而设计。伦敦一直在为国际项目吸引全球投资方面扮演着主要角色。由于要脱离欧盟,英国致力于在全球贸易方面扮演更为积极的角色。

(薛:同样是岛国,日本人认为他们具有岛国心态,可英国人从来不这样认为,这是为什么呢?)

无论是过去还是现在,英国和世界上大多数国家都保持着这样或那样的联系。我们所拥有的历史,就是一部致力于联系不同国家、促进贸易发展的历史。无论是联邦国家还是昔日的大英帝国,英国都以贸易为纽带与世界上大多数国家相联系。这里始终贯彻的是冒险精神。

(薛:并不是所有的岛国人民都具有岛国心态。)

如果您可以看一下我们的政治领导人的声明,(就会发现)他们(都)强调,不列颠是作为"全球的不列颠"(Global Britain)而前行。

4. 在您看来,自"一带一路"提出之后,中国的外交政策有哪些变化呢?

我不认为自己是回答这个问题的最佳人选。很明显,中国在承担其(国际)责任的过程中,对(扮演)以下角色越来越感兴趣:全球性经济大国、全球第二大经济体、(全球)最大采购国。通过更多地参与多边与超国家机构,中国将在许多世界重要事务中承担更大责任。习近平主席在世界经济论坛的演讲中强调全球化的益处,就是一个证明。

今天的中国正在引领全球化，这在20年前完全难以想象。因此，"一带一路"表明，中国愿意通过推动贸易和投资增长来促进其他国家的繁荣。"一带一路"（也）表明，中国主张分享繁荣，并确保参与其中的国家能够获得经济利益。这一切符合每个人的利益。

5. 在您看来，"一带一路"对中国的国家形象有哪些影响呢，变好，变坏还是没有变化？

我认为这一认知取决于政治立场。有些人支持"一带一路"，他们认为，"一带一路"通过建设基础设施建立世界范围内的贸易联系，这促进了经济增长，分享了发展成果，实现了中国宣称的目标。有些人则认为，"一带一路"是（中国）用以提升地缘政治影响，在经济纽带之外建立战略联系的工具。

"一带一路"在东道国造成的债务负担使得他们质疑：中国促进其他国家经济发展和分享发展成果的动机到底何在。最终事实将取决于"一带一路"的实际进展。两种截然不同的观点总会有一方占上风。

在我看来，中国和世界都将从中获得实实在在的收益。一股将持续20年的基础设施建设潮流，将有助于解决人口增长和弱小国家带来的社会与经济挑战。

中国必须意识到，肯定会有人质疑促进全球经济发展是否是中国目标的全部。实实在在的行动是消除这一疑虑的唯一手段。这就要求中国精心设计合作项目，使其能够带来经济效益并且符合国际标准。如此人们将会相信这些项目将有助于东道国的经济发展。

人们会质疑"一带一路"的意图，而且这种质疑将会贯穿始终。"一带一路"是中国领导的计划，而非中国的独家计划，这一点非常重要。它必须是由中国领导的，但如果只是由一个国家来落实的话，则难说成功。

对我而言，"一带一路"是把中国国内经济发展的成功经验推广到西方（国家），并把中国国内不同地区用现代化的铁路与公路网连接起来。

（薛：中国有实力领导所有的项目吗？）

中国可以领导但必须与其他国家合作以构建其能力（capacity），同时向外界展示：这并非单一国家（显示）其经济力量的计划。

（薛："一带一路"是一个和平计划，这与以往的崛起模式不同。一国的和平崛起并不仅仅取决于其自身，和平崛起非常困难。）

在一个已经拥有70亿人口、在2050年将拥有90亿人口的世界里，如果不能和那些远远落后于中国的国家分享发展成果和经济发展机遇，我们将会面临此起彼伏的矛盾、动荡和冲突，将会面临移民失控的风险。这些都是令人头疼的问题。

（薛：一国和平崛起的唯一机会是其他国家能够与之积极合作，回应其合理诉求。"一带一路"提供了这种可能。）

"一带一路"能否取得成功，并不在于那些国家能否支付建成的基础设施的费用，而在于这些基础设施带来的经济生态系统所产生的经济效益是否更有价值。

6. "一带一路"的实施，在欧洲，尤其是英国，存在哪些问题呢？

一些人指责有一批早期项目并没有精心设计。当然，这些项目本身也有一些不足之处。某种程度上，跟世界上许多其他项目一样，这是经验积累必经的过程。这就意味着在项目实施之前需论证是否能带来经济效益。中国应通过与其他国家合作来证明"一带一路"框架下的项目具有可行性。"一带一路"框架下的项目如若能够获得主要多边银行（如亚洲开发银行、亚洲基础设施投资银行等）的资助，将大有裨益。因为可以提高整个计划的可信度。

7. 有人认为中国的南海政策不利于"一带一路"的实施。您对此有何评论？

很抱歉这方面不是我的专长。

8. 您认为英国在"一带一路"建设中扮演了哪种角色,在中国和欧盟的合作之间,又扮演了何种角色?

那种认为英国人建造的基础设施项目要优于中国的看法,未免过于天真。中国建造的基础设施总量已经超过了世界上其他国家建造的总和。英国在"一带一路"建设中的机遇与贡献在于我所说的"构建能力"(build capacity)方面。全世界基础设施建设所需资金数额庞大,中国无法全部提供。

伦敦金融城的传统技能是:从世界各地吸引资金、展示项目的可行性、确保适当的治理、提供可信的争端解决机制,以及通过法治、特定领域专家(fielding experts)和审计等来确保合同的精确(clarity of contract),等等。这些基本涵盖了国际社会所关注的项目实施的方方面面,都是伦敦吸引国际社会的积极因素。

投资者希望做到:他们唯一需要评估的是项目本身的风险,而不必担心无法获取必要的(商业)信息,或者担心如何解决合同纠纷。英国金融业和专业服务业今天向全世界提供的正是清晰的治理(governance clarity)。

英国与中国合作可以为"一带一路"建设构建更为强大的金融能力。世界上只有两个城市有能力这么做:伦敦和纽约。纽约在为中国领导的倡议提供金融支持方面表现消极,伦敦则不同。所以,这是个大机会。

(薛:脱欧是否使得英国更为重视与中国的金融关系?)

从中国的角度来看英国脱欧是个机会,因为英国和欧盟(其他)27国都想展示,他们已经走过了共享繁荣的阶段。两边都要用证据告诉自己的公民:他们即便没有比以前更加繁荣,起码也和以前一样,并且依然拥有众多的发展机遇。英国无疑将受到这方面的鼓动。世界上增长最快的地区是亚洲,而且是在中国驱动下,不需要天才也知道机会在哪里。因此,英国与中国都有更多的机会在政治和经济层面强化关系。

（薛：许多人认为梅政府在与中国的金融合作方面不如卡梅伦积极。）

我认为这种看法不公平。梅首相2018年访华（我也参加了）时清楚表明：英国渴望（keen）加强与中国的经济和贸易关系、渴望支持"一带一路"这个经济与商业倡议。我认为她的访问非常成功。

当然，国家间总会在某些政策问题上存在分歧。对此，英国的做法是：通过接触与对话来构建可共享的利益（shared interests）、培育合作的愿望。

（薛：在您看来，中国下一步该做什么？）

（提高）透明度。至今仍有很多国家不理解"一带一路"的内涵，有很多国家对中国的看法停留在20年前。时隔一段时间再去中国，很多人往往会感到震惊：他们对中国的大城市感到震惊，对高铁和轨道交通的发展成果感到震惊，对中国的发展规模感到震惊。

他们看到中国是一个充满活力的经济体。与此同时，中国仍然有部分地区处于欠发达水平，需要获得支持。中国有太多的东西需要西方进一步了解。

9. 习近平主席称"一带一路"为世纪工程。您认为"一带一路"如何才能具有可持续性？

全球对基础设施的需求无止境。我们可以将目光放在100年之后。但我们更有理由关注从现在到2050年之间的这段时间。未来30年，全球对经济基础设施的需求将迅速上升，人们需要在充分保护环境的前提下，以一种可持续的方式容纳新出生的大量人口。

［薛：您到中国通常和哪些官员对话呢，韩正还是何立峰？您在中国的对手（counterpart）是哪位呢？］

我们会见政治领导人、经济领导人、智库领导人，非常广泛。中国每个人都关注"一带一路"。

（薛：您通常去中国国家发改委吗？）

对，还有中国人民银行。这取决于交流的主题和工作伙伴。

10. 中国的国有企业参与了大部分对外直接投资，您认为民营企业会助力国有企业做大做强吗？

"一带一路"为中国大型国有企业和私营企业开展 PPP 合作提供了巨大的机会。

（薛：有人认为中国的对外开放不应过急过躁，应该基于某种日程安排，否则中国将会面临很多风险。您是否认同这种观点？）

对于对外开放和人民币的国际化，中国已经做好了充分准备。"一带一路"便利了人民币的国际化前景。国际社会上有很多人希望看到除美元和欧元之外的一种强势的第三货币。中国面临的挑战在于对外开放的前提是全球政治和经济局势保持总体稳定。当前世界范围内紧张的贸易局势说明，现在推进人民币的国际化进程将会面临很多困难。

11. 假如您是（中国）总理，您认为什么时候是中国开放资本账户的合适时机？

这属于政治决定。但我认为环境因素（对做这个决定）很重要，诸如世界范围内政治和经济局势稳定、可预期的全球经济增长。

（薛：从 IMF 改革的例子看，欧洲国家的投票权很难转移给中国，虽然欧洲国家的经济总量已经与其投票权不相称。）

今天的经济秩序建立在"二战"之后多边制度的基础之上。如果中国谋求承担更多的责任以便与其经济增长、贸易关系（变化）相称，将导致这些制度的性质（nature）发生变化。

12. 经济运行有周期。保持了数十年增长的中国经济也难以避免经济周期的影响，那么，中国应该如何减少经济周期的副作用？

每一个国家都有自己的经济周期。维持经济持续发展的方法是建立强大的银行体系和强有力的财政秩序。这样即便在低迷时期，政府也没有必要干预经济。

（薛：中国经济政策的主要问题是什么？）

在全球经济放缓和保护主义抬头时，对于各个国家主要贸易伙伴的国家来说，超额信贷是主要风险。

13. 并不是所有国家都为"一带一路"设立了特使职务。英国政府似乎的确希望加强与中国的联系。您的主要工作有哪些，目前都有哪些成果呢？

英国是唯一设立专职特使的国家。我们的目标是与中国合作，设计出融资与治理标准的框架，以提高"一带一路"的国际融资能力。成功与否的终极检验将是："一带一路"倡议是否促成了世界上本不能完成的基础发展（项目），是否使这些项目更迅速地完成。

英国还可以扮演这样的角色：在那些与中国打交道的时间不如英国长的国家，强化中国从事商业活动的实力与范围（strength and reach）。

14. 您对"一带一路"的持续发展有哪些建议？

对中国而言，重要的是进一步清晰化"一带一路"（的内涵）。对国际投资商而言，清晰的金融和治理标准、了解争端解决协议和法律框架也十分重要。

15. 一个附加的问题是，几年前，我听说汇丰银行要将其总部迁回香港，但最终并没有这样做。您的看法是？

这件事发生在2017年。经过对收益、风险和成本的综合分析，董事会一致同意，仅拥有少量员工的总部位于中央时区是有益的。汇丰银行的主要业务在亚洲，主要是在香港和中国其他地区，总部在英国（与否）关系不大。

（薛：英国政府在汇丰银行的经营过程中扮演什么角色？）

不扮演任何角色。汇丰银行绝对且完全（absolutely and totally）独立于任何政府。

（薛：渣打银行呢？）

（与汇丰银行）一样，完全独立（运营）。

（本文以《"一带一路"五年评估全球访谈：范智廉》为题，发表于FT中文网，2019年7月19日）

2.8 "印太战略"与"一带一路"

核心观点：特朗普政府即使正式推出"印太战略"，也难以有效影响"一带一路"建设，原因有四：与特朗普"美国优先"的执政理念不吻合，实施缺乏制度保障，中美关系太复杂，"一带一路"侧重于经济文化的合作。

美国总统特朗普2017年11月的亚洲五国行在中国带热了"印太"一词，研讨美国"印太战略"的会议此起彼伏。很难想象其他国家领导人的出访会有类似效果。这折射出一点：美国依然是对中国外交影响最大的国家，虽然影响程度正在明显下降。那么，该如何研判"印太战略"？

首先，出于战略文化与力量平衡两方面的原因，美国（主要是共和党建制派）需要这个战略。西方战略文化的一大特点是：必须确定对手并制定相应的应对战略。就美国而言，冷战时期是苏联；20世纪90年代是若干非西方文明；"9·11"事件后是恐怖主义与"失败国家"；特朗普时期则是所谓的"修正主义国家"（中国与俄罗斯）与"流氓国家"（如伊朗与朝鲜）。中国的快速崛起不但"打破了地区力量平衡"，且正在形成对美国价值观与利益的"挑战"。奥巴马时期的应对是推出"亚太再平衡"战略。特朗普政府需要有自己的说法，"印太战略"是个比较合适的标签。

其次，由于几方面的原因，这个战略目前还没有成型：特朗普上台时间比较短，加上没有足够的智囊设计这一战略；特朗普的执政理念是"美国优先"，关注点主要在美国本土与经贸领域，加上直接影响美国安全的若干政治议题（如"伊斯兰国"、朝核问题），他对美国承担国际领导角色的兴趣明显小于奥巴马。美国国内推动"印太战略"的主要力量是美国军方与共和党建制派。

另外，美国一些盟友对"印太战略"兴致高涨，典型如澳大利亚与日本。澳大利亚非常担心美国放弃在亚太安全事务中的领导作用，其程度可能超过了日本，在推销"以规则为基础的秩序"以"套住中国"上，澳大利亚比美国还积极；日本则在"建设自由开放的印太地区"名义下，力推美日印澳"四国同盟"以制衡中国。

再次，莫迪政府对"四国同盟"的兴趣大于上一届印度政府，但印度有根深蒂固的不结盟战略文化，也非常珍视自己的战略自主性，不会成为任何大国的战略棋子，同时担心"四国同盟"将强化其他几个国家（特别是美国）在印度洋与南亚的影响力。因此，"四国同盟"正式组建的可能性不大，这就限制了四国军事协作的深度与广度，使得"印太战略"的军事意义大打折扣。

"印太战略"的效度还受到两个因素的影响：中美关系的特殊性；"一带一路"本身的特点。

美国具有丰富的经验对付敌人与盟友，但中国并非美国传统意义上的敌人或盟友。美国对中国的基本判断近年发生了巨变。自尼克松政府以来，美国对华战略基于一个信念：随着经济社会的发展，中国最终将在政治经济制度上走向西方模式。现在却发现，中国不但没有走向西方模式，反而开始日益自信地展示一种有别于西方的模式。这让美国精英阶层备感挫败，倾向于对华采取更为强硬的政策。问题是，中国对于美国具有多面性：经济与文化上是美国的伙伴，军事与意识形态上是美国的"对手"，在IT产业、制造业方面是竞争者，在反恐以及解决朝核、阿富汗等问题上又是合作者，在国债上还是美国最大的债权国。因此，在2017年12月18日发布的《美国国家安全战略报告》中，对中国的定位是战略竞争者（strategic competitor），但在有的段落又把中国称为"对手国"（rival power）。从中可见美国很难用一个词来定位中国。这意味着处理对华关系时，美国需要逐个领域与中国"掰手腕"并争取获得优势。这是个新课题，美国没有必胜信心。

"一带一路"是本届中国政府对外关系的顶层设计，旨在推进中国的崛起进程、体现大国责任，同时让其他国家从中获益。中国无意在此过程中构筑与美国对抗的军事同盟。中国对自己的整体定位是"世界和平的建设者、全球发展的贡献者、国际秩序的维护者"。"一带一路"建设主要聚焦经济与文化领域，以双边合作为主辅之以多边合作，通常依据双边关系决定合作的深度与广度，在合作中不强求构建排他性机制安排，几乎做到了"一国一策"。这体现了中国传统的世界治理理念：无外、自愿、以礼相待、亲疏有别，等等。对于这样的合作，西方人会觉得费解，"印太战略"所能施加的影响不难预料。

最后，特朗普政府很可能会正式推出"印太战略"，以强化制衡（但非遏制）中国的崛起。这一战略与特朗普"美国优先"的执政理念不吻合，且其实施缺乏制度保障，加上中美关系的复杂性与"一带一路"本身的特点，使得"印太战略"难以有效影响"一带一路"建设。

（本文以《"印太战略"对"一带一路"影响几何？》为题，《世界知识》2018年第3期。编入本书时有部分修改）

第三部分
"一带一路"下的国别研究

  本部分涉及朝鲜、韩国、日本、新加坡、土耳其、英国、美国、俄罗斯等国家。

  笔者认为，以核武器为代表的朝鲜问题属于疑难杂症，没有任何国家可以独力解决，也急不得。韩国政治文化有其特征，新北方政策值得中国强化研究。神道教是日本文化底色，"坚守中开放"是日本文化的显著特征。圣德太子以来日本始终采取"与强者为伍"，在此过程中致力于"吸纳他者长处强筋日本"。平成时期的主要特征是平静成熟不淡定，日本在对华外交中非常重视"礼文化"并受益匪浅。中国应高度重视新加坡华族"普通外国人"的自我定位，以免误判两国关系。土耳其的历史具有多重性，与其他伊斯兰国家相比具有比较明显的世俗色彩。脱欧后的英国不会走向自闭，但会出现多方面的分化。美国对"基于规则的秩序"整体上采取实用主义态度，有利则用，无利则弃。

3.1 朝核问题与"顽固性牛皮癣"

核心观点：朝鲜在 20 世纪 90 年代全力发展核武器的内部原因有二：经济困难以及由此导致的政权脆弱性增加，外部主要原因有三：苏东剧变；来自美国的安全压力；中韩建交。朝核问题是难以根治的"顽固性牛皮癣"，特朗普与金正恩在河内的第二次峰会，是双方都需要的一场政治秀，很难对朝核问题的解决有实质性的推动。

彻底解决朝核问题，需要中美真正联手，再加上韩国、日本、俄罗斯的襄助。长远来看，第二次特金会不过是百转千回的"弃核进程"中形式大于实质的一场政治秀而已，不可冀望过高。

第二次特金会 2 月底将在河内召开的消息，吸引了全球不少媒体的注意力。许多人希望，此次会议能有突破性进展，比如，在朝鲜"弃核"与美国"对朝提供安全保障"上做出具有约束力的、可操作性的安排。

问题在于，"朝核问题"属于不好治疗的"顽固性牛皮癣"，不时发作是必然的，其彻底治愈需要"内外科联手加上一些辅助手段"，换句话说，彻底解决朝核问题，需要中美真正联手，再加上韩国、日本、俄罗斯的襄助。目前来看，这属于奢望。因此，对于即将举行的第二次特金会，不可冀望过高。长远来看，这不过是百转千回的"弃核进程"中形式大于实质的一场政治秀而已。朝美双方对此都心知肚明，但出于各自的需要，也乐意合作再演出一场。仅此而已。

"爱撒谎、会演戏"是政客的两大职业特点。希拉里与特朗普已经展示了什么叫"撒谎不打草稿"。里根、施瓦辛格从好莱坞转行政界后干得如鱼得水，显然离不开在好莱坞所进行的"上岗前培训"。毕竟，演戏是政客的首要职业任务，他们需要在公众场合随时入戏并演好、演真。因此，政客的演技整体上冠于各行，堪称"技压群芳"。与他们相比，只在特定场合演出的职业演员，演技无疑属于二流。这一点政治学专业研究人员素来清楚，吃瓜群众也不可不察。

朝鲜发展核能技术，始于20世纪50年代从苏联获得相关技术。核能属于军民两用技术，随着技术的普及，发展核武器的门槛大大降低，因而成为许多穷国、小国追求的"护身利器"。朝鲜在90年代加速发展核武器，内部原因是经济困难，以及因此而导致的政权脆弱性增加。外部原因主要是：苏东剧变；来自美国的安全压力；中韩建交。三者使得朝鲜顿成"亚细亚弃儿"，唯有全力发展核武器以求自保。即使到了现在，对于自觉极度不安全的朝鲜来说，核武器依然是最佳护身利器，不到万不得已，绝不可能放弃。朝鲜已经说得很清楚，"对朝鲜而言，核武器就是尊严和实力的绝对象征、最高利益"，"必须明白，不管是谁，决不能改变或摇动朝鲜为国家的存在和发展拥核的路线。无论朝中友谊怎样宝贵，朝鲜也不会拿如同生命的核武器作为代价乞求"（朝中社2017年5月7日社论）。

而在不得不"弃核"之前，以"弃核"为筹码换取最大的利益，也是朝鲜的必然选择。

朝鲜同意就"弃核"问题与美国谈判，有内外两方面的原因，内部主要原因有二：第一，已经拥有了核武器与相当的远程投送能力，认为已经"实现了完备国家核武力历史大业"，"把握了全体人民勒紧腰带长期盼望的维护和平之强有力的宝剑"，宣称"美国本土全境已进入我们的核攻击射程内，核按钮始终放在我办公桌上"，"我国的核武力足以粉碎和应付美国任何形式的核讹诈"。第二，可以以此为筹码与美国直接谈判、缓解安全压力，为"经济战线各部门打开振兴的突破口"创造条件。外部原因是空前严峻的环境，即"革命事业面临史无前例的严峻挑战"（本段引号中内容引自金正恩2018年1月1日新年讲话）。其实，外来压力除了联合国决议外，主要是来自中美两国，详后述。

美国首先在乎的是朝鲜核武器的远程投送能力，其次才是朝鲜是否拥有核武器。奥巴马的对朝"战略忍耐"已经被证明无法阻止朝鲜发展核武技术。朝鲜导弹运载技术的大幅度进展就是在奥巴马时期，这让美国感受到了压力，加上"交易型领导者"个性因素，使得特朗普在上台后转而对朝鲜施行"极限施压"政策。这是朝鲜同意进行"弃核"谈判的一大外部原因之一。

文在寅政府认为，自己的"对朝接触"政策是朝鲜同意与美国进行"弃核"谈判的主要原因，并有可能促成朝鲜"弃核"。这在逻辑上说不通。"对朝接触"显然与特朗普的"极限施压"不合拍。韩国素来有"保守派总统对朝强硬、进步派总统对朝友好"的特点。作为进步派总统的文在寅自然偏好于通过对朝接触来改进南北关系甚至希望取得突破以便"青史留名"，因此投入了大量的政治资本，并推出了"朝鲜半岛新经济地图""新北方经济政策"。显然，他不可能同意对朝实施"极限施压"，哪怕他很清楚"弃核安排"是全面实施上述经济政策的前提条件。这意味着他的对朝政策存在矛盾，并影响了"极限施压"的实施，客观上帮助的是金正恩而不是特朗普。因此，过去一年多时间里，文在寅政府在朝美之间的周旋，为朝鲜所乐见，朝鲜也不时予以配合。但在特朗普那里，很难获得实质性支持。

2017年下半年中国以空前力度对朝鲜实施制裁措施，则是朝鲜同意进行"弃核"谈判的又一大外部原因。中国这么做的原因有三：稳定中美关系；落实联合国决议，推进朝核问题解决进程，展示核大国在防止核扩散方面的责任；化解朝鲜核武器对自身的潜在威胁。中国认为，在朝鲜的合理关切得到满足前，特朗普就要求"朝鲜在短时间内弃核"，显然不切实际。中国在朝核问题上的基本政策始终是通过谈判解决。"极限施压"属于特例。

问题在于，特朗普发现无法在短期内迫使朝鲜弃核之后，就把注意力转向"全力对付战略竞争对手"中国，除了发动贸易战，还在南海、中国台湾、新疆等问题上向中国"发难"。在特朗普看来，世界领导权、价值观、气候变化等都是"浮云"，重要的是为美国获得实实在在的利益与好处，为此可以怼天怼地怼盟友。对中国也采取"凡事皆可交易，端看条件如何"的立场。在中国看来，南海问题的重要性大于朝核问题，中国台湾问题与新疆问题更是中国的核心利益，而特朗普却不管不顾，甚至连经贸关系这个中美关系的"压舱石"都可以动摇，完全是"既不给面子也不给里子"的"操作"。那么，中国又有什么必要在朝核问题上继续配合美国呢？

金正恩作为精明的领导人，显然捕捉到了中美关系的变化，并对华采取了示弱、示好、示亲等举动。效果相当显著。2018年中朝关系的改善有目共睹。

有了中国、韩国的"帮衬"，朝鲜又有什么必要向特朗普的"弃核"这一要求让步呢？充其量稍稍考虑一下"放弃导弹远程运载技术"，但这需要实地考察，而很难从远处进行监控。朝鲜与外界已经在这个问题上打了多年的口水仗。

所以，2018年6月在新加坡举行的首次特金会，双方虽然签署了文件，就四项内容达成协议，其中包括朝鲜方面承诺"完全无核化"，而美方也承诺向朝鲜提供安全保障（这一点不属于协议的"四项内容"）。但半年多过去了，并没有实质性进展。而文在寅看重的"朝鲜半岛新经济地图"与"新北方政策"，落实起来也举步维艰。这除了外部原因外，还因为一些政府部门（如国防部、情报院、统一部）等担心"大权旁落"而消极应对乃至不配合。宋永吉这个负责落实"新北方政策"的总统北方经济合作委员会委员长辞职的主要原因是为了竞选共同民主党党首，但是，如果他觉得委员长很有干头，可能不会去竞选没有多大把握的党首。事实上他也在党首竞选中败给了前总理李海瓒。更有意思的是，接替宋永吉的是高盛公司常驻中国香港的资深经济学家权谷勋。一个在韩国没有什么政治背景、长期生活在海外的经济学家，在推动高度政治化的经济政策议题上能有什么作为，不难想象。所以，不少韩国学者也费解于文在寅的这一选择。

整体上，经过一年多的热闹之后，"朝核问题"并没有什么实质性进展，一些学者甚至认为基本上回到了起点，主要成果是朝美双方搭起了直接接触的平台。这是朝美双方都需要的。中国、韩国、日本、俄罗斯也不反对或者支持这种接触。因此，第二次特金会得以在河内"易地上演"。但是，在目前的形势下，如果还有人认为，朝美双方此次有可能就"弃核"与"美国安全承诺"等关键问题取得实质性突破，并做出可操作性的安排，笔者只能说一句：too young too simple，sometimes naive.

（本文以《第二次特金会与"顽固性牛皮癣"》为题，发表于 FT 中文网，2019 年 2 月 18 日。编入本书时有部分修改）

3.2 韩国研究之一:政治文化

核心观点:韩国政治文化的四个特点是:坚守义节、清算偏好、政商抱合、地域之争。绝大部分总统离任后没有好下场与此有很大关系。

韩国政治中的一个突出现象是:总统多数"没有好下场"。11位前总统中,只有金泳三与金大中顺利完成任期、得以安享晚年并善终,其他人有的遇刺(朴正熙),有的自杀(卢武铉),有的入狱(全斗焕、卢泰愚、朴槿惠、李明博),有的被政变推翻(李承晚、尹潽善、崔圭夏),有的被弹劾下台(朴槿惠),有的下台后终身流亡海外(李承晚),以至于有"韩国总统是世界上最高危岗位"之说。其实,这种现象的出现,与韩国的政治文化有很大的关系。韩国政治文化的形成,与外来影响特别是大国干预有相当关系,以下四点比较突出。

坚守义节 韩国的儒学强调"义",士人一旦确定了自己的道德信念,就要坚守到底,为此可以"不顾其身,图谋其事,有事时不计祸患"。这一道统依然在影响当代政治人物:金大中的"忍冬草"性格、金泳三为成为总统奋斗46年、文在寅与卢武铉选择当人权律师、崔圭夏在法庭上保持沉默、卢武铉走向自戕、朴槿惠拒不认过都与此有关。这种坚守有时会表现为行为上的偏执,如全斗焕在16年时间里拒绝缴纳法院判决的罚款并高调过奢侈生活。对义节的强调也使得韩国政治生活缺乏成熟民主政治所需要的妥协精神,并容易滑向政治清算与报复。

清算偏好　政治清算可追溯到派系文化与扈从政治，具体表现形式因时期而异。韩国政治分为李承晚到全斗焕的威权时期和卢泰愚以来的民主化时期。朴正熙取代尹潽善，全斗焕取代崔圭夏皆属于"政变"而非政治清算。金泳三作为首个文人总统，对全斗焕与卢泰愚两位军人出身的前总统的审判，旨在清算威权政治与反腐败。两人都被金大中赦免。韩国政治分为两大派别。保守派比较亲美，主张对朝强硬；进步派倾向于实行均衡外交，主张对朝接触。清算主要在这两派间进行，如李明博对卢武铉，文在寅对李明博。文在寅与卢武铉私交很好，政治理念也很接近。保守派觉得文在寅对李明博的政治清算带有为卢武铉"报仇"的滋味。卢武铉执政时期推行政治中立化，部分原因是为了摆脱政治清算。但文在寅现在的做法有"重入窠臼"之嫌，虽然这与李明博的做法有关。

官商密切，即"政商抱合"　政府制定产业政策并扶持大财团，是朴正熙为发展经济而采取的政策。作为后发国家，这有助于实现赶超并增强韩国企业的国际竞争力，但也有不小的副作用。一方面，政府官员及其亲友可以对财团施加不当影响以获益，朴槿惠协助崔顺实从多家企业获取合同与"捐款"是典型例子。另一方面，大财团在国民经济中所占比重太大（如三星的产值达韩国GDP的20%），对政府决策产生明显的影响。企业为了商业利益不时采取不正当手段，影响官员乃至总统，卢泰愚就承认执政期间从企业界收受过6.5亿美元的"政治资金"；影响不了总统就影响总统家属，如金泳三与金大中的儿子、卢武铉的哥哥卢建平都从企业收受好处，这三个总统本人都比较清廉。

地域之争　韩国人有很强的地缘情结，政客尤甚。韩国有17个省级行政单位，政治上影响比较大的是忠清派、湖南派与岭南派。忠清派代表人物有尹潽善与金钟泌，湖南派代表人物是金大中，岭南派著名政治人物众多，总统就有八位：来自庆尚北道的朴正熙、卢泰愚、李明博与朴槿惠，来自庆尚南道的全斗焕、金泳三、卢武铉与文在寅。这展示了韩国政治的"岭南独大"倾向。但岭南派也不是铁板一块,卢武铉、文在寅与金大中同属于进步派,朴正熙、全斗焕、卢泰愚、金泳三、李明博、朴槿惠属于保守派。地域之争集中体现在湖南派与岭南派之间。政治清算主要发生在岭南派内部,表明进步与保守之争压倒了地域之争。

湖南指锦江以南(锦江历史上叫湖江),包括全罗南道、全罗北道与光州广域市,这些地方历史上属于全罗道,朝鲜三国时期属于百济。岭南指小白山脉的鸟岭以南,包括庆尚南、北两道,蔚山、釜山、大邱三个广域市。这些地方历史上属于庆尚道,朝鲜三国时期属于新罗。在新罗真兴王夺走百济的汉江下游六郡后,新罗与百济的关系恶化,百济复仇未成,转而与高句丽、日本结盟,而新罗在独挡一些年后,与唐朝结盟。最后的结果是,新罗联合唐朝先后灭掉百济与高句丽,统一了朝鲜半岛大同江以南地区。这种历史使得湖南人与岭南人存在心理隔阂,两地人很少通婚也与此有关。1960年后韩国工业化过程中,来自岭南的总统们大力扶持家乡,这与强化韩日经济联系有关,却拉大了岭南与湖南的地区差距。近些年为了平衡地区发展,也得益于与中国的经济联系日益密切,韩国政府开始有意识地扶持湖南地区并显成效,湖南也通了高铁,但湖南地区在韩国的政治经济地位,依然无法与岭南地区相比。

(本文以《韩国政治文化管窥》为题,发表于《世界知识》2018年第11期。编入本书时有部分修改)

3.3 韩国研究之二:总统命运

核心观点:韩国民主政治发展过程中的一个突出现象是:作为国家领导人的总统通常命运多舛。这暴露出韩国政治文化的一些弱点:迷恋权位,热衷于搞政治清算,与商界密切勾连,出生地强烈影响政治理念。朝鲜半岛所处的地理位置、半岛的历史经历、韩式儒家对义的强调等,也使得韩国政治人物斗争精神强、妥协精神不足。这些消极因素与现代民主制度之间的冲突仍将持续。

总统命运多舛是韩国政治的一个突出特点。自 1948 年立国以来,韩国总共产生了 12 位总统,除现任的文在寅总统之外,其余 11 位中只有两人(金泳三与金大中)顺利结束自己的任期并安享晚年,其他总统的结局是:遇刺(朴正熙)、自杀(卢武铉)、入狱(全斗焕、卢泰愚、朴槿惠、李明博)、被政变推翻(尹潽善、崔圭夏)、被市民运动赶下台(李承晚、朴槿惠)、流亡海外(李承晚)。尽管世界上经常出现总统被民主运动推翻、被刺杀等现象,但是像韩国历届总统这样如此高频率地出现非正常卸任或卸任后被捕入狱的情况,则非常罕见,以至于人们形容"韩国总统恐成全球最高危职业"。① 有学者把权威主义、宗派主义、地域主义、

---

① 《韩国总统恐成全球最高危职业》,http://www.sohu.com/a/128484290_402258,2017 年 3 月 10 日。

人物中心主义与市民性总结为韩国政治文化的特点。① 我们认为,韩国传统的政治文化与舶来的民主之间的不和谐甚至是冲突,是导致总统命运多舛这一怪象的重要原因。

塞缪尔·亨廷顿在《第三波》一书中把1987年韩国的民主转型作为"第三波"世界民主化浪潮的重要个案。但是,如果考察韩国的民主进程仅仅从1987年开始、或者以1987年的民主化运动为重点,显然无法充分理解韩国民主进程的系统性和复杂性,也无法理解韩国总统为什么常常命运多舛。实际上,韩国民主制度框架的建立是在1945—1948年三年美军政时期。美国扶植建立起来的李承晚政府,制定了韩国第一部宪法,实行三权分立,形成了初步的政党竞争局面。也正是从这个时候起,韩国的本土政治文化开始与西方民主制度进行艰难的磨合,总统的命运正是二者冲突的体现。

◇ 一　痴迷权位

受"万般皆下品、唯有读书高""学而优则仕""天下兴亡、匹夫有责"等儒家思想影响,韩国社会普遍重视教育、尊崇权力。但是,这些观念如果理解不当,甚至痴迷权位,会造成与现代民主进程的严重冲突。

有的韩国政客一旦当上总统,则高度迷恋权位,甚至操纵选举。李承晚和朴正熙这两例"不得善终"的案例,主要是长期独裁的结果,与朴槿惠的"不得善终"也有联系。李承晚利用权势,操纵选举,三次当选总统,从1948年到1960年连续执政,他将韩国与美国通过《相互防卫协定》紧紧地捆绑在一起,为韩国的发展定下了基调,应该说这是他对韩国

---

① 朱明爱:《现代韩国政治文化的特点及其对民主发展的影响》,《当代世界社会主义问题》2011年第4期,第82页。

发展的贡献，确定了韩国的资本政治经济和社会制度。但是，这位深受西方影响的普林斯顿大学博士内心并没有真正接受民主价值观。他在1945年时拥有较高的个人威望，到1960年却已经蜕变为无视法律和正义、只想保住权位的政客。他在1960年的第四次总统选举中，因操纵选举引发学生运动而被赶下台。

在大韩民国70年的历史上，韩国军人两度发动政变，篡取国家权位。朴正熙与全斗焕分别在1961年与1980年通过政变上台，分别导致尹潽善与崔圭夏的下台，制造了两例总统"下场不妙"。1996年全斗焕、卢泰愚因发动政变、内乱主谋等被判有罪，这场举世瞩目的"世纪审判"，又宣告了两例总统"不得善终"。1961年朴正熙发动军事政变，是美国扶植下成长起来的军人集团与传统的韩国政客之间的分道扬镳。当时的韩国社会各阶层，都受到"天下兴亡、匹夫有责"的激励，学生上街，工人罢工，政客不知所措，军人高度不满。最终，军人集团掌控了社会大局，在颠覆原有民主体制、逆民主化而动的同时，也恢复了社会秩序，将韩国的发展道路切换到"官僚威权主义"的轨道上。美国情报机构在朴正熙政变两个月后作出的评估报告称，"尽管不能排除政变是共产主义者授意或指挥的，但是目前的迹象使我们认为，总的来说，政变……主要是由个人野心、强烈的民族主义、迫切地想将纪律和发展强加给韩国的愿望所推动的"[1]。

朴正熙政变上台后长期执政，直到1979年被韩国中央情报部部长金载圭刺杀，主要是因为在威权体制下长期执政，导致政治矛盾累积乃至最终激化。他身披"汉江奇迹缔造者"的光环，却被民主进步力量指责为"独裁者"。朴正熙的女儿朴槿惠在相当程度上是因为父亲的光环而当选

---

[1] Foreign Relations of the United States (FRUS), 1961-1963, Vol. XXII, China; Korea; Japan: Special National Intelligence Estimate, Washington, July 18, 1961, To Assess the Character and Intentions of the Korean Military Junta.

总统，最后却因为"闺蜜干政门"等事件被民主力量弹劾下台。

◇◇ 二　党争和政治清算偏好

朝鲜半岛的地理位置与历史际遇，绵延的朋党之争，催生了韩国政治文化中坚忍、顽强、不妥协、以死相争的斗争精神。

大国环抱的地理位置，使得朝鲜半岛事务容易遭受外来力量的干预，这种力量甚至会影响到半岛国家的生存。即使现在，朝鲜半岛依然处于分裂状态，朝鲜战争有关各方仅仅处于停战状态。1910—1945年期间还出现朝鲜半岛被日本吞并的亡国经历。这些因素使得韩国人（很大程度上也包括朝鲜人）具有很强的不安全感，进而滋生强烈的斗争意识与非同一般的韧劲。而且，儒学在当代韩国依然有很大的影响，但与中国和日本的儒学不同，韩国的儒学更强调"义"，这被朝鲜朝朱子学派代表人物赵光祖概括为"真士人精神"，体现为"不顾其身，图谋其事，有事时不计祸患"。因而，韩国人特别是精英人士一旦确定了自己的道德信念，就坚守到底，绝不轻易改变。多方面因素结合，导致韩国政治文化体现为"斗争精神强""妥协精神"不足。韩国的政变多、政治清算多，也多与此有关，这与"适时妥协"的欧美政治文化显然不同。

政治清算从根源上来讲，需要追溯到朝鲜李朝的派系文化、扈从政治。党争在朝鲜李朝时期很盛，绵延至今，成为政治文化的一部分。16世纪70年代，新旧政治势力的对峙，酿成了东西两党分立。初期"东人党"掌握政界主导权，但因王世子的册封问题，"东人党"内出现了稳健派与强硬派的分裂，于是分裂为"南人党"和"北人党"。党争甚至在壬辰倭乱时期也没有中断。战争结束后"北人党"刚刚掌权，就分裂为"大北党"和"小北党"。光海君时代，支持他即位的"大北党"独揽大权,后来"大北党"又分成"骨北党"和"肉北党"。西人党执政时期,也是不断分裂为"勋西党""清西党""老论党""少论党"等。韩国历史学家姜万吉指出,"所谓党争,毕竟都是党派利益当先的政治斗争","党派之间的对立,大部分只不过是以地方色彩或门阀和个人的利害关系为基础的政权争夺战","每次由于党争而发生政权更迭时,随之而来的就是残酷的政治报复"。①

派系文化与现代政党政治文化并不吻合。李承晚曾经批评反对派,"派系斗争在韩国有很长的历史,不同派系的人们互相争斗甚至致对方于死地……多党竞争的体制在韩国并没有很好地执行,一些人抛弃了现代的政党制度而用它来制造混乱和纷争"②。而实际上,在反对派看来,李承晚本人何尝又不是这样呢?

1987年民主化以来的韩国领导人,大致上可以分为进步与保守两个派别。保守派政治上比较亲美、主张对朝强硬,经济政策上强调效率优先;进步派反对过度依赖美国,主张实行均衡外交、对朝接触,经济政策上强调实现社会公平。清算主要在这两派间进行。卢武铉执政时期曾经下大力推进检查系统、国家情报院、国税厅等部门的改革,③ 以推行政治中立化,希望从其开始摆脱当政者利用行政与法律工具进行报复的政治风气。但这一点并不容易做到。在韩国进步派看来,李明博对卢武铉的所作所为就是政治清算。文在寅曾在《命运》一书中讲到时任总统李明博在参加卢武铉前总统葬礼时发生的一幕,在野党议员高喊"政治报复,谢罪!"文在寅在书中也指出,"卢总统的死无异于政治谋杀。他的死凝聚

---

① [韩]姜万吉:《韩国近代史》,贺剑城等译,东方出版社1993年版,第17—19页。

② The Korean Republic, Seoul, April 14, 1960. 转引自董向荣《韩国起飞的外部动力》,社会科学文献出版社2005年版,第159页。

③ [韩]文在寅:《命运》,王萌译,江苏凤凰文艺出版社2018年版,第163—172页。

着他所信奉的价值和他的精神所遭受的挫败。平凡的人们曾经从他的身上找到了政治理想,现在他们的理想也与他一起倒下了。当然也有人会觉得这是前任总统为家属及周围人所犯下的错误而赎罪,或者把这看成是我们落后的政治文化所带来的必然结果"。①

而在韩国保守派看来,文在寅政府对前总统李明博发起调查也是政治清算。李明博2018年1月曾发表声明指出,"以'积弊清算'的名义进行的调查,是对保守势力的攻击,也是对卢武铉之死的政治报复"。青瓦台发言人则针锋相对地表示,文在寅总统对前总统李明博的发言感到愤怒,称"把青瓦台作为调查的'幕后推手'是对政府的侮辱。这不是前总统应该说的话,这是对宪法秩序的破坏,越过了政治底线"。

◇◇ 三 政商抱合

后发国家借助政府力量保护本国企业与产业是普遍现象,历史上荷兰、英国、德国、美国等政府都得益于此。他们鼓吹自由贸易,是在本国建立起具有比较优势的产业之后。朴正熙时期为了尽快实现工业化而采取的措施是:政府制定产业政策、重点扶持一些企业做强做大。韩国后来的各届政府也都或多或少地采取了这种政策。应该承认,这种政策整体上是成功的,经过数十年的发展,韩国从一个贫穷的农业国,跃身成为"亚洲四小龙"乃至OECD成员之一,发展成就有目共睹。韩国经济学家张夏成这样描述"汉江奇迹":"军事政府在经济建设中可以指定公司并为其创造有利的环境与条件,对于公司不足的力量通过特殊优惠和补贴给予关照,他们手握'胡萝卜加大棒',对那些将好处捞进自己口袋的企业随时

---

① [韩]文在寅:《命运》,王萌译,江苏凤凰文艺出版社2018年版,第288页。

收回经营权，也可以赋予表现良好的企业更大的经营权，这便是韩国计划经济运行的轮廓"。政府与企业之间成为一个联合体，一直到2000年前后，韩国某些经济教科书中"仍将经济活动的目的定义为'为国家经济做出贡献'"。张夏成还指出，金泳三政府的"新经济五年计划"具有重要的改革意义。"因此，可以将1995年视为韩国从计划经济向市场经济正式转变的新元年"。①

但是，政府干预市场、政商抱合的做法也有不小的副作用。（1）政府官员及其亲友可以对财团施加不当影响以获益，例子众多。朴槿惠协助崔顺实从多家企业获取合同与"捐款"不过是其中一个。（2）大财团在国民经济中所占比重太大，这使得大公司有能力对政府决策产生明显的影响。典型的例子如三星集团，其产值达韩国GDP的20%、韩国股市总价值的30%，加上其产品种类覆盖韩国人生活的大部分领域，以至于该公司被戏称为"三星共和国"。②韩国政府为三星在外国的重大投资项目出面说项是常事。当然，这在其他国家也存在。（3）企业为了商业利益不时采取不正当手段以影响官员乃至总统，就成了"顺理成章"之事，政商丑闻中出现大财团高层的身影已经属于"正常现象"，全斗焕、卢泰愚的罪状中都有受贿的内容。（4）中小企业影响不了总统就尝试影响总统家属，如金泳三的儿子、金大中的儿子、卢武铉的哥哥卢建平等都从企业收受好处。这三位总统本人都比较清廉。去世后的财产清理显示，卢武铉的负债比财产多4亿韩元（约合240万元人民币）。简言之，政商抱合是朴槿惠、卢武铉两例总统"不得善终"的主要因素。

---

① ［韩］张夏成：《韩国式资本主义》，邢丽菊、许萌译，中信出版集团2018年版，第46—47页。

② 《"三星共和国"的危机》，中国日报网，http：//caijing.chinadaily.com.cn/finance/2016－09/21/content_26849385.htm。

◇◇ 四 地缘情结

韩国人有很强的地缘情结，讲究"身土不二"，政客尤甚。韩国全国划分为1个特别市——首尔特别市；1个特别自治市——世宗特别自治市；9个道——京畿道、江原道、忠清北道、忠清南道、全罗北道、全罗南道、庆尚北道、庆尚南道、济州特别自治道；6个广域市——釜山、大邱、仁川、光州、大田、蔚山。韩国的政治版图则划分为岭南圈、湖南圈与忠清圈，很多选民乃至政治家的政治理念，是由其出生地决定的。出身于忠清圈的代表性人物有尹潽善与金钟泌，出身于湖南圈的政治家代表人物是金大中，出身于岭南的著名政治人物众多，光总统就有8位：来自庆尚北道的朴正熙、卢泰愚、李明博与朴槿惠，来自庆尚南道的全斗焕、金泳三、卢武铉与文在寅。从中可见岭南作为政治地域在韩国政治中的影响力。但出身于岭南的总统亦非铁板一块，朴正熙、全斗焕、卢泰愚、金泳三、李明博、朴槿惠等属于保守派；卢武铉、文在寅是两个特例，属于进步派。

位于韩国北部的首尔、京畿道、江原道、仁川、世宗等地没有形成强大的地方政治势力，其主要原因是，朝鲜战争时期这一带经过反复争夺，人口（包括精英）大幅度减少，战后靠大量的南部人口填充。这些外来人口带着不同的政治信仰而来，大多忠于原有的血缘、地缘或学缘，形成了多元而分散的地域特征。

韩国的地域之争集中在湖南派与岭南派之间，如1972年新民党主流派中15人有10人与领导人金泳三、高兴门是庆尚道同乡，非主流派20人中15人与其领导人金大中是全罗道同乡。[①] 这种现象的形成与历史

[①] 朱明爱：《现代韩国政治文化的特点及其对民主发展的影响》，《当代世界社会主义问题》2011年第4期，第84—85页。

有关。

一般认为，湖南指锦江以南，包括全罗南道、全罗北道与光州广域市，这些地方历史上属于全罗道，朝鲜三国时期属于百济国。岭南指小白山脉的鸟岭以南地区，包括庆尚南道、庆尚北道、蔚山广域市、釜山广域市、大邱广域市。这些地方历史上属于庆尚道，朝鲜三国时期属于新罗。湖南与岭南两个地区的人之间存在比较明显的心理隔阂，以至于长期以来两地人很少通婚。历史上岭南地区文化、教育、制造业、商业比较发达。1960年以来，在韩国工业化过程中岭南地区经济快速发展，并出现了现代重工、三星集团等大企业，这固然有来自岭南籍总统大力扶持家乡地区的因素，但也与国家发展战略有关。1965年韩日关系正常化后两国经济关系日益密切，岭南地区靠近日本，国家因而确定了"向东发展以便对接日本"的工业化发展战略。但这客观上拉大了岭南地区和湖南地区的差距。此外，首尔和釜山原本就是韩国前两大城市，高速公路和高速铁路先修首尔到釜山一线具有相当的合理性，但这进一步加剧了地区不平衡，引发湖南人的更多不满。

湖南地区虽然也有新万金综合开发计划这样的大型项目，整体上农业区色彩依然较浓（忠清南道与忠清北道亦然）。这固然有助于保护自然环境，但经济上与岭南地区的差距难免扩大。好在近些年，为了平衡地区发展并强化与中国的经济联系，韩国政府重视距离中国比较近的湖南地区的开发，这已经显出成效，许多大企业入驻这一地区，湖南也在2015年通了高铁。此外，为了发展中部地区，韩国在忠清南道的燕岐郡与公州市交界处建立了世宗特别自治市，目前该市已经达到约30万人口规模。

当然，地缘情结的作用也不能绝对化。金大中一当选就劝说金泳三赦免了全斗焕与卢泰愚两位岭南派总统。卢武铉与文在寅出身岭南，却与湖南派总统金大中构成了进步派的中坚。

概言之，韩国传统政治文化中党争、恋权、喜清算、政商抱合、地缘情结、不妥协等特点，对韩国总统的遭遇有着重要的影响。作为一种文化积淀，这些特征具有相当的稳定性，在可以预期的未来难以有实质性的改变。正如尹保云教授所说，民主的形式具有"独立的整体性，任何传统文化在它面前都会表现出一大堆的不适应"。"就像新手们面对着一个技术复杂的庞大机器。无论是手脚笨的还是手脚灵活的，都需要从头学习和训练。他们只能一点点地服从操作这个机器的各项技术要求。本土文化只能服从于民主形式的各项要求。"① 韩国的这些政治文化特点，只能与民主进程相适应、相磨合，才能使总统和国民的行为符合现代法治框架，避免悲剧重演。

（本文以《韩国民主进程中的总统命运：一种政治文化的解释》为题，发表于《东北亚学刊》2019 年第 1 期。作者：薛力、董向荣）

---

① 尹保云：《民主与本土文化——韩国威权主义时期的政治发展》，人民出版社 2010 年版，第 330 页。

3.4 韩国研究之三:"新北方政策"

核心观点:"新北方政策"是"朝鲜半岛新经济地图"的组成部分。韩国对"一带一路"的研究非常深入,"新北方政策"有对接"一带一路"的考虑,但首先是为了与俄罗斯、蒙古国开展合作。不过,中国还是有必要强化对"新北方政策"的研究,以利于对韩合作的深化。

韩国对"一带一路"的研究相当深入,而中国对"新北方政策"的研究比较有限。中国现在亟须解决的问题是:深入研究韩方提供的合作项目清单,做必要增补后与韩方共同确定合作项目。有些项目可以尝试拉入朝鲜,毕竟,"推动半岛无核化"与"推动朝韩合作"都是中国半岛政策的组成部分。

韩国总统文在寅非常重视韩国与北方国家的经济合作:上任不久就决定成立总统北方经济合作委员会(PCNEC,经合会);2017年8月底任命资深议员宋永吉为副总理级的经合会委员长;9月初在符拉迪沃斯托克东方经济论坛上公布"新北方政策";12月初经合会召开第一次会议并公布"九桥战略规划";2018年4月10日经合会公布中文版"新北方政策"与"一带一路"对接的政策文件。那么,"新北方政策"在本届韩国政府的外交中处于什么位置?与"一带一路"对接是其首要目标吗?中国又该如何回应?笔者有如下几点判断:

韩美军事同盟依然是韩国外交的基石,任何对外经济合作与之相比都居于相对次要的位置。也就是说，在韩国看来，一国与韩国的经济关系再密切，对韩国的重要性也比不上韩美军事同盟。所以，文在寅是在2017年6月访问华盛顿之后，才开始对外公布自己的国际经济合作政策与构想。

"新北方政策"是"朝鲜半岛新经济地图"构想的一个组成部分，这一构想在国际上首次曝光于2017年7月文在寅在德国科尔伯基金会的演讲，但在韩国国内面世却要再早两年：2015年8月，文在寅以在野的新政治民主联合党党首的名义公布了一份同名文件。可见这个构想是他一贯的经济主张。"新经济地图"的主要思路是：大力强化韩朝经济合作，并通过与俄罗斯、日本、中国等周边国家合作，构建H型经济发展布局（环东海经济带＋环西海经济带＋贯通半岛东西的经济带。韩国的东海指日本海，西海指黄海），将半岛打造为东北亚共同繁荣的连接区。因此，缓和南北关系、推动南北经济合作与朝鲜经济发展是"新经济地图"构想的核心。由于这一构想与朝鲜方面制定的"国家经济发展十年战略计划"很接近，加上朝鲜对文在寅具有较高的信任度，这一构想有可能会获得相当进展，特别是有可能促成重启开城工业园与金刚山旅游项目。

为推进南北合作，文在寅确定了对外经济政策的两大重心："新北方政策"与"新南方政策"。2017年11月文在寅在印度尼西亚推出的"新南方政策"主要针对东盟，兼顾南亚特别是印度，其与"一带一路"的关联主要体现为共同开发东南亚市场。"新南方政策"希望2020年与东盟贸易额达到2000亿美元，这已接近2200亿美元的2017年中韩贸易额。

"新北方政策"的合作对象包括俄罗斯等全部独联体国家、中国与蒙古国。但首要的合作对象是俄罗斯，证据是：文在寅选择在俄罗斯公布这一政策；"九桥战略规划"所涵盖的九个合作领域，多数围绕俄罗斯而设计，北极航线是典型例子；选择的负责人宋永吉是韩国有名的"俄罗斯通"，文在寅上任当月就曾派他赴莫斯科探讨两国合作开发远东地区事宜。俄罗斯方面给予了热烈回应。

中国是排在俄罗斯之后第二位的合作对象。导致将中国排在俄罗斯之后的原因有三个：韩美军事同盟的制约，朝核问题的牵制，以及中韩经济关系提升空间的限制（不如俄罗斯与东盟）。但中韩经济合作存量的规模大、程度深，韩国从中受惠甚大，未来依然有一定的提升空间，中国也会在北南关系中发挥建设性影响。因此，韩国有意推进"新北方政策"与"一带一路"的对接。这或许是北方经济合作委员会推出对接文件的主要原因。

对接文件列出了中韩合作的四大领域：互联互通；共同开发第三国市场；贸易投资合作；中韩地方政府间的实质性合作。为此，列出了金融、产业、物流三个领域在"一带一路"框架下可进行合作的一些项目，包括两国进出口银行融资合作、在东南亚与印度共建工业园、珲春国际物流园建设、大图们江开放推进等。文件还建议，建立副总理级别的中俄韩对话机制以促进扎鲁比诺港、珲春、罗津、哈桑等海陆港口建设，这一机制在适当时候可扩展为包括朝鲜的四方机制。

在东北亚，安全问题（特别是朝核问题）不时冲击经济发展与合作，但没有任何单个国家有能力大幅度改善这里的安全形势。部分与此有关，东北亚并非中国周边外交的优先区域。但韩国是中国在这一区域的重点合作对象，特别是在经济方面，因此有必要推进"一带一路"与"新北方政策"（乃至"新南方政策"）的对接。

韩国对"一带一路"的研究相当深入，而中国对"新北方政策"的研究比较有限。中国现在亟须解决的问题是：深入研究韩方提供的合作项目清单，作必要增补后与韩方共同确定合作项目。有些项目可以尝试拉入朝鲜，毕竟，"推动半岛无核化"与"推动朝韩合作"都是中国半岛政策的组成部分。

（本文以《文在寅政府"新北方政策"评析》为题，发表于《世界知识》2018年第9期）

3.5 韩国研究之四:"新北、南方政策"与"一带一路"对接分析

核心观点:文在寅推出"朝鲜半岛新经济地图""新北方政策""新南方政策"等,旨在强化朝鲜半岛南北经济合作、与俄罗斯共同开发远东地区、与中国"一带一路"倡议对接。从宏观层次看,"新北方政策"与"一带一路"差异大于共性,其首要合作对象国是俄罗斯,其次是中国;从微观层次看,两者有一些交集区,包括东北三省与俄罗斯远东地区的开发;"新南方政策"与"一带一路"的交集主要在第三国。朝美就朝鲜弃核达成共识是大规模展开"对接"的必要条件。为了振兴东北、助力"一带一路"建设,中国有必要强化"对接"研究、稳步推进"对接"进程、促进朝鲜弃核、经济发展与半岛统一。

文在寅政府重视与周边国家的经济合作,为此推出了主要针对东盟国家的"新南方政策"与主要针对俄罗斯与中国的"新北方政策"。迄今为止,"新北方政策"推进力度明显大于"新南方政策":已经组建了总统直属北方经济合作委员会(以下简称"北方委",The Presidential Committee on Northern Economic Cooperation,PCNEC),[1] 任命了副总理级别的北方委委员长,还确定了以俄罗斯为主要合作对象的九个重点领域("九桥

---

[1] The Presidential Committee on Northern Economic Cooperation 的中文全称与简称。

战略规划"),并于 2017 年 9 月组建了九桥各领域的工作小组以推进相关项目的落实。① 韩俄确定每年举行两次定期会议来落实"九桥战略规划",第一次会议已经于 3 月 5 日在符拉迪沃斯托克举行。

就中韩经济合作而言,文在寅一直希望能尽快扭转萨德事件带来的不利影响,并利用各种机会加以推进。2017 年 12 月 15 日在北京大学、② 16 日在中韩产业合作重庆论坛、③ 18 日在青瓦台迎宾馆驻外公馆负责人晚宴上,都明确表示要推进"新北方政策""新南方政策"与中国"一带一路"倡议对接。④ 为了推进对接,北方委委员长宋永吉继 2017 年 12 月跟随文在寅访华后,于 2018 年 4 月 13 日再次到中国。北方委还在宋永吉访华前三天公布了中文版政策文件《韩国"新北方政策"、"新南方政策"与中国"一带一路"的战略对接探析》(以下简称"政策文件")。访华期间,他拜访了亚投行、中国社会科学院亚太与全球战略研究院、察哈尔学会等单位,出席韩国在华留学生论坛,并接受了央视、《环球时报》、新华社、凤凰卫视等多家中国媒体采访。

"政策文件"分为四个部分:韩国北方经济合作推进方向,中韩关系演变及未来方向,韩国"新北方政策"、"新南方政策"(以下简称"两政策")与"一带一路"倡议的新机遇,"一带一路"下经济合作项目可行性。并就对接的领域、项目等提出了比较具体的建议,如在政府部门成立副总理级中俄韩对话渠道、局长级磋商渠道。显然,韩国方面正在扎扎实

---

① 总统直属北方经济合作委员会:《韩国"新北方政策"、"新南方政策"与中国"一带一路"的战略对接探析》,2018 年 4 月。

② 《文在寅北大演讲全文:愿中韩"人生乐在相知心"》,新浪网,http://global.sina.cn/szzx/article/20171215/023e08ee19051000.html,2017 年 12 月 15 日。

③ 《文在寅提大战略对应"一带一路"》,联合早报网,http://www.zaobao.com/news/china/story20171217-819480,2017 年 12 月 17 日。

④ 《文在寅:希望能够尽快与中国"一带一路"倡议接轨》,环球网,http://world.huanqiu.com/exclusive/2017-12/11460884.html?qq-pf-to=pcqq.group,2017 年 12 月 19 日。

实地推进对接。中国方面有必要仔细研究这个政策文件,给予恰当的回应。

因此,本文将探讨,"两政策"与"一带一路"可在多大程度上实现对接。下面分别从宏观与微观两个方面进行比对与评判,然后给出结论与政策建议。

◇◇ 一　宏观视角比对

"政策文件"前三个部分的共同特点是:从相对宏观的角度,介绍朝鲜半岛新经济地图、"两政策"与"一带一路"对接的背景与机遇。因此,这一部分从宏观角度进行比对,包括:政策地位、国家外交战略、政策目的、政策的持续性与可操作性、政策实施的侧重领域、政策实施的重点对象地区与国家。从中可以比较清楚地看出"新北方政策"与"一带一路"的异同点。

从政策地位看,"一带一路"倡议在中国外交中处于顶层设计的地位,是习近平在2016年"8·17讲话"中所列三大发展战略中唯一的对外发展战略。① 也就是说,"一带一路"在中国外交中要"管总的",中国外交要服务于"一带一路"建设。

韩国驻华使馆韩相国参赞的解释是:"朝鲜半岛新经济地图"主要针对朝鲜半岛,旨在强化朝鲜与韩国的经济关系,"新北方政策"主要针对半岛以北的国家,"新南方政策"主要针对东盟与南亚,即三者针对不同

---

① 习近平在出席推进"一带一路"建设工作座谈会并发表重要讲话中明确提到,"一带一路"建设、京津冀协同发展、长江经济带发展是"十三五"时期和更长时期三个大的发展战略,参见《习近平出席推进"一带一路"建设工作座谈会并发表重要讲话》,国务院新闻办网站,http://www.scio.gov.cn/ztk/wh/slxy/gcyl1/Document/1487724/1487724.htm。

国家与地区。① 这与"政策文件"中的解释是一致的："朝鲜半岛新经济地图"旨在构建 H 型经济发展布局，以"最终实现朝韩市场统一的长远构想"；"新北方政策"针对独联体国家、蒙古国、中国；"新南方政策"针对东盟十国与印度。② 而宋永吉委员长对中国媒体的解释是，"新北方政策"是"朝鲜半岛新经济地图"构想的重要组成部分，"半岛新经济地图"旨在通过韩朝经济合作，以此推动构建朝鲜半岛和东北亚和平体系，内容包括恢复韩国与朝鲜的经济合作，通过开通韩朝跨境铁路，架设贯穿朝韩俄的天然气管道等，搭建半岛与周边国家的经济合作纽带，发挥东北亚巨大的经济动能。但他也明确表示，与朝鲜的合作需要中国、俄罗斯、美国、日本等相关国家的协助和支持，朝核问题解决的转折点出现后韩国与朝鲜才能探讨合作方案，中韩俄朝在物流通道、铁路建设上的合作需要等朝核问题取得积极进展后。③

可见，"朝鲜半岛新经济地图""新南方政策"与"新北方政策"三者的关系是：一方面，"朝鲜半岛新经济地图"是重心与主要目标，"新南方政策"与"新北方政策"服务于这一目标；另一方面，这三个政策的大规模落实以及与"一带一路"的对接，都需要等到各方就朝鲜弃核问题做出制度安排、联合国对朝鲜的制裁大幅度放宽之后。

总之，大致可以认为，朝鲜半岛新经济地图是文在寅外交的顶层设

---

① 2018 年 4 月 27 日，韩国驻华使馆韩相国参赞到中国社会科学院拜访薛力研究员与董向荣研究员，就"新北方政策"与"一带一路"对接问题进行沟通。

② 即环东海经济带＋环西海经济带＋贯通半岛东西部经济带。韩国的东海即日本海，西海即黄海。环东海经济带即沿着半岛东岸展开的经济带，环西海经济带即沿着半岛西岸展开的经济带，而贯通半岛东西部的经济带是指把现在的军事禁区三八线建设成为一条经济带，参见总统直属北方经济合作委员会《韩国"新北方政策"、"新南方政策"与中国"一带一路"的战略对接探析》，2018 年 4 月 10 日，第 3—4 页。

③ 《专访：经济合作助力半岛和平进程——访韩国北方经济合作委员会委员长宋永吉》，新华网，http://www.xinhuanet.com/world/2018-04/17/c_129852404.htm，2018 年 4 月 17 日。

计。可见,"一带一路"在国家政策中的地位高于"新北方政策"。

从**国家外交战略**的角度看,中国改革开放以来的外交原则是不结盟,为此奉行独立自主的和平外交路线。20世纪90年代以来中国致力于伙伴外交。作为大国,中国外交具有高度的自主性。文在寅则继续了前几任韩国总统的做法:以韩美同盟为外交关系基石,展开与其他国家的政治、经济、文化等合作。这使得韩国发展对华关系受制于韩美同盟关系,特别是涉及政治与安全领域时。中韩密切联系的领域主要在经济与文化两方面,且从属于韩美政治与安全关系,萨德事件清楚地展示了这一点。显然,韩国在落实"新北方政策"上受到的制约明显大于中国落实"一带一路"。

从**政策目的**看,中国建设"一带一路",是希望在新常态下对内促进经济发展、缩小东西部发展差距,对外带动周边发展中国家发展以体现大国责任,进而在整体上助力中国和平崛起进程与人类命运共同体构建。振兴东北是实现中国平衡发展的题中应有之义,内外因素共同作用,使得东北在过去20年里发展缓慢。而"新北方政策"的目标针对的地区就包括东北三省,旨在建设东北亚责任共同体,同时推进"朝鲜半岛新经济地图"构想的落实。考虑到朝韩合作的不确定性与操作的困难,朝韩实质性的合作需要等到有关各方就无核化问题取得实质性进展且安理会放宽对朝鲜制裁后。因此,"新北方政策"现阶段的重点放在与朝鲜以外的一些国家合作,主要是俄罗斯与中国。① 可见,中国东北是中韩双方政策目的主要交集区,中国其他省份、第三国则属于次要交集区。

从**政策的持续性与可操作性**看,"一带一路"是中国政府在外交领域

---

① 《专访文在寅对朝政策直接执行者:韩不寻求改变朝鲜政治体制》,环球网,https://m.huanqiu.com/r/MV8wXzExODg5NTI2XzEzOF8xNTI0MTUyNTIw?pc_url=http%3A%2F%2Fworld.huanqiu.com%2Fexclusive%2F2018-04%2F11889526.html,2018年4月19日。

的顶层设计，它甚至被习近平称为"世纪工程"。① 中国政府将长期推行这一政策。中国政府也有强大的能力贯彻落实这样的重大外交决策。"一带一路"从提出到现在才四年多，已在全球产生了广泛的影响，可望成为中国影响最大的外交决策之一。文在寅则承认，"新北方政策"与朴槿惠提出的"欧亚倡议"没有什么大的不同，区别主要在于增加了细节与实现步骤。② 韩国总统只有一个五年任期，这决定了韩国总统提出的重大政策通常只能持续五年。虽然韩国经济"政府主导色彩"也比较浓，但韩国的政府能力依然弱于中国政府，政策执行力方面亦然。所以，朴槿惠虽然主张"欧亚倡议"与"一带一路"对接，但实际成果有限。文在寅在2015年就以在野党领导人的身份公布了朝鲜半岛新经济地图，2017年5月就任后不到两周就派宋永吉出访莫斯科落实韩俄合作事宜（特别是俄罗斯远东地区开发）。俄罗斯方面也给予了热情的回应，双方已经成立小组探讨合作项目。对华合作方面，从目前迹象看，韩国也有意推动一些项目的落实。因此，未来4年多，双方可以就一些具体项目的落实展开合作。

从**实施的侧重领域**看，韩国方面认为，"新北方政策"与陆上丝绸之路相似，"新南方政策"与"21世纪海上丝绸之路"相似，都旨在通过互惠合作实现共赢、通过互联互通实现欧亚共同繁荣。③ "一带一路"的合作重点是"五通"：政策沟通、设施联通、贸易畅通、资金融通、民心相通，侧重互联互通。"新北方政策"的重点是"九桥"④：天然气、铁

---

① 《习近平在"一带一路"国际合作高峰论坛开幕式上的演讲》，新华网，http://www.xinhuanet.com/2017-05/14/c_1120969677.htm，2017年5月14日。

② 2015年8月16日，文在寅代表在野党新政治民主联合在国会宣布"朝鲜半岛新经济地图"后接受记者采访时提及，"实际上这与朴槿惠总统的'欧亚倡议'没有什么不同，但是他没有提出具体的方案和实行计划。而我们制定了具体的计划，一步一步完成"。感谢彭锦涛先生收集并翻译这一部分资料。

③ 总统直属北方经济合作委员会：《韩国新北方政策是什么》，2018年4月。

④ 在《韩国"新北方政策"、"新南方政策"与中国"一带一路"的战略对接探析》中文版中，"九桥战略规划"有时候表述为"九桥战略""九桥"、9-bridge(s)。

路、港湾、电力、北极航线、造船、工业园、农业、水产领域。从实施的领域看,"新北方政策"与"一带一路"确实有较大的重叠。

从实施的重点对象地区与国家看,"一带一路"的重点是中国北部、西部与南部的邻国,2015年3月三部委授权发布的《愿景与行动》,其中规划的六条陆上经济走廊与两条海上丝绸之路甚至不包括朝鲜半岛。2017年5月"一带一路"国际合作高峰论坛上,习近平明确表示:"一带一路"重点面向亚欧非大陆,同时向所有朋友开放。不论来自亚洲、欧洲,还是非洲、美洲,都是"一带一路"建设国际合作的伙伴。①这意味着中国不再囿于原有的"沿线国家"概念,把愿意参加"一带一路"建设的国家都当作"合作对象国"。这给"新北方政策"与"一带一路"对接提供了空间,但依然改变不了"一带一路重点针对亚欧大陆发展中国家"的定位。而且,俄罗斯是中国的"全面战略协作伙伴",韩国是中国的"战略合作伙伴"。战略协作主要体现在军事与全球事务。虽然中韩经贸关系远远强于中俄,但中俄政治军事安全关系明显超过了中韩之间,加上朝核因素与美国因素的影响,使得韩国难以成为"一带一路"建设中的重点合作对象国。

"新北方政策"的实施地区包括独联体国家、中国、蒙古国,②但头号合作对象国是俄罗斯而非中国,"九桥战略"下的项目主要针对俄罗斯。③原因大概是,韩国与俄罗斯合作提升空间大、可以更好地发挥韩国的比较优势、受朝核问题的影响相对小。而俄罗斯积极回应韩国的"九桥战略",将之当作落实"新东方政策"的重要抓手,也是一个因素。此

---

① 《弘扬丝路精神共筑世纪工程——论习近平主席在"一带一路"国际合作高峰论坛开幕式演讲》,新华网,http://www.xinhuanet.com/2017-05/18/c_1120994223.htm,2017年5月18日。

② 总统直属北方经济合作委员会:《韩国"新北方政策"、"新南方政策"与中国"一带一路"的战略对接探析》,2018年4月。

③ 同上。

外，还需要注意一点：宋永吉是俄罗斯通，对于韩俄合作有丰富的经验与兴趣，他也熟悉中国，能说中文，但在中国事务上他的知名度显然不如俄罗斯事务。当然，韩国作为美国的盟国，对俄合作也受到欧美对俄罗斯制裁的影响。①

"新北方政策"并没有明确地把日本列为合作对象国，②只是在北极航道、东北亚超级电网两个项目中把日本列入。③原因不明。金相淳先生认为，这与日本位于韩国的东部而非北部有关。笔者推测或许与如下因素有关：韩日都属于发达国家，且在许多领域存在竞争关系，韩国希望在推行新北方政策中展示自己的比较优势，这只有在与中国、俄罗斯、蒙古国等发展中国家合作时才能彰显，如果日本大规模、深度加入，韩国的比较优势将大大弱化。

可见，韩国虽然不属于"一带一路"重点合作对象国，但韩国的积极态度与中国发展东北的需要，将使得双方可以在一些项目上展开合作。政策文件中含有一些针对东北的项目，如珲春国际物流园、大图们江开发。④

"新南方政策"系文在寅2017年11月访问印尼时推出，针对新南方地区（指东盟十国加上印度），目的是促进韩国与新南方地区的共同繁荣，重点是构建韩国与东盟未来共同体。韩国为此提出了3P战略，以推进人才（people）、繁荣（prosperity）与和平（peace）。并准备扩大韩国—东盟基金、韩国—湄公河基金、韩国—东盟基础设施基金等。⑤从中不难看出，"新南方政策"与"21世纪海上丝绸之路"的交会点并不在

---

① 感谢董向荣研究员提及这一点。
② 总统直属北方经济合作委员会：《韩国"新北方政策"、"新南方政策"与中国"一带一路"的战略对接探析》，2018年4月。
③ 同上。
④ 同上。
⑤ 同上。

3.5 韩国研究之四:"新北、南方政策"与"一带一路"对接分析

中国大陆,而是在东南亚地区。这方面有一定潜力,详后。

◇◇ 二 微观领域评析

在北方委看来,"一带一路"的"五通"与"新北方政策"的"九桥"可以通过综合合作实现对接,[1] 因此,"政策文件"在前三个部分宏观分析的基础上,在第四部分从六个领域探讨了"一带一路"下经济合作项目的可行性,列出了"两政策"与"一带一路"对接的一些项目与合作途径:金融领域、产业领域、物流领域、北极航道与电力领域、区域合作领域与合作渠道领域。韩国方面对此进行了相当深入的前期调查。作者的体会是,韩国学者对"一带一路"的研究,其深入、细致的程度超过了周边其他国家学者。那么如何看待"政策文件"中提出的合作项目?

金融领域 "政策文件"认为,两国进出口银行之间签署的谅解备忘录可以扩大"运用方案",包括信息互换、出口信贷和担保、定期协商等方面。在支付宝与微信支付方面开展合作;两国金融机构共同进军第三国以消除东道国的怀疑;中国金融机构加入韩国方面一些取得较好效果的基础设施项目与技术领域。[2]

从可操作性看,最值得重视的是中韩两国进出口银行扩大合作。中国金融机构参与韩国在海外的项目,可以选定若干项目,以财务投资的方式开始试验。合作进军第三国可以选择个别案例进行尝试,如在缅甸的海上气田开发上,中韩两国油气公司已经在合作,扩大到金融合作相对容易。移动支付方面的合作涉及中国资本项目的开放,需要中韩双方就此做特殊

---

[1] 总统直属北方经济合作委员会:《韩国"新北方政策"、"新南方政策"与中国"一带一路"的战略对接探析》,2018 年 4 月。

[2] 同上。

安排。一个可行的办法是：中国将之列入资本项目开放的一个实验性步骤。在双方政治互信达到一定程度时，这有望实现。

宋永吉在4月的北京之行中拜访了亚投行行长金立群，咨询无核化前提下亚投行参与建设朝鲜南北铁路与天然气管道的可能性，得到的答复是：经过亚投行理事会批准可以，但要等无核化获得进展后再探讨具体参与方式。① 这表明亚投行的立场是"有条件支持"。

作为按照国际标准操作的多边金融机构，亚投行的支持具有象征意义，但在支持"一带一路"与其他国家发展战略对接方面（就贷款额度而言），亚投行的力度远远不如中国国家开发银行、进出口银行等政策性银行，也不如中国工商银行等主要的商业银行。

产业领域 "政策文件"认为，东南亚、印度、中亚都是中韩重要的生产基地，两国可共同建设工业园、组建共同的供应链、共同利用相关设施、设立联合技术中心与人才培养机构等。在中亚地区可以就石油化学领域进行合作，或在新疆合作建造工业园，产品供应中亚市场。②

韩国企业大规模走向海外比中国早，具有比较丰富的海外拓展经验，而东南亚、中亚、中东、南亚是其拓展的重点地区，并且在这些国家建立了比较好的形象与信誉，这些国家也不太担心韩国经济势力在本国的扩张，一些项目甚至刻意选择韩国企业，如越南就把河内的最高建筑交给韩国公司修建。而中国大规模走向海外相对较晚，建立良好的形象与信誉需要时间，中国的体量与快速崛起也让周边国家产生疑虑。但中国也有自己的比较优势（资金、基建能力、政策协调、产品性价比），因此，中韩在这些地区进行合作值得强化。

---

① 《北方经合委员长宋永吉访华推进新北方政策与"一带一路"倡议接轨》，亚洲经济网，http://china.ajunews.com/view/20180415145436367，2018年4月15日。

② 总统直属北方经济合作委员会：《韩国"新北方政策"、"新南方政策"与中国"一带一路"的战略对接探析》，2018年4月。

3.5 韩国研究之四:"新北、南方政策"与"一带一路"对接分析

中韩两国在第三国的产业合作已经取得一些进展,如中国石油(CNPC)与韩国大宇集团在缅甸海上天然气开发方面的合作已经持续了十年以上,合作方式既有联合勘探,也有大宇集团把所开发区块的天然气卖给中国。① 中国在海外的经贸园区已经有韩国企业入驻(如柬埔寨西哈努克港经济特区),但这方面还有强化的空间,比如泰国罗勇工业园,有美国、马来西亚甚至于特立尼达和多巴哥企业入驻,却没有韩国企业。又如埃塞俄比亚东方工业园,目前有荷兰、印度、埃塞俄比亚本国企业,以及联合利华等世界500强,但还没有韩国企业入驻。

物流领域 "政策文件"提到了一些项目:珲春国际物流园、大图们江开发计划、罗津—哈桑综合物流项目、在青岛等地建立国际货运保障点、建立洲际铁路货运合作(如韩国公司参与渝新欧班列中的家电产品运输,围绕营口—满洲里—欧洲国际铁路网的合作)。韩方认为,朝核问题获得进展后,东北三省的货物可以在珲春国际物流园集中后运达罗津港、扎鲁比诺港转海运,这可以节省四天时间。②

韩国方面很清楚,有些项目需要朝核问题获得进展后才能落实(如珲春国际物流园的三期工程,就因为朝鲜核试验而只完成第一期就停工了)。中国方面当然也清楚。因此,对于这些很具体的项目合作建议,中方有必要在仔细研究的基础上予以分类应对。对于与朝核问题关联不大的项目(如韩国公司参与渝新欧班列中的家电产品运输),可以先行先试。而对于营口—满洲里—欧洲国际铁路网的中韩合作,实际上属于中蒙俄经济走廊建设。而且,中国境内的"一带一路"建设,也需要其他国家的

---

① 《中石油与大宇签署联合勘探缅甸油气》,商务部网,http://mm.mofcom.gov.cn/aarticle/jmxw/200806/20080605584121.html,2008年6月5日。《中国石油天然气集团公司正在缅甸寻找新的天然气来源》,中国燃气网,http://www.china-gas.org.cn/mobile/index.php/m/c/12/76/42591,2018年4月27日。

② 总统直属北方经济合作委员会:《韩国"新北方政策"、"新南方政策"与中国"一带一路"的战略对接探析》,2018年4月。

合作。而韩国的"新北方政策"是东北发展、中蒙俄经济走廊建设的助力因素。另外,对于朝核进展关系密切的项目,中韩开展联合研究也有必要。毕竟"一带一路"是百年工程,① 而与"一带一路"对接,是朴槿惠"欧亚倡议"与文在寅"新北方政策"的共同选择。可见,无论是保守派总统还是进步派总统,在"强化与中国的经济合作"上具有共识。事实上,韩国过去20年都执行了这种政策。预计这种政策会继续下去。对中国来说,韩国是东北亚地区的重点合作对象,尤其是在经济方面。因此,中方既需要与韩国就一些近期可操作性项目展开合作,还需要为双方的长远合作做准备。

北极航线与电力领域 "政策文件"建议在北极航道、东北亚超级电网等问题上展开合作,从釜山到鹿特丹的北极航道是"九桥战略规划"中的一项,而中国与俄罗斯酝酿的"冰上丝绸之路"与韩方的北极航道有共同之处,可以探讨中俄韩三方如何合作。蒙古的风力、太阳能等可以输送到中国、韩国与日本,构建中日韩超级电网,以及落实文在寅访华期间签署的《中韩电力系统连接项目开发合作备忘录》。②

中日韩超级电网需要经过朝鲜或者铺设海底电缆。朝鲜加入这个项目需要等各方就朝鲜弃核问题达成共识后。海底输电已经有英吉利海峡等成功案例,但把蒙古的电力跨海送到韩国与日本,无疑属于远景规划,蒙古、中国、韩国、日本等可以先成立组织进行前期的方案设计。韩国希望在减少核电依赖的情况下解决缺电问题,比较务实的途径是先发展天然气发电。

北极航线情况不同,中俄韩合作研究与开发的条件趋于成熟。北极航

---

① 《习近平在"一带一路"国际合作高峰论坛开幕式上的演讲》,新华网,http://www.xinhuanet.com/2017-05/14/c_1120969677.htm,2017年5月14日。
② 总统直属北方经济合作委员会:《韩国"新北方政策"、"新南方政策"与中国"一带一路"的战略对接探析》,2018年4月。

线目前每年7—11月通航，2017年货运量为1070万吨，俄罗斯向662艘船颁发了通道许可证，其中107艘是外地船。俄罗斯希望2025年北方海航道货物运输量将达到8000万吨。①

中国海运企业已经完成多个航次的北极航道的试航，中俄交通部门正在商谈《中俄极地水域海事合作谅解备忘录》，中俄亚马尔天然气项目已经在2017年年底投产，54%的产量供应亚洲市场。② 为适应液化天然气外运亚洲市场的需要，一家中国智库在研究报告建议，进一步扩建萨别塔港，将之打造为"冰上丝绸之路"支点港口。③

从上可知，目前北极航线的运量不大，且主要是俄罗斯国内运输。原因在于，目前东北航道的运输成本仍然高于传统运输路线。④ 但未来几年运量将快速增长，从而为中俄韩合作开发这一航道提供动力。中俄双边学术机构已经开始合作研究"冰上丝绸之路"，⑤ 而韩俄之间在北极航线上也在推进合作。因此，中俄韩三方在北极航线开发的研究与建设上展开合作的条件已经基本具备，就政府方面而言，建立中俄韩三国推进机制，探讨成立中俄韩港口建设联合体、中俄韩北极航道运输联合体等。俄罗斯有资源，而中韩都是天然气进口大国且在港口建设方面能力都比较强，三方在液化天然气运输上进行合作具有相当的可行性。

区域合作领域 指两国地方层次的合作。"政策文件"提到，韩国地

---

① 《"冰上丝绸之路"怎么建，10位专家帮忙支招》，搜狐网，http://www.sohu.com/a/229576294_352307，2018年4月26日。

② 《中俄能源合作重大项目——亚马尔液化天然气项目在俄罗斯正式投产》，凤凰网，http://news.ifeng.com/a/20171217/54245975_0.shtml，2017年12月17日。

③ 张婷婷、陈晓晨：《中俄共建"冰上丝绸之路"支点港口研究》，《当代世界》2018年第3期。

④ 朱显平、张毅夫：《探索打造军民融合特色智库新路，开展"冰上丝绸之路"中俄合作研究》，《东北亚论坛》2018年第4期。

⑤ 朱显平、张毅夫等：《贯彻十九大精神打造"冰上丝绸之路"——吉林大学—俄罗斯军事科学院"冰上丝绸之路"研讨会笔谈》，《东北亚论坛》2018年第2期。

方自治团体已经与中国 33 个地方政府建立 640 多个交流与合作关系，两国中央政府应该扩大这方面的合作，比如，建议上海市升级与首尔江南区、全南丽水的交流，上海自贸区与仁川自由经济区之间签署谅解备忘录，① 丽水光阳港与宁波舟山港姐妹港协议操作化。②

中韩经济联系密切，两国地方之间已经有许多联系。中国东北与俄罗斯远东地区之间的交通网络（包括航空、铁路、公路、港口）建设已经有一定的基础，如珲春—扎鲁比诺跨境公路建设、③ 扎鲁比诺港改造、大连港集团投资纳霍德卡渔港改建项目。④ 韩国推出"新北方政策"给中俄韩三国合作建设对高寒地区的港口建设要求条件特别高，中俄韩三国合作比两国合作更好。

在两国政治关系难以明显提升的情况下，从地方层面强化两国关系是必要的。中国东部沿海港口与韩国港口之间的强化合作，并探索北向的海上丝绸之路。而两国发达地区之间的经济合作，对于探索两国之间领域内的投资、贸易合作、金融合作等都具有积极意义。毕竟，中国不仅仅需要与发展中国家的合作，与发达国家的经济合作依然是重头，韩国作为邻国中少有的发达经济体，可以在某些方面成为中国探索加大对外经济合作的平台。因此，韩方上述几个合作建议值得中国方面予以积极回应。

合作渠道领域 "政策文件"认为，政府间的合作对于推动对接非常重要，主张在中俄韩之间建立副总理级别的对话渠道，并修改韩国企划财政部与中国发改委已经签署的"一带一路"合作谅解备忘

---

① 《文在寅北大演讲全文：愿中韩"人生乐在相知心"》，新浪网，http：//global. sina. cn/szzx/article/20171215/023e08ee19051000. html，2017 年 12 月 15 日。

② 总统直属北方经济合作委员会：《韩国"新北方政策"、"新南方政策"与中国"一带一路"的战略对接探析》，2018 年 4 月，第 22 页。

③ 郭连成等：《中国东北地区与俄远东地区交通运输网络及城市群空间经济联系》，《东北亚论坛》2017 年第 3 期。

④ 林雪丹：《远东，中俄经贸合作新天地》，人民网，http：//world. people. com. cn/n/2015/1104/c1002 - 27773536. html，2015 年 11 月 4 日。

录,促进"两政策"与"一带一路"的对接,并在上述两个部门间建立局长级磋商渠道,以便落实更高级别的合作机制。每年召开两国经贸合作论坛。①

如果中韩政治关系能达到朴槿惠执政前期的水平,上述建议都不难落实。目前,中韩关系只能说已经度过了最低点,但不大容易恢复到朴槿惠执政前期水平,主要原因是:韩国不大可能废除萨德系统,朝鲜弃核的前景还不确定,中国在"吃了一堑"后对于提升与韩国的经济合作热情将有限。从媒体报道看,宋永吉4月的北京之行主要接触中方研究机构与媒体,与中国政府部门接触较少,没有与部长级以上官员会面的报道。这与他在莫斯科时俄方的回应明显不同。这说明,中方还没有做好建立高级别对接机制的准备。

4月27日的朝韩板门店峰会朝着解决朝核问题迈出了一步,使得中美得以谈判解决萨德问题,② 也提升了朝美峰会顺利举行的可能性。但在朝鲜弃核问题上有关各方达成共识并不容易,具体落实更需要时间。因此,中韩政治关系的大幅度提升尚待时日。

三 总结与建议

从前面的分析可以看出,中韩两国在不同领域的对接契合度显然不同,而且,这种合作还受到第三国因素的冲击,从过去的经验看,对中韩合作冲击最大的是朝核问题,其次是美国的半岛政策,最后是韩国的对朝政策。

---

① 总统直属北方经济合作委员会:《韩国"新北方政策"、"新南方政策"与中国"一带一路"的战略对接探析》,2018年4月。

② 李月霞:《中美就韩撤萨德系统展开谈判》,联合早报网,2018年5月6日。

"新北方政策"的首要合作对象国是俄罗斯,"九桥战略"主要是为了对接俄罗斯的"新东方政策",①设计的项目大部分针对俄罗斯远东地区的开放,少部分项目针对朝鲜的基础设施(港口、公路、铁路)。其次韩国也有意与中国提升经济合作,以实现"新北方政策"、"新南方政策"与"一带一路"的对接,特别是在中国东北地区。"政策文件"出台前,韩国方面对可合作的领域与项目进行了细致的调研,一些项目相当有可操作性。

对中国来说,"一带一路"主要针对北部、西部、南部国家,东北亚的日本、韩国、朝鲜并非重点,因此,六大陆上经济走廊与两条海上丝绸之路路线都不包括这三个国家。主要原因是:"一带一路"建设的重心在经济领域(特别是基础设施方面),东北亚地区的安全问题(特别是朝核问题)严重影响国家间的经济合作,中国也难以在这一地区的对外经济合作中发挥自己的比较优势。如果朝核问题获得突破性进展,朝鲜从"核武器与经济建设并进政策"切实转向"先经政策",则中朝韩俄四国的经济合作将进入快车道。

一些人认为,一个分裂的朝鲜半岛是中国的缓冲区。但在现代战争中,这种缓冲区对于中国的价值有限,而一个拥有核武器的封闭朝鲜,却构成了制约东北发展的主要外部因素。"一带一路"与俄罗斯的"新东方政策"、韩国的"新北方政策"的有效对接,是实现东北振兴的外部必要条件,而东北振兴是中国崛起的重要一环,因此,促进朝鲜弃核、发展经济与半岛统一应成为中国半岛政策的新指针。

目前,朝鲜宣布从4月21日起停止核武器与导弹试验,并就半岛无

---

① 《文在寅会晤普京就多领域合作事宜交换意见》,环球网,http://world.huanqiu.com/exclusive/2017-09/11220571.html;齐成勋:《走近西伯利亚·勒拿河——曾徘徊在低谷的煤炭城市,有望成为"新东方政策"的新平台》,国际极地与海洋门户网,http://www.polaroceanportal.com/article/1809,2017年11月9日。

核化与韩国达成共识。这是好苗头。但关键在于朝美峰会的成果，如果两国没有就朝鲜无核化达成一致，美朝关系不可能正常化，朝鲜很可能继续推进核试验与远程导弹实验，这将严重制约南北经济合作，"新北方政策"与俄罗斯"新东方政策"、中国"一带一路"的对接也会受到明显的影响。

因此，中国固然不宜把朝鲜半岛排除在"一带一路"合作对象之外，但也不宜在"一带一路"与"两政策"的对接上持太高的期望，对接是有条件的，有些项目眼下只能在某些领域、有限度地进行。中国对于以朝核问题进展为前提的中韩合作项目需持慎重态度，"依据朝核问题的进展再确定项目推进进度"是降低风险的有效途径。中国可以在研究的基础上，选若干项目进行试点，如北极航道建设、地方政府之间的合作（自贸区之间、港口之间），以及在第三国的合作（包括开发区建设、项目合作）。但"一带一路"是世纪工程，中韩经济合作是长远趋势，为此，两国学术界之间不应拘泥于短期合作项目的研究，可以就潜在合作项目展开研究。目前这方面已经有了一些进展，如吉林大学与俄罗斯军事科学院就北极航道的合作研究。但还有提升的空间。

总之，"新北方政策"、"新南方政策"与"一带一路"对接的研究可以先行甚至大力强化。拉入俄罗斯进行三方协作研究也值得做，有些具体项目的研究合作甚至可以拉入日本、蒙古以及其他国家。

（本文以《韩国"新北方政策""新南方政策"与"一带一路"对接分析》为题，发表于《东北亚论坛》2018年第5期）

3.6 日本研究之一：文化特征

核心观点：神道教是日本文化的底色，但日本对佛教、道教、儒家、基督教等外来文化采取大胆引进、选择性改造的策略，使之与神道教大致兼容或融合。"坚守中开放"是日本文化的显著特征。

"既开放又保守"是日本人给世人的印象。原因在于，日本作为一个岛国长期独立于大陆发展、不时受到外来文化冲击的经历，构建了日本"神道为根本、儒道佛从之、兼及基督"的民族心理底蕴。神道教是大和文化的底色与核心，其主要特点是：万物有灵、神灵崇拜、天照独大、世俗色彩。

"万物有灵、神灵崇拜"普遍存在于各早期人类社群，现在依然广泛存在于全球许多地区。日本的特殊之处在于：第一，"万物"的内涵特别广泛，既包括太阳、月亮、海洋、野生动植物等自然事物，也包括死去的所有人物，无论好坏。因此传说中日本神灵的数量多达80万、800万乃至1500万。第二，太阳、月亮、海洋三者地位突出，月读命代表月亮掌夜，作用相对弱。素鸣尊掌管海洋以及"根之国"，其性格多变、以"破坏性"著称。天照大神代表太阳，地位最为显著，掌管"高天原"。天皇是天照大神的后裔与人间代表，统御"苇原中国"（即日本）。

日本对佛教、道教、儒家、基督教等外来文化采取大胆引进、选择性改造的策略，使之与神道教大致兼容或融合。传自中国的大乘佛教被圣德太子立为国教后，在明治维新前的大部分时间里地位高于神道教，虽然一些幕府将军出于与天皇争权的原因不太支持神道教。佛教公传始于538年，圣德太子609—614年就写作出了《三经义疏》。佛教日本化的过程被称作神佛习合或本地垂迹，整体上体现为世俗化、易执行，这一直延续到明治维新时期。因此出现了如下现象：神宫寺的建立与推广；两部神道在平安中期以后用密教的方法来研究神佛融合，唯一（吉田）神道主张"神道者根本也，儒教者，枝叶也，佛法者，华实也"；天台宗、净土宗、法相宗等源自中国的大乘佛教，其教徒很少受三坛大戒，寺庙住持（日语称住职）为世袭且可以结婚；诞生了净土真宗、真言宗、时宗、日莲宗等本土宗派；天台宗、临济宗、曹洞宗都具有明显的禅宗色彩，武士借用禅宗进行修炼（禅武合一）；诞生了带有禅宗思想的茶道、花道等；明治时期颁布《肉食妻带的解禁》法令，鼓励和尚吃肉喝酒结婚生子，强制和尚使用俗名，这是对净土真宗理念的传承与放大。

伊势神道虽主张"神道为主，佛儒从之"，也常用"周易""道德经"解释神道。江户末至明治之间的复古（平田）神道反对以往神道教依附于佛教或儒教，主张依《古事记》《日本书纪》的本意推广古神道、"国体皇位"至尊无上、日本当统治世界。同期的"教派神道十三派"，则在复古神道的基础上进一步用西方神学思想解释神道，主张建立基于神道教思想的世界秩序。两者为明治时期日本走向神权国家做了精神准备。

儒家理念的影响方面，日本与中国一样讲究等级，但与中国首重"孝"不同，日本重视"忠"，典型表现为武士对主人的忠，以及明治维新后全体国民对天皇的忠。德川幕府扬朱子而抑佛统，表现如林罗山主张神道（天皇）与王道（幕府）并行乃至"神儒一致"，江户早期的吉川神道排除唯一神道中的佛家色彩并代之以朱熹的君正伦理，垂加神道主张"神儒妙契"但侧重天皇之德，故教理上以朱子学的持敬穷理为主。保守如复古神道亦用儒佛思想解释日本古典和神道。

文字方面，由汉字草书演化出平假名。为训读方便，又创造出片假名。明治维新以后片假名为大量引进欧美术语、概念带来了巨大的便利。在此过程中，日本也大量采用汉字构建词组以对应西方的术语与概念，这些术语与概念多出自精通汉语的学者之手，他们的一些译法通俗易懂的程度胜过了中国学者的创制，因而被以中国为代表的汉语世界普遍接受。

日本在引进外来文化的同时，依然大力扶持神道教。明治天皇更是颁布"神佛分离令"，废佛毁释、扶持神道，神道教因此成为国家神道，天皇成为神道教领袖。直到"二战"结束，"大日本帝国"实际上是神权国家。"二战"之后日本推行政教分离，天皇也承认自己是人不是神，但"二战"后保留天皇制深具民意基础并为日共以外的左中右派普遍接受。今天，神社与信众的数量也多于寺庙与佛教徒，如"753节"期间"上神社求平安"就是日本儿童的普遍节日习俗实践。

保守也体现在政治、经济、国民消费心理等领域。政治方面，"二战"后日本在接受西方三权分立制度的同时，却长期保持自民党一党独大，主要实践"派系政治"而非"多党轮流执政"，这在发达国家中是独一份。

经济方面，形成了独特的综合商社制度，互相持股、"商社牵头、抱团出海"、低利率等经济运作方式，年功序列制、"先做朋友再做生意"、"讲求长远合作"等企业文化。这些特征，为日本企业减低风险、稳定发展、开拓内外市场创造了必要的条件。国民的消费心理上，形成了"偏爱本国产品"的心态，这构成了国际贸易中别国难以撼动的"非关税壁垒"。

（本文以《日本文化特征：保守中开放》为题，发表于《世界知识》2019年第21期。编入本书时增补了少量内容）

3.7 日本研究之二：圣德太子以来的对外方略

核心内容：自圣德太子时代以来，除了二战期间外，日本的对外方略整体上体现为"与强者为伍"，在此过程中致力于"吸纳他者长处强筋日本"。这一方略是有效的，充分体现了日本文化"坚守中开放"的特征。

自圣德太子时代以来，日本文化的显著特征是"保守中开放"或曰"坚守中开放"，即：引入外来文化强化自身。在处理与其他国家的外交关系时，则表现为"与强者为伍"，为此可以"适应强者"乃至"以他者为中心"，其对象在明治维新之前是中国、明治维新开始后是德国与英国、二战时期是德国、二战后是美国。

圣德太子似乎扮演了"日本周公"的角色，他制定了冠位十二阶与宪法十七条、撰写《三经义疏》、与苏我马子合编《天皇记》《国记》等史书、派遣遣隋使与留学生。通过这些措施，圣德太子广泛摄纳儒道法思想、力倡佛教以抑制氏姓贵族、强化天皇权威，从而为大化改新奠定了基本条件并储备了一批骨干人才。大化改新的结果是：日本以唐朝为样板建立了日本式律令制国家。

圣德太子的治国理念可概括为"吸纳中华、强筋日本"。这在1592年的壬辰战争（万历朝鲜战争）爆发之前，一直是日本的对外方略。文化方面则持续到明治维新前，典型如江户幕府对程朱理学的推崇，以及中江藤树开创的日本阳明学派。

　　岛国向大陆扩张比较常见，日本也时有这方面的冲动，并在相对统一、国力比较强大时，数次尝试向大陆扩张。但甲午战争之前除了吞并琉球外日本的对外扩张都不太成功，还在德川幕府时期实行了200多年的锁国政策。原因在于：日本长期处于相对落后状态，面对的东亚不存在如欧洲那种四分五裂的政治态势，而是文化先进、国力强大并长期保持统一的中国。历史上，中国对朝鲜半岛的影响力也大于日本，朝鲜半岛也长期把中国当作朝贡与效法的对象。① 直到中国因为闭关自守而衰弱，并被西方列强击败后，通过明治维新国力大增的日本才得以在甲午战争中打败中国后吞并朝鲜。在日俄战争中打败俄国则为日本进一步向中国扩张扫除了主要障碍。

　　"大政奉还"系在西南两大强藩萨摩、长州推动下，通过武力实现。明治维新的路径，则是通过比较欧美各国经验后确定，其中岩仓使团作用突出。使团历时1年10个月考察12个国家的结果是："修改与西方国家条约"的努力完全失败，但"发展与图强"上的取经则影响日本70多年，其所开处方是主学普鲁士、辅习不列颠、兼及欧美他国。即，经济上学英国，推行"殖产兴业、贸易立国"；科学教育上学习欧美模式，以便实现"文明开化"；政治军事治安上效法普鲁士，包括建立基于天皇裁断的君主立宪式政治制度、创立效忠天皇的常备军与警察制度、推行军国主义教育、广建军校、发展军事工业；在发展海军上则主要效法英国。这一时期日本对中华文化的吸纳已经比较弱，倒是阳明心学由于吉田松阴、德富苏峰、三宅雪岭等一干政治取向不同者的信奉与推广，在日本的影响持

---

　　① 早期日本到底控制了朝鲜半岛哪些地区，缺乏史料支撑，如弁韩、加倻是否能算日本直接控制区就存在争议。比较明确的是位于朝鲜半岛南端、公元562年被新罗真兴王吞并的任那地区，因而有"任那日本府"之说。总体而言，古代日本对朝鲜半岛的影响，主要是在南部地区，且限于某些时段，显然无法与中国的影响相比。

续扩大。

1902年日本与英国结盟的原因主要是：英国作为"日不落帝国"是当时世界头号大国、拥有最为强大的海军、支持日本在东亚与太平洋地区的扩张；应对俄国在远东的扩张；德国海军不够强大且在远东与日本存在利益冲突。

二战期间，日本与德国结盟的主要动因是：德国是当时欧洲最强的国家，扩张目标主要在欧洲与北非；日本与德国的利益冲突比较少；德国支持日本在东亚与太平洋地区的扩张；消除《四国条约》与《五国条约》对日本在太平洋地区扩张的限制。作为神权国家领导人，天皇无疑要对二战负政治领导责任。但明治维新后确立的行政体制也存在缺陷，使得军方对内阁组建与重大外交决策拥有事实上的否决权，军方因而得以贯彻其激进主张，以至出现日本发动太平洋战争这种"都知道不能打却不得不打"的状况。

美国的工业产值在1894年已经位居世界第一，但美国全面做好领导世界的准备，则要到第二次世界大战结束之后。对日本来说，与美国结盟等于真正实现了"与最强者为伍"，因此，在二战结束后日本实行的外交方略是：以日美同盟为基轴、以联合国为中心，推行经济与文化外交。吉田茂参与制定《和平宪法》、坚决执行"道奇计划"，把主张恢复日本国防力量的人骂为"笨蛋"，而"吉田学校"出身的官员如池田勇人、佐藤荣作等则是二战后日本政界的主导力量。应该说，日本在二战结束后的外交方略是有效的。"国家正常化"在20世纪80年代成为中曾根康弘等一批政治精英的目标，并在21世纪成为政治精英阶层的主流共识，最终显然会实现。迄今未实现的主要原因不在国外，而在于民意、一些党派反对等国内因素。安倍作为历史上任期最长的首相，显然希望能在2021年9月任期结束前修改宪法从而完成"国家正常化"这一目标。能否实现还要看。

可见，日本的对外方略是在体现与"执行"文化传统，并没有异变为"开放不坚守"。

（参见薛力《圣德太子以来的日本外交方略》为题，发表于《世界知识》2019年第23期。编入本书时有修改。）

3.8 日本研究之三：平成时期三特征

核心观点："平成"时期三大特点是：百姓生活"岁月静好、现世安稳"；完成了国家产业升级与经济上"海外日本"的形成；与周边国家关系磕磕碰碰、少子高龄化加剧、未能避免自然与人为灾难、未能成为"正常国家"。

"新桃"令和即将取代"旧符"平成。如何看待平成时期已经成为日本问题观察者的热门话题。一种观点认为，平成时期是日本经济"失去的30年"，外交上"平成漂流"是主要特征；另一种观点则认为，日本在平成时期实行了"韬光养晦"战略，整个国家静悄悄地完成了产业升级，并再造了一个"海外日本"。笔者认为，这是两种极端的观点，真相可能位居两者之间。整体而言，这是平平静静的30年，日本做了一个成熟经济体应该做的事情，而且比较成功；但这也是令日本难以淡定的30年。内外冲击之下，"日本丸"在"安倍船长"的引领下，往"正常国家"迈进了一大步。但在AI时代，如何平衡对美外交与对华外交、进而确定自己在地区与全球的新地位，将是令和时期日本外交的主要挑战。

平静 日本平成时期面临的基本现实是：经济增长缓慢，大多数年份GDP增长率低于2%，其中7年为负增长，市容市貌在这30年里相对变化不大，国际地位未见明显变化。这些构成"失去的30年"说的主要支撑。但是，从社会环境看日本依然是世界上治安最好的国家之一，百姓生活整体上安定富足，国际形象良好，免签证国家数量达 189 个，为世界第一。就普通日本人的生活而言，可以用"岁月静好、现世安稳"来概括这 30 年。

成熟 证明日本属于成熟经济体的证据之一是日本在平成时期实现了产业升级。制造业方面，汽车制造引领节能环保的潮流，钢铁生产方面，削减了普通钢材生产而聚焦特种钢生产，数控机床领域保持了全球三大强国之一的地位。个人消费电子产品方面，生产重心从个人电脑、手机、家电（电视机、录音机）转向电脑芯片。产业投资方面，既有传统行业里对淡水河谷、必和必拓等上游企业的大规模参股，也有高科技与电子商务领域的投资，典型如孙正义对 ARM 与英伟达的投资，特别是他投资阿里巴巴并保持第一大股东身份至今。

证据之二是经济上"海外日本"的形成。1989 年（平成元年）日本海外净资产为 42.5 万亿日元，约占名义 GDP 的 9.9%，2017 年（平成 29 年）为 328.4 万亿日元，约占 59.8%。此外，日本在 1991 年就已经成为全球拥有最多海外净资产的国家，为 47.5 万亿日元，占名义 GDP 的 10.2%。2006 年，日本八大汽车公司海外产量首次超过国内产量。

不淡定 日本国内方面，既有沙林毒气案、福岛核泄漏（已经被日本国会调查委员会认定为责任事故）这样震惊全球的事件，更有少子高龄化对社会方方面面的冲击。人口增长停滞乃至陷入负增长是发达国家普遍面临的挑战，但文化的自闭性使得日本难以效法欧美，通过宽松的移民政策来实现人口与劳动力的增长。

对外事务方面，日美同盟依然是日本外交政策的基石。但是，与周边国家特别是中国与韩国的政治关系始终处于磕磕碰碰的状态。自民主党执政地位失而复得、首相走马灯般更换也发生在这一时期。日本从中曾根康弘担任首相时期开始追求"正常国家"地位。面对中国的快速崛起，日本加快了国家"正常化"的步伐，主要措施如：以防务省取代防卫厅、通过海外派兵法案、通过修改宪法解释以解禁集体自卫权、建造直升机航母。这些都是安倍任内做到的。

此外，明仁天皇的个性因素不能不提。有一个值得注意的现象：日本的各政治派别都认为日本在"二战"后维持天皇制是必要的，有助于维持政治与社会的稳定。这也是以麦克阿瑟为代表的占领当局决定保留天皇制的主要原因。日本是"传统"与"现代"结合得比较好的国家。一方面，日本在较短的时间里实现了国家的现代化。另一方面，现在的日本依然是传统文化氛围比较浓郁的国度。而自古至今日本没有"改朝换代"过，这既是日本"重视维护传统"的结果，也成为日本人看重传统的一个动因。明仁天皇13岁到17岁时曾依照父亲的安排师从美国儿童文学家伊丽莎白·维宁"学习西洋思想和习惯"。他的一些行为或许与这四年有关。他娶平民女子为妻，是200年来首个生前退位的天皇，曾在包括《科学》在内的期刊上发表过29篇学术论文，具有明显的反战倾向，曾顶住右翼压力于1992年访华，也从未参拜过靖国神社。

总之，源自"内平外成"（《史记》）与"地平天成"（《虞书》）的"平成"时期，在百姓安居乐业、国家产业升级、海外经济存量拓展等方面确实实现了"内平外成"。但在避免自然与人为灾难、维持必要的人口增长、成为"正常国家"方面，未能体现"地平天成"。

（本文以《平成时期：平静成熟不淡定的30年》为题，发表于《世界知识》2019年第9期）

3.9 日本研究之四:安倍晋三致辞与礼文化

核心观点:日本在处理对华关系时,经常为了改善双边关系而优先示好于中国,这并非示弱或者认错,而是认为这样做合于"礼"。这种做法让日本多方面收益。而中国倾向于做"响应者",则与中国历史上长期处于华夷秩序的中心位置有关。

2019年给中国人拜年、包括用中文说"新年好"的外国领导人不少,如美国总统特朗普、加拿大总理特鲁多、英国首相梅与查尔斯王子等。但在本国国旗前正襟危坐、录制一段完整贺年视频者,日本是独一份。安倍晋三系首次这么做,2018年是针对在日华人发文贺新年。其行为背景是中日关系整体转暖,但以这种很正式的方式表达,无疑有更多的考虑。

中日建交后,两国关系中一个有意思的现象是:日方采取某种行动引发中国的强烈不满,双边政治关系急剧降温,并影响到双边的人文交流(对双边经济关系的影响相对较小)。经过一段时间后,日本方面以种种方式与中方沟通并示好,中方经过一段时间的"矜持"后回应逐步积极,直到双边政治关系正常化。

中日双方为什么会采取这种不同的应对?言人人殊。就儒家文化圈而言,用"礼文化"可以较好地解释。

"儒释道"是中华文明的核心,但侧重点不同:佛教处理人与内心之关系，道家处理人与自然之关系，儒家思想则处理人与人之关系。而且，从汉武帝开始，儒家逐渐发展为一整套处理君臣、夫妻、父子、朋友关系之价值观体系。因此，儒家价值观在中华文明中之代表性强于佛教与道教。一般认为，"仁义礼智信"是儒家思想之集中体现，故被称为"五常"。常者，恒定不变也。个人认为，"五常"之核心并非孔子所看重之"仁"而是"礼"。"仁""义"是"礼"之体现，"仁至义尽"即为"有礼"，而"智""信"是实现"礼"之手段。"平等"现已成为一种普世价值观，但究其根源乃一种基督教世界观。儒家并不重视"平等"，其所重者，"秩序"也。国家与社会之有序运转端赖一整套"礼仪制度"，"礼"亦长期作为"人际关系处理是否得当"之主要评判标准。馈赠物品被称为"礼物"同样与此有关。"礼"在中国几乎"无处不在"且今日依然"随处可见"。

因此，汉代以降与其说是"孝治天下"不如说是"礼治天下"，体现为对个体强调"孝"（汉代皇帝谥号都有"孝"字），对下属强调"忠"，对藩属国则实行"薄来厚往"。

周边深受中华文明的王朝与藩属国，也接受了"礼治天下"的理念。日本主要受隋唐时期中华文明的影响但结合了神道教，朝鲜半岛主要受宋明儒学的影响但创造了性理学。因而有"唐朝看日本、明代看韩国"之说。此外，中华民国主要承继明清文明，因此也可以说"清朝看台湾"。越南北属时期较长、发展儒学不多，但968年独立后强调王朝独立性。与朝鲜半岛"称王不称帝"不同，越南在独立后的历代王朝统治者，通常称帝。此外，还依照中国的模式，在中南半岛建立其自己的朝贡体系。

"中华"二字，"中"通常指"中心""中央"。而"华"在古代通"花"，指事物中的精华部分。日本与韩国均有观点认为，本国在某些时段才是"中华"，因中国历经多朝，且有"蛮夷统治"的朝代，自己在保存与发扬中华文明上做得比中国本土更好。荻生徂徕与山鹿素行是这方面的代表。杜维明、朱谦也认为，中国文化断代比较严重，以至于儒学影响与儒学研究在当代韩国冠于东亚汉字圈。

汉字圈国家偏好不同儒家价值观。一些学者认为，汉代以降中国各王朝看重"孝"，朝鲜半岛强调"义"，日本偏好"忠"。笔者认为，越南侧重"智"。朝鲜重"义"源于宋明理学与中国北方地域文化的影响、展示朝鲜王朝文化独立性的需要。日本取"忠"源于隋唐时期中华文明与日本神道教的影响（武士道乃神道教与儒学结合之产物，亦受道教与佛教若干影响）。越南好"智"源于保持独立王朝的需要、中国南方地域文化、佛教（越南北方）与婆罗门教（南方）的影响。越南还在中南半岛比较典型地复制了"华夷秩序"（"朝贡体系"乃基督教文明视野之命名，并不准确）：与朝鲜历代王朝统治者"称王不称帝"不同，丁部领结束越南北属时期的做法是"建政称帝"，并要求周边小王国"进贡称臣"，从而在中南半岛建立"小华夷秩序"。

在儒家文化圈中，韩国人取中文名爱用生僻字，而日本人则以非常"有礼"让人侧目。东北亚地区中，日本可能是保存"礼制"最多的国家，这集中表现在花道、茶道与敬语上。

"重礼"让日本受益匪浅。"二战"后的日本，经济上迅速崛起，文化上以"传统特色"驰誉于世。日本人的谦虚多礼也备受推崇。部分与此相关，持日本护照能免签证进入189个国家和地区，位列全球第一。

日本在处理对华关系时，能屡屡优先示好，并非示弱或者认错，而很可能是认为，这样做合于"礼"有助于提升日本的国际形象、改善中日关系。中国倾向于做"响应者"，也与历史上长期处于华夷秩序的中心位置有关。

说明：有内行人一看此文即说：怎么刚刚切入主题就结束了？是的，

那是个深水区，只能蜻蜓点水一下，从中国视野说两句。要论证安倍此举与日本礼文化、中华礼文化的关系，需要专题研究。

（本文以《安倍春节致辞与东亚礼文化》为题，发表于《世界知识》2019年第5期）

3.10 新加坡研究：华族的身份与认同

核心观点：新加坡华族的政治身份认同、文化身份与认同、情感认同，都与中国人迥然不同。"把新加坡人当作一般外国人看待"是中国避免误判中新关系的关键要素。

世界上只有两个国家的公民绝大多数是汉族人：中国与新加坡。这使得中国人对新加坡有天生的亲近感，甚至将之看作"自己人"。这是一种错误认知，新加坡华族的身份认同与中国人迥然不同。新加坡华族的身份与认同可从"政治身份与认同""文化身份与认同""情感认同"三方面分析。"身份"是客观的，而"认同"则是主观的。新加坡常住人口（居民）约550万人，其中新加坡公民约340万人，永久居民约50万人，外籍人士约160万人。新加坡公民中华族约占75%，马来族约占13%，印度裔约占9%，欧亚混血人约3%。这种构成在一个世纪前就已经基本形成。一般认为，新加坡永久居民的族群构成与公民的相似。外籍人士的族群构成不详。本文的分析对象主要是新加坡公民。

政治身份与认同　在民族国家体系内，公民的政治身份与政治认同以国籍为主要标识。双重国籍意味着双重的政治身份与政治认同。新加坡不承认双重国籍，移民须先注销原国籍才能获得新加坡国籍。因此，华族公民的政治身份是新加坡人，政治认同是新加坡这个国家，两方面均跟中国没有关系。华族永久居民的绝大部分有资格申请入籍新加坡，有资格购买二手组屋与二手执行公寓。他们的政治身份是中国人，政治认同理论上是中国，但他们长期生活在新加坡，在利益与情感的双重驱动下对中国的政治认同呈弱化趋势。

文化身份与认同 新加坡官方与媒体通常用"华族"指称来自中国的新老移民及其后代，包括海峡华人与尚未入籍的永久定居者。1965年建国前来到新加坡的华族一般来自福建、广东、海南等中国省份，其中福建占一半以上。1990年以后中国移民的来源地则扩大到中国的大多数省份（与新加坡"吸引高质量中国人"的移民政策有关），这些新移民强化了新加坡原有公民的"我们感"，进而把自己称作"真正新加坡人"（true blue Singaporean），而用"中国人"乃至"阿中"（Ah Tiong）称呼新来的中国移民与中国访客。

海峡华人以外的华族文化身份上多属于中国文化或中华文明。主观上，他们也为中华文明与身为华族而自豪。但华族对中华文化的认同存在明显的代际差别：第一代移民强烈认同中华文化，过节、穿着、饮食、艺术等，都偏好"中国的"，连旅游都喜欢到中国；第二代起则明显弱化，他们认为虽然自己的先人来自中国，但中华文化有好有坏，即使是好的东西也多多少少过时了。第二代移民对中华文化的认同主要体现为：在一些场合用中文交流、过某些传统节日等。海峡华人对中华文化的认同则更弱。

华族文化身份与认同的功能主要体现在新加坡国内族群的区隔方面：认为自己不属于马来族、印度裔、欧亚裔；祖上是福建某地人、广东某地人；自己属于某个宗亲会；等等。中国人的民族国家意识只有百年左右的历史，几千年身处宗法社会的历史，使得中国人习惯于构建宗族与地域小圈子，即使到了海外依然如此。

情感认同 把"情感认同"单列的原因是，它不属于上述两种认同，却可能对上述两种认同产生强烈的影响。总体上，新加坡华族在情感上不认同中国，原因主要有：英国海峡殖民地当局历史上推行奴化教育，这在"真正新加坡人"身上体现得最为明显；立国后的新加坡政府为建构民族国家而强调新加坡是一个多元种族多元文化社会，大力淡化华族的"中国色彩"；身处两个穆斯林占居民主体大国（马来西亚和印度尼西亚）包围的地理环境，使得新加坡政府为避免邻国的猜疑而刻意与中国保持距离；英文主导的教育方式，精英普遍接受西方教育而对中华文化日益生疏；冷战时期中新两国意识形态的差异，中国与东南亚左派华人华侨的政治关系；部分新加坡人认为，冷战后特别是21世纪以来中国对东南亚国家有"霸凌行为"；新加坡人普遍觉得中国缺少有吸引力的价值观；新加坡华族的社会关系网主要在东南亚；身处发达国家所带来的优越感。

总之，新加坡公民的政治身份与中国没有关系，文化身份与中国的关系微弱，而在政治、文化、情感等几个方面，新加坡人对"中国""中国文化"的认同度也都不高。虽然不能说新加坡已经"全盘西化"，但新加坡的"脱中国化"确实比较彻底。所以，当笔者问一位新加坡资深学者"中国应该如何看待新加坡"时，他的回应简单明了："看作一般国家就好了。"准确把脉新加坡华族的身份与认同，是准确把握中新关系的必要条件之一。

（本文以《新加坡华族的身份与认同》为题，发表于《世界知识》2018年第15期）

3.11　土耳其研究之一：历史魅力

　　核心观点：土耳其最有魅力之处在于其复杂的历史，弄懂了土耳其的历史，欧亚历史也就掌握了大半。本文主要考察以下三个问题：为什么亚历山大帝国历史短暂却影响深远？拜占庭帝国何以产生？奥斯曼帝国宗教宽容有何作用？

　　对旅游者来说，土耳其的吸引力是多方面的：自然景观方面，有爱琴海、土耳其海峡、土耳其死海、卡帕多奇亚火山风化石；饮食方面，有大名鼎鼎的土耳其烤肉、土耳其甜食；特色旅游方面，热气球与滑翔伞是许多游客盼望的项目；购物方面，有种类繁多的工艺品。不得不提的一点是土耳其的世俗氛围，对于游客特别是女游客来说，这意味着许多的便利与自在。

　　但是，作为国际关系的研究者，笔者觉得土耳其最大的魅力在历史方面。将近四千年的历史里，多个帝国、多种文明在这片土地上你方唱罢我登场，它们的历史留痕每年吸引着3000万国际游客，比如圣索菲亚教堂与蓝色清真寺就是大部分国际游客必到之处。

　　要想弄明白土耳其的历史，还必须了解欧洲史、地中海文明史、中东史、南亚史、中亚史乃至东亚史。

　　按照时间顺序，部分或全部控制了现代土耳其这片土地的帝国至少有：赫梯帝国（公元前17—前8世纪）、亚述帝国（公元前935—前612

年)、第一波斯帝国(前550—前334年)、亚历山大帝国(前336—前323年)、罗马帝国(公元前27—395年)、第二波斯帝国(公元224—651年)、拜占庭帝国(395—1453年)、塞尔柱帝国(1037—1194年)、阿拉伯帝国(632—1258年)、奥斯曼帝国(1299—1922年)。影响这一地区的文明有：米诺斯文明(约公元前2850—前1450年)、迈锡尼文明(公元前2000—前1150年)、古希腊文明(公元前800—前146年)、罗马文明、波斯文明、伊斯兰文明。受这些文明影响，土耳其本地也出现了一些知名的王国：吕底亚王国(公元前1300—前546年)、特洛伊王国(城邦)、米利都王国、罗姆苏丹国等。

上述帝国中只有赫梯帝国与奥斯曼帝国是小亚细亚(安纳托利亚)成长起来的"本土帝国"，其他都是"外来"帝国，但拜占庭帝国算是实现了"本土化"。赫梯帝国距现在过于久远，其本身也不属于一种独立、强大的文明，因此，其历史痕迹已经不明显。小有意思的是，亚述帝国、第一波斯帝国、第二波斯帝国、塞尔柱帝国在当今土耳其的历史痕迹也不明显。游客们看到的历史痕迹主要来自迈锡尼文明时期、古希腊时期、罗马帝国、拜占庭帝国与奥斯曼帝国。

亚历山大帝国是马其顿王国的特殊时期，帝国的历史虽然只有十来年，但亚历山大东征却具有重大的历史作用：把希腊的政治、经济、文化等影响扩展到地中海东部、小亚细亚与埃及等地区，促成这些地区的希腊化(公元前323—前30年)，出现了以托勒密王国、塞琉西王国、马其顿王国为代表的一大批希腊化国家。深受古希腊影响的古罗马日渐强大，并在公元前30年完成对希腊化国家的全部占领。公元324年，君士坦丁大帝把帝国首都从罗马迁到拜占庭并将之改名为君士坦丁堡，原因在于，罗马异教徒众多，身为首个皈依基督教的皇帝，他希望有一个新的环境以加快基督教的推广。395年罗马帝国分为东、西两部分，君士坦丁堡成为东罗马帝国(拜占庭帝国)的首都，这使得拜占庭帝国比西罗马帝国更多受到希腊文化的影响，以希腊语为帝国的官方语言，对基督教的理解也不同于西罗马帝国，加上争夺教权的原因，拜占庭帝国逐渐发展出基督教的一大分支——东正教，并与西罗马帝国的天主教分庭抗礼逾千年。

西罗马帝国在476年灭亡，东罗马帝国则顶住了来自西方的十字军与来自东方的塞尔柱帝国、阿拉伯帝国的冲击，一直延续到1453年被奥斯曼帝国所灭。

奥斯曼帝国与塞尔柱帝国的建立者都是来自中亚的突厥人，且可能都属于乌古斯部落，但支系不同。两者都是在西迁的过程中皈依伊斯兰教逊尼派，都因为骁勇善战而建立帝国。塞尔柱帝国曾经占领小亚细亚的大部。奥斯曼帝国则更进一步建立起横跨三大洲的帝国，几乎把地中海变成帝国的内湖。帝国彻底阻断了欧洲人通往亚洲的商路，迫使欧洲人寻找海上通道，从而引发大航海时代的到来。

与其他穆斯林帝国苏丹相比，奥斯曼帝国苏丹的奇特之处是：它一方面继承哈里发的称号，充当全世界穆斯林的领袖。另一方面又以东罗马帝国的继承人自居。这实际上是把自己当作天下之主。

这种心态，加上税收上的考虑，使得奥斯曼帝国推行比较包容的宗教政策，并不急于让异教徒皈依伊斯兰教。这大大缓和了不同宗教之间的冲突。奥斯曼帝国的宗教政策曾经比同时期的基督教帝国更为宽容，圣索菲亚教堂集中体现了这一点。身处战略要冲的帝国能延续国祚600多年，与其包容的宗教政策不无关系。

（本文以《土耳其的历史魅力》为题，发表于《世界知识》2018年第17期）

3.12 土耳其研究之二：历史痕迹

核心观点：小品味一下特洛伊遗址、以弗所、圣索菲亚大教堂、蓝色清真寺、卡帕多奇亚洞窟教堂。

土耳其具有漫长而复杂多变的历史。这会带来众多的历史痕迹。遗憾的是，许多痕迹已经湮灭于历史长河中，经过考古挖掘的项目有限，现在能被旅游者看到的历史痕迹主要来自迈锡尼文明、古希腊、古罗马帝国、拜占庭帝国与奥斯曼帝国等时期，代表性的历史建筑有：特洛伊遗址、以弗所遗迹、圣索菲亚大教堂、蓝色清真寺、耶莱巴坦地下水宫、伊斯坦布尔大巴扎。

对于国人来说，最有名的大概是特洛伊遗址了。历时十年的特洛伊战争（公元前1193—前1183年）既毁灭了位于达达尼尔海峡东岸的富裕城邦特洛伊，也导致伯罗奔尼撒半岛上迈锡尼王国进一步衰败。战争的原因，许多人熟悉的说法是：特洛伊王子帕里斯带走了斯巴达国王的美丽妻子海伦，还顺走了许多珍宝。但历史学家认为深层原因是，衰败中的希腊各邦羡慕富裕的小亚细亚西南沿岸各邦，以上事件正好给了他们一个很好的战争借口，因而在迈锡尼国王阿伽门农的带领下组成希腊各邦联军。被战争毁灭的特洛伊城邦在历史上默默无闻3000年，直到德国考古学家海因里希·谢里曼1871年开始挖掘其遗址，才让辉煌的历史得以重新展现在世人面前。不过，挖掘出来的文物大部分都保存在一些西欧国家的博物馆。笔者印象比较深的是许多石像没有头颅，问讲解员，说在欧洲一些博物馆呢。中国人对此有痛切感受,但笔者也听知名学者说过,许多发展中国家战乱频仍,文物放在欧洲一些国家保护也好,至少现在各国游客还能看到。从世界史的角度,可以说文物从长远看是"世界的"。但从民族国家的视野看,这种观点显然不被接受。遗址附近的博物馆只是保存了少量的出土文物。遗址中见不到比较成型的建筑,只有残存的墙基,供游客们凭吊与遐想。

古希腊的地理范围西部到西西里岛,东部到小亚细亚中部与西部。而位于小亚细亚西南部海边的以弗所,从迈锡尼文明时期起就是重要城市,后来又是因为河道淤积自动放弃的,因此留下来的历史痕迹众多,如图书馆、剧场、圣母玛利亚隐居地。图书馆有一面墙相对完整,看上去类似澳门的大三巴牌坊。沿山而建的剧场一排排座位相当齐整,应该是经过整建。令人感慨的是当时历经百年建成的阿尔忒弥斯神庙,据说是古代最大建筑,为七大奇迹之一。可现在,游客唯一能看到的是几节断石拼接起来的石柱。倒是以弗所考古博物馆内,那个拥有众多乳房的阿尔忒弥斯神像比较完整,似乎成了这一带历史痕迹的代表,在旅游图册中被隆重地介绍。众多的乳房被解读为生育力旺盛的象征,这对于生殖、狩猎女神来说,相当重要。有必要说明的是,她向父亲宙斯发誓终身不婚,是希腊神话中的三个处女神之一。

圣索菲亚大教堂现在是个博物馆,当年却是拜占庭帝国最大的教堂。从建筑学角度,亮点是巨大的穹顶。据说修建的过程中几次掉落,后来采用了"叠进式"底座才将其稳稳地托住。从国际关系学的角度,亮点则是奥斯曼帝国并没有拆除教堂,而是对它进行适当的改建后当作清真寺使用。改建的过程中并没有铲除墙上的基督教题材壁画,只是用涂料覆盖。穹顶的基督像甚至没有被覆盖。大门上的十字架则改为箭头。墙上挂了几个"大圆盘",盘中是一些阿拉伯文字,当与伊斯兰教义有关。这么粗糙的"改建"折射出一点:奥斯曼帝国对非伊斯兰教的宽容。这一点对于维持一个庞大帝国的稳定非常重要。

以石头风景著称的卡帕多奇亚有许多洞窟教堂,知名的有苹果教堂、拖鞋教堂、黑暗教堂、蛇教堂等。这些教堂尺寸类似中国的四大石窟,但其中的一些壁画相当精美。这些中世纪壁画能保留下来,也离不开奥斯曼帝国的宗教宽容。

离圣索菲亚大教堂200米左右,就是苏丹艾哈迈德清真寺,为奥斯曼帝国最大的清真寺,因为内墙使用了2万多块蓝色伊兹尼克瓷砖而被称作蓝色清真寺。但让人瞩目的是,它的宣礼塔是六个而不是四个。通常只有麦加的清真寺才可以有六个宣礼塔。不管造成这一点的原因是什么,从中可以看出奥斯曼帝国的势力与雄心。

这两大建筑已经成为土耳其旅游业的象征,出现于各种相片与画册中,并且成为重点推介对象。

大教堂附近的耶莱巴坦地下水宫,是拜占庭帝国首都的蓄水池,能装十万吨水,够当时全城人用一个月。一系列巨大的石柱让参观者印象深刻。如果在地上,这就是一个巨大的宫殿。这个建筑的一些谜团现在依然没有解开,如排水口的位置在哪里。水宫的一大卖点是,有两个石柱的底座都是蛇发女妖美杜莎头像。对此有几种解释,我倾向于"柱子太短"说。

在穆斯林聚集区旅游,少不了两个景点:清真寺与巴扎。但伊斯坦布尔大巴扎依然具有代表性:1461年建成使用至今,占地面积超过30万平方米,里面有超过60条街道,18个门,4000多个店面,每天慕名而来的世界各地游客超过20万人次。里面不单单有旅游纪念品,也有昂贵的物品。有必要强调一点:这里不是买贵重物品之处,你懂的。

那么,对历史不那么感兴趣的人,土耳其又有什么魅力值得品味呢?且看另文中对其世俗魅力的展示。

(本文以《品味土耳其的历史痕迹》为题,发表于《世界知识》2018年第19期)

3.13　土耳其研究之三：世俗魅力

核心观点：为什么土耳其值得一游？因为它的世俗氛围、甜食、烤肉、滑翔伞、热气球，还有，物价与中国差不多。

《土耳其的历史魅力》与《品味土耳其的历史痕迹》两篇文章（见《世界知识》2018年第17期与第19期）展示了一个国际关系学者眼中土耳其的主要魅力所在：漫长而复杂多变的历史，丰富的历史遗迹与代表性的历史建筑。那么，除了历史，土耳其还有什么魅力呢？凭什么每年吸引3000万国际游客呢？笔者的体会是，以下几点比较重要：土耳其的世俗氛围、土耳其食物、风景名胜、特色旅游项目。

土耳其的世俗氛围　这意味着外国女游客可以当背包客兼独行侠，不必戴头巾或者穿罩袍。笔者走访的一家单位，也是一位女士负责接待并陪同笔者就餐。而这些在伊朗、沙特阿拉伯等政教合一的伊斯兰国家不会发生。

全世界55个伊斯兰国家中，土耳其属于世俗化程度比较高的那一类。作为土耳其立国原则的凯末尔主义有六条内容，其中一条就是世俗主义，即追求欧美式的政教分离、民族国家、现代化模式。这也是土耳其1923年立国以来一直追求的目标。厄尔多安2002年执政以来，国际舆论认为土耳其在经济快速发展的同时出现了宗教上向伊斯兰传统回归的现象，厄尔多安的夫人带头戴头巾就是典型表现。这在其他伊斯兰国家可能很正常，但在土耳其却有悖于世俗主义的主张。

不过，笔者的实地感受是，土耳其的知识精英（应该也包括以捍卫世俗主义为己任的军方）整体上还是持有比较浓重的"向西看"情结，社会生活环境中世俗化明显。

吃的方面 土耳其烤肉已经为中国人所熟悉。想补充的是，"搭在架子上旋转着烤"，确实是最普遍的做法，但也还有别的烤法，比如做成拇指大的肉条，我们去的那家叫 Sultanahmet Koftecisi 的烤肉店，始于1920年，据说他们的烤肉是那一带最好的。店位于蓝色清真寺与圣索菲亚大教堂之间那条路上。

烤肉中，最贵的是烤小羊肉（lamb），其次是牛肉，再次是一般羊肉（mutton），鸡肉最便宜。除了烤肉外，还有烤馕，做法多种，与笔者在中国新疆、伊朗、沙特阿拉伯等地见到的做法不同，味道也不一样。甚至还见到比萨饼式做法，但饼比较薄，而且做成长条状，叫"土耳其比萨"，别有风味。

不得不提的是土耳其甜食。笔者一般不吃甜食，在伊斯坦布尔如此，在第二大城市伊兹密尔依然坚持。到了海滨小城库萨达斯，被宾馆餐厅里几十种甜食吸引，品尝了一下，觉得"唔，不错，比想象的好吃"，吃了几次后，到了此行最后一个海滨小城费特希耶，则开始主动找甜食，内心感叹：甜食可以做到这么好吃，以前怎么没有听说土耳其甜食呢？经过了解，才知道甜食是土耳其的一大特色，也是游客必买的土耳其特产之一。9月在英国待了一个月，知道英国人爱吃甜食，也会做甜食，英国人均食糖的摄入量是中国人的好几倍。但笔者的感觉，英国甜食与土耳其甜食相比，差了一大档次。许多甜食让人没法入口，而土耳其的甜食有一个特点：虽然甜，但你就是想吃。

甜食的种类繁多：软糖（Lokum）、草莓挞、布丁、龙须酥（Pimaniye）、牛轧糖（Halva）、果仁蜜饼（Baklava）、甜球（Lokma）、乳酪糕（Künefe）、小蛋糕（Mozaik Pasta）等。每一种还可以细分，如软糖就有多种口味，且有的带果仁，有的不带果仁，布丁则分为米布丁、鸡蛋布丁、鸡胸布丁等。

风景名胜方面 中国人多知道作为亚欧两个大陆分界线的土耳其海峡，以及海峡边的大都市伊斯坦布尔。其实，爱琴海与卡帕多奇亚也非常有特色，虽然在中国的知名度还不高。

（1）土耳其海峡与伊斯坦布尔。这一带人口约1400万，历史悠久，名胜众多，可看之处不少，如圣索菲亚教堂、蓝色清真寺、地下水宫、大巴扎。就自然景观而言，也有伊斯坦布尔的发祥地金角湾、博斯普鲁斯海峡、马尔马拉海、达达尼尔海峡等。在海中泛舟、进餐、品酒、观景兼顾，无疑是一大享受。可惜天气预报说要下雨，游船项目取消。更气人的是，到了预定的游船时间，却没有下雨，而且还阳光灿烂。

但我们居住的伊斯坦布尔康拉德酒店风景甚佳，算是做了某种补偿。酒店位于小山顶，距离海峡直线距离也就200米吧。从酒店14层天台餐厅往南看去，近处是红顶白墙的建筑，中景是博斯普鲁斯海峡，远处是马尔马拉海，海上大小船舶穿梭来往。海峡气候说变就变，一天之中，一会儿阳光灿烂，一会儿倾盆大雨。天气预报因而相当不准，个中滋味，够游客们品味的。

对了，酒店露天餐厅的卫生间值得小记一笔。里面的围挡只有齐胸高，上述风景一览无余。在这样开阔的视野下方便，很容易产生"一泡嘘嘘洒江天"的感觉，继而体会到天人合一所带来的通体舒泰感。

（2）爱琴海与死海。提到爱琴海，很容易想到海边绵延不绝的蓝顶白墙建筑，百度与搜狗都在强化这种联想。其实，这是在希腊见到的景象。而爱琴海是指希腊半岛以东、克里特岛以北、小亚细亚半岛以西之间的海域。也就是说，在土耳其一侧海岸，同样可以观赏爱琴海景色，笔者在伊兹密尔、库萨达斯、费特希耶所拍的爱琴海图片，在微信朋友圈中引发的回响，一点不弱。现在到土耳其旅游的游客，主要来自欧洲的英国、俄罗斯等地方，来自中国的游客每年才占土耳其国际游客的1%左右，即不到30万，与中国每年到泰国、日本、韩国的500万—800万相比，差距甚大。土耳其已经意识到这个问题，正在大力开拓中国市场，我们见到的伊兹密尔市商会旅游部长米娜（Mine）女士，就专门负责中国市场推广。

爱琴海对中国人的吸引力，还与其中文译名与"爱情"两个字谐音有关，蔚蓝大海、白色建筑、灿烂阳光，构建了一幅与爱情相关的美妙画面。所里的同事中，有的坦承对爱琴海的神往，有的则希望到希腊度蜜月。虽然还没有去过希腊，但此行已经大大消解了我对爱琴海的神思。

有意思的是，土耳其现在还把费特希耶一带风浪比较小、海面比较平静的海域，命名为"死海"（OLUDENIZ），利用人们对以色列与约旦之间那个"死海"的印象，大力发展旅游业：修建度假村，开发旅游地产，推广海上与空中游览项目。刚开始以为土耳其有一个类似的死海，实地旅游之后，才知道这个死海，与众所周知的那个死海没有什么关系，这片海水的浮力比淡水大，但远远不如真正的死海那么大，在海中漂浮还是会下沉。

（3）卡帕多奇亚被美国国家地理杂志社评选为十大地球美景之一，据说地名的含义是"美丽的马乡"或者"纯种马之乡"，这里独特的喀斯特地貌源自几百万年前三座火山的大规模爆发，大量的熔岩冷却后经过风化、雨水侵蚀，形成了与月球表面类似的独特地理形状，被称为地球上最像月球的地方。童话般的斑点岩层、各种形状的石柱以及地下溶洞，成为吸引游客的独特资源。而过去近两千年里基督教徒在这些石头中开凿出来的600多个石室则成为独具特色的"微型洞窟教堂"，教堂中大部分都有湿壁画。著名的有：苹果教堂、拖鞋教堂、黑暗教堂、蛇教堂等。它们已经被联合国教科文组织列为世界文化遗产。

卡帕多奇亚的地下城是另一个看点,大小不一,最大的是位于格雷梅(Goreme)西南的德林库尤地下城,面积2500平方米,深约55米,分为5层。第1层是卧室、餐厅等,第2层是教堂,第3层是洗礼堂与教会学校,第4层是避难所和军械库,其他几层有冰窖、粮仓、病房等,最底层则是储水库。据说,这个地下城的修建始于3000多年前的赫梯人,后来由基督教徒完成并长期使用。

卡帕多奇亚的人文色彩也很浓厚,它在波斯帝国时代就盛产好马与金银器,据称圣彼得的第一封信是寄往卡帕多奇亚,而徒圣保罗带领耶稣的第一批信徒离开耶路撒冷后,就躲避到地势险要、适宜躲藏的卡帕多西亚,建立小亚细亚的第一个基督教区,并开始修建教堂。

特色旅游项目 旅游很大程度上就是为了"看稀奇",因此,通常越有特色的东西对游客的吸引力越大。如果自然与人文景观不够独特,就会人为开发一些项目。为了旅游而开发的项目很难做到独一无二,但有可能做到同类最大或者最佳。这方面,卡帕多奇亚的热气球与费特希耶的滑翔伞是典型。

卡帕多奇亚人为制造的特色旅游项目,有骑马、驾驶小型山地车等项目,但最有特色的是热气球。那一带范围很广,包括山谷、沟壑、沙丘、石林等众多景观,在地面无论哪个角度都不能够看清它的全貌。而从空中,则可以看到整个地区的独特地形地貌,给人的印象与震撼,是地面观光所不能比拟的。或许与此相关,土耳其国家文化与旅游部在这里开展了热气球项目。在旺季,众多的热气球在空中飘荡。在专业人员的操纵下,气球们相安无事,而游客们则可以尽情观赏脚底下的壮观景象。

费特希耶是近30年发展起来的旅游胜地,充分利用了当地的自然条件:海边有一些高达2000米的陡峭高山,近海风浪比较小,海边有一些潟湖，有两个突入海中的海岬。

两个海岬一个开发为高级旅馆（Hotel Latoonia），一个开辟为保护区。紧靠海岸的潟湖，在海滩附近修建度假村。稍远的潟湖，连同其他近岸水域，开展海上旅游项目，如垂钓、游泳、烧烤、日光浴等。当地修建起大片的度假屋，出售给海外游客，主要针对希望有海边度假屋又没有能力在西班牙等地方购买房屋的中产阶级。大量的度假酒店吸引着越来越多的游客。

海边的若干高山中，其中一座海拔1969米的爸爸山（Baba Da）景色好，风向等条件理想，为大规模开展滑翔伞项目创造了条件。现在，除了12月以外的11个月都可以进行滑翔伞飞行，4—10月是旺季，每年有5万人次，是土耳其规模最大的滑翔伞运动地点，在世界上也名列前茅。由于配备有专门的教练，这个项目成了普通人都可以玩的项目，游客所需要的就是：与教练一起在悬崖边往外一跳，以便让滑翔伞充分撑开，然后，你就可以尽情品味翱翔的乐趣。在教练操控下，时而盘旋、时而冲入云朵中。偶尔还可以单独操纵一下滑翔伞，让自己在空中"荡秋千"。专门配备的相机将给你留下大量的相片，还有一些录像镜头。从各个公司打出的广告看，这个项目收费才300里拉（依据7月底的汇率，折合人民币约400元），当然，这不包括相片等。总的来说，完全超值。同行者中一位没有参加这个活动，事后似乎有点后悔了。早知道没有什么危险，估计也就去了。中国式教育，不主张冒险，对女孩子尤其如此。但我们一行，也出了一位一边飞翔一边弹吉他的知名歌手，而且是一位跑马拉松的年轻女士。

汽车已经可以开到山顶，正在修建缆车。费特希耶商会会长告诉我们，2020年将举办空中奥运会，主要内容为滑翔伞，那将是世界规模最大的滑翔伞盛会。个人寻思，何不加上翼装飞行、跳伞等活动？那将更有助于把这里打造成全球空中运动胜地之一。

最后一个问题是：中东那么乱，土耳其也有恐怖袭击，去旅游安全吗？个人体会是，伊斯兰国家，对于犯罪的惩罚比较严厉，社会治安通常比较好；恐怖袭击是个例外，但这属于小概率事件，对普通游客影响不大。就土耳其而言，东部与叙利亚、伊拉克交界处相对比较乱一点，但游客通常在卡帕多奇亚以西活动，问题不大。

（本文以《土耳其的世俗魅力》为题，发表于人民网，2018年10月9日）

3.14 英国研究之一:"脱欧"后走向自闭?

核心观点:历史联系、政策影响力、实际后果共同决定,英国将奉行"最小限度脱欧"政策,且不会因此走向自闭。

"脱欧"对英国来说意味着什么?2018年9月在英国待了一个月,得以近距离考察与思考这个问题。碰到的每一个英国人对这个问题都有话说且皆振振有词。整体而言,有两类看法:精英阶层忧心忡忡,认为英国要好些年才能从脱欧带来的冲击中缓过劲来,甚至担心英国因此变得衰弱乃至自闭,他们对再次公投持矛盾的态度。草根阶层则普遍支持脱欧,认为那些穿过英法海底隧道而来的一波波经济移民纯粹是英国的负担,感到英国在欧盟中贡献多获益少,厌恶来自布鲁塞尔的指令,坚持联合王国的命运要掌握在自己的手中,坚信再来一次公投支持脱欧者会更多。

历史地看,与亚欧大陆东部岛国日本长期坚持"自成一体"不同,英国始终与欧洲大陆保持比较密切的联系。英国的宗教与人种都来自欧洲大陆,经济上与欧洲紧密互动,政治上属于欧洲王室亲戚网的一部分,维多利亚女王更享有"欧洲祖母"之誉。

考察英国与欧洲大陆的关系,百年战争是个合适的切入点。这场长达116年的战争以英国1453年丧失在欧洲大陆的最后据点加莱而告终。此后英国才把对外扩张的重心转向海上,并酝酿对欧洲大陆的整体外交政策。1534年亨利八世与罗马教廷决裂并"创立"英国国教(圣公会),

主要原因是为了离婚再娶，但客观上也成为英国建立有异于欧洲的身份与认同的重要分水岭。而亨利八世在强化圣公会地位过程中对天主教土地与财产的征收、对工商业与海外扩展的支持，明显促进了英国的工商业乃至农业的发展。1588年在格拉沃利讷海战中战胜西班牙无敌舰队则为英国海军的崛起奠定了信心与人员基础，英国开始敢于与无敌舰队对抗乃至反攻，并在欧洲大陆支持西班牙的对手法国与荷兰。英国针对欧洲的大陆均势政策初步成型，"与弱方结盟"是其核心内涵。迅速壮大的资产阶级与新贵族则成功策划了1688年的光荣革命，并防止了天主教在英国的复辟。经济发展加上"自由放任"的商业与人文环境，使得英国有机会在18世纪60年代率先发生工业革命，而这又促成其综合国力大幅度提升，进而有能力在1805年的特拉法加海战中打败法国与西班牙的联合舰队。至此，英国在欧洲列强的全球扩张中确立了比较优势。通过19世纪特别是维多利亚时期（1837—1901年）的努力，大英帝国进入辉煌时期，因为拥有遍布全球的殖民地而号称"日不落帝国"。以1215年签署的《自由大宪章》为基础的英式政治制度因而得以扩散全球并影响至今。

值得一提的是：巅峰期的英国严格来说乃"有实无名"的帝国，1876年后维多利亚女王的全称并非大英帝国女皇，而是"大不列颠与爱尔兰联合王国女王兼印度女皇"（Queen of the United Kingdom of Great Britain and Ireland, Empress of India）。操作相关提案的迪斯累利首相清楚，如果用"女皇"统称三地，则法案难以在议会通过，因为这有违英国的宪政。

即使是1815—1914年欧洲"百年和平"时期，英国也只是在1880—1903年勉强维持了"光荣孤立"。两次世界大战期间，英国则是以"绥靖政策"的方式积极参与欧洲事务。

"二战"后英国一方面致力于维持"美英特殊关系"，另一方面则从1961年开始申请加入欧共体，以避免在欧洲被边缘化。由于法国的两次否决，英国直到 1973 年才得以加入。这让英国多方位收益，特别是在英国有优势的服务业领域，以其中的金融业为例，如果不加入，欧盟必然会培育自己的金融中心，伦敦的"代表欧洲的全球三大金融中心之一"地位将受到严重冲击，不但难以吸引欧洲大陆的金融精英到英国工作，甚至英国自己的金融从业者也将流向欧盟与其他地方。很难想象，英国服务业对 GDP 的贡献能达到现在的 75% 左右。

其实，"入欧"对英国的影响已经深入方方面面，"脱欧"无异于一场"人体分离术"。英国比欧盟弱小，受到的影响也更大。这是欧盟立场强硬的主要原因。英国政府在没有获胜把握的情况下很难决定举行再次公投。"硬着头皮落实脱欧"是特丽莎·梅首相的现实选择。但英国不会因此变得封闭与自闭。原因有三：脱欧不是断交，而是和平分家；草根阶层可以影响公投结果，但外交政策的制定与落实取决于精英与主要产业利益集团，他们大多数反对脱欧，必然会推行"最小限度脱欧"的方式，而那些事前主张脱欧的精英，现在不是缩头不做声，就是拿不出更好的脱欧方案；脱欧后果充分展现后，草根阶层将因为发现脱欧弊大于利而改变观点，从而要求强化与欧盟的关系。

总之，历史联系、政策影响力、实际后果共同决定：即便脱欧，英国也不会走向自闭。

（本文以《"脱欧"后的英国会走向自闭么？》为题，发表于《世界知识》2019 年第 1 期）

3.15 英国研究之二:"脱欧"后的多重分化

核心观点：脱离欧盟后的英国，将出现四方面的分化：精英与草根、英格兰与苏格兰、英格兰与北爱尔兰、英格兰与威尔士。

2018年9月在英国期间走访了一些地方，包括伦敦、剑桥、牛津、温莎城堡、巴斯、考文垂、伯明翰、斯特拉福特（莎士比亚老家）等地，形成的整体印象是：英国确实是个衰落了的帝国，但"家底"仍相当丰厚。文化上莎士比亚老家小镇的景致与丰富内涵是个例子，而印象深刻的一个例子是：英格兰农村地区住房分散，许多人住在彼此独立且距离相当远的房子中，但这些房子之间都埋好了自来水、污水等地下管线。在农村地区铺设这些管道，耗费相当可观，但英国至少在英格兰地区早就实现了，这需要"不计成本的投入"。英国只有在"富得流油"、精英有非凡的远见并且不同的利益集团能够就此通过谈判彼此达成妥协的时期才能做到。马上想到的是：在经济快速发展的中国，发达地区的农村什么时候才能达到类似的程度？城市中"看不见的部分"依然有大量欠账呢，街道经常被"开膛破肚"就是一个显例。

英格兰是英国最发达的地区，54%的面积生活着84%的人口（6450万人口中，威尔士300万，北爱尔兰不到170万，苏格兰550万）。威尔士、苏格兰、北爱尔兰发展程度相对落后。"脱欧"带来的分化中，既包括精英阶层与草根阶层之间的分化，也包括地区间的分化。政策精英实行

"最小限度脱欧"方案也不容易改变这种趋势。

精英与草根的分化 现在的"逆全球化"只不过是全球化长进程中的一个涡流。全球化时代各国的精英与行业，除了那些走不出国门者，"在全球追求名与利"是普遍特征。对于高度依赖服务业的英国（主要是英格兰）精英与行业来说更是如此。他们在本国是贡献者，对于政府的要求是：强化其国际竞争力，包括用政府力量推进其海内外商业利益，在国内制定相应配套的法律等。而英格兰的草根阶层，不同于发展中国家的文盲与纯体力劳动者，他们受过一定的教育与训练，对国际事务特别是欧洲事务有一定的了解，但信息的获得与分析能力不能与精英阶层相比，在需要综合分析判断能力的议题上易于凭直觉做决定。就脱欧议题而言，他们觉得对内要面临英格兰地区的新移民这个负担，对非英格兰地区要照顾，对外还要给欧盟做贡献，不如离开欧盟算了。现在才知道"脱欧"整体上弊大于利，因此新民调显示反对脱欧者已超过了支持脱欧者7%，但仍然未过半。

精英阶层与草根阶层的差距在扩大，这在发达国家与新兴经济体国家是普遍现象。关键原因在于获得与分析信息的能力。两个阶层间这方面的鸿沟在扩大，而英国在"脱欧"后可能会缩小鸿沟，却是以英国精英与优势产业的弱化为条件，是一种"高就下"的缩小，将导致英国全球竞争力的下降。法国经济学家皮凯蒂在《二十一世纪资本论》中用大量的数据有力地论证了：近几十年来，发达国家财富不平等现象呈扩大趋势，很快会变得更加严重。我想表达的是：阶层间的"智识鸿沟"比"财富鸿沟"更难填平；英国以"脱欧"方式，成功地缩小了鸿沟，却导致了英国的进一步衰弱。

英格兰与苏格兰的分化 更准确地说是变得疏远（alienation）。苏格兰1707年与英格兰组成大不列颠王国后，曾积极参与日不落帝国的构建并共享帝国的荣光。但在许多方面并没有实现与英格兰的融合。人种上苏格兰人主体来自爱尔兰与北欧,海外移民多并对外来移民接受程度高于英格兰。文化上苏格兰与欧洲大陆尤其是法国的关系长期超过与英格兰,苏格兰人外出接受高等教育首先选择欧洲大陆而不是英格兰。历史上苏格兰有重视教育的传统,大学数量曾经比英格兰更多,教育水平也很高,所以才会出现对西方乃至全球有重大影响的苏格兰启蒙运动(1740—1790年),培养出大卫·休谟、亚当·斯密等顶级人才。造就斯密的是格拉斯哥大学而不是他生活了四年的牛津学院。瓦特、弗莱明、布莱尔等人的出现则说明苏格兰也有诞生其他顶级人才的环境潜力。宗教上苏格兰的长老会属于基督教新教的加尔文派,而英格兰的圣公会则在相当长时间里与天主教差别不大。经济上长期以农业为主的苏格兰也与工商业发达的英格兰有落差。政治上苏格兰有自己的议会并在内政上有较多的自主权。法律上比英格兰更接近欧陆法体系,民众对"多层立法行政执法体系"比较习惯。这些因素共同作用,使得苏格兰人在心理上对英格兰认同度有限,不反对与欧陆有更密切的关系。而且,这种关系还可以作为在联合王国内"反抗英格兰霸权"的工具。在英格兰吸引力下降但一时难以独立的情况下,苏格兰进一步疏离英格兰并向欧盟靠拢就成了趋势。

英格兰与北爱尔兰的分化 1541年英王亨利八世将爱尔兰升格为王国,1801年被并入"大不列颠王国"并使之变成"大不列颠与爱尔兰联合王国"。1921年爱尔兰成立自由邦后,北爱尔兰留在联合王国内(王国名称则改为"大不列颠与北爱尔兰联合王国"),其原因主要是:北爱尔兰的居民大部分居民来自英格兰与苏格兰,信仰新教,经济上长期是爱尔兰岛上比较发达的部分,且与英格兰的经贸关系密切。爱尔兰也有重视教育的传统,培育出了顶级英才如乔纳森·斯威夫特、乔治·贝克莱、詹姆斯·乔伊斯等人,还有萧伯纳、贝克特、叶芝、希尼等四位诺贝尔文学奖获得者。20世纪80年代以来爱尔兰大力发展软件、生物工程等产业,吸引大量外来投资,爱尔兰完成了由农牧经济向知识经济的跨越,从"欧洲农村"变成了"欧洲小虎"与"凯尔特之虎",人均GDP已经超过英国。北爱尔兰在产业链分工与经济收入上均不如爱尔兰,与爱尔兰的经贸关系大大增强,31%的贸易走向爱尔兰。而北爱尔兰与英格兰的关系则提升空间有限。但留在欧盟的爱尔兰与脱离欧盟的北爱尔兰却同处一岛。两者之间的关系怎么安排?

欧盟、爱尔兰与北爱尔兰民族统一党(DUP)与英国都认为,岛上不能因为"脱欧"再出现硬边界。接下来的分歧是:欧盟建议推行"中国香港模式",在爱尔兰岛与不列颠岛之间建立"硬边界",英国方面则不同意联合王国内出现这样的"硬边界",特丽莎·梅首相希望通过临时海关协议(TCA)让英国整体继续留在欧盟的关税同盟内,同时拥有单独与其他国家签署自由贸易协定的权利。两者极难调和。1月15日英国议会没有通过梅首相的"脱欧协议"。如果她坚决不同意后延脱欧时间,英国将从3月29日开始步入"无协议脱欧",北爱尔兰将多方面受到影响,特别是在与爱尔兰的经贸与人员往来方面。出于自身利益的考虑,北爱尔兰可能不得不向背靠欧盟的爱尔兰妥协,从而扩大与伦敦的距离。

英格兰与威尔士的分化　　威尔士向英格兰称臣始于927年的格温内斯国王,但英格兰对威尔士的实际统治,则始于爱德华一世1284年征服威尔士全境并颁行"威尔士法"。为了落实其中的亲王条款,他还玩了一个"把怀孕的夫人送到威尔士生产,儿子因而有资格出任威尔士公国亲王"的小诡计。英国王储的头衔被称作"威尔士亲王"遂成传统。威尔士人、爱尔兰人与苏格兰人都属于凯尔特人,但威尔士人属于其中布立吞人这一支的后代,而英格兰人的主体是较后来进入英格兰地区的欧洲大陆盎格鲁人与萨克逊人。传说中的亚瑟王,其主要业绩就是抗击入侵的萨克逊人。长期以来,威尔士地区扮演的是"英格兰(以及后来的不列颠王国与联合王国)国王后花园"的角色。但威尔士有自己的文化传统,威尔士语就是一大体现。威尔士人始终有很强的自我认同感,并在1997年通过公民投票成立了自己的议会。近些年联合王国开始加大力度发展威尔士地区，但威尔士不大可能成为"新的英格兰"。在脱欧的大背景下，受欧洲多元文化的影响，威尔士对英格兰的离心倾向虽然不如苏格兰，但也会有所发展。

小结 上述几种分化将在不同程度上冲击联合王国公民的政治认同与文化认同，英格兰的精英与草根都保持对英格兰的文化认同，但政治上对政府作用的认知差别将扩大，并产生相应的冲突。非英格兰三地区则会思考：我是谁？联合王国对我到底意味着什么？较远的美国、加拿大、澳大利亚与新西兰可以脱离大英帝国并发展得有声有色乃至于胜过"母体"，较近的我为什么不能？爱尔兰过去 30 年的发展已经证明：联合王国中比较小而落后的地区，独立后也可以实现跨越式发展。英格兰则会觉得这些地方得到好处还不知好歹，反正这些地区对英国的益处不会超过欧盟。两者相互作用，英格兰与三个地区之间变得更为疏远是大趋势。但阶层差别可能稍微缩小，地区间更为疏远的程度有限，不会导致几个地区"独立"。至于均衡点在哪里，取决于不同议题的博弈与妥协，而这是英格兰人的拿手好戏。至于英国度过"脱欧冲击波"并且在政治、经济、文化上实现新均衡，大概需要一代人的时间。

（本文以《"脱欧"后的英国将走向分化》为题，发表于 FT 中文网，2019 年 1 月 16 日）

3.16 美国研究：如何运用"基于规则的秩序"

核心观点：美国及其盟友、伙伴国经常要求中国遵守"基于规则的秩序"。美国在"二战"后主导建立的"基于规则的秩序"优于欧洲主导下建立的"基于权力的秩序"。但美国在实际操作中，越来越多地以"选择性采用""双重标准"的方式对待国际规则。当触及其重大利益时，美国毫不犹豫地追求或回落到"基于权力的国际秩序"。

基于规则的秩序（ruled-based order）是欧美以及若干周边国家"说道"中国时喜欢使用的一个辞藻，这一趋势越来越明显。那么，力推这一概念的美国自身是怎么做的呢？

国际政治学的研究表明，国际社会处于"无政府有秩序"状态。也就是说，与国内社会相比，国际社会不存在统一的政府，但大多数情况下仍处于有序状态。

但是，支撑国际秩序的基础是变动的。大致上，从威斯特伐利亚和约到第二次世界大战世界大部分地区属于"基于权力的秩序"（power-based order），主导国际秩序的欧洲列强以国家实力为依托，以战争与和约为手段，确定各自在全球的势力范围。实力对比的变化是大国战争发生的主因。

"二战"后的国际秩序转为基于规则的秩序。这与美国有重大关系：基于超强的综合实力，美国把全世界都看作自己的"势力范围"，因此转而推行"基于规则的国际秩序",在其他大国的支持下,协调建立了联合国、世界银行、国际货币基金组织、关税总协定、联合国教科文组织等全球性政治、金融、贸易、文化秩序。客观地说,"基于规则秩序"要优于欧洲主导的"基于权力的秩序"。

"二战"后美国大力倡导自由贸易并将之当作关贸总协定的灵魂,是基于几个方面的原因:有利于美国主导建立的规则扩大影响;在工业品方面具有比较优势,有利于服务业特别是金融业的全球扩张;可以占领道义制高点,凸显美国的领导责任。事实上,为了扶持盟友,美国还忍受了欧洲、日本、韩国、中国台湾等国家与地区的单边贸易歧视。这是美国整体税率较低的首要原因。作为回报加上占领美国大市场的需要,这些国家与地区通常以较低价格向美国出口商品。

随着国家数量的大幅度增加、发展中国家实力的壮大,加上来自一些大国的竞争,美国对一些国际规则的影响力下降。与之相随的是美国对一些国际组织的兴趣下降,越来越不愿意履行一些国际义务、越来越斤斤计较,直至"退群",还出现了要求盟友增加军费开支等"症候",而拖欠联合国会费的老毛病也日益严重。

对于明显不利于自己的国际制度,美国的态度很明确,并以不同方式应对:退出(典型如美元与黄金的固定汇率与《巴黎气候协定》);不参加并另外签订双边协议(典型如国际刑事法院);不参加但默认并做有利于自己的解读(典型如《联合国海洋法公约》);先要求特殊待遇不成则退出(典型如国际法院);对于影响力被边缘化的组织,也来个"一退了之"(典型如联合国教科文组织与联合国人权理事会)。

历史地看,美国对国际秩序始终奉"实用主义"为圭臬,滥觞于华盛顿的孤立主义,盛行过大半个世纪的门罗主义,都是如此。即使是具有理想主义色彩的威尔逊的"十四点建议",罗斯福的"四大自由",也是为了抑制老欧洲的"正统主义"、凸显美国的比较优势、占领国际政治的道德制高点而提出。在实际操作中，经常体现为"选择性应用""双重标准"。典型如对一些国家的政策，只要与美国关系密切，无论是国王党政，还是将军党政，都没有问题。一旦与美国关系不佳，则美国经常以"不民主"为由加以反对乃至推翻。

特朗普对"世界领导权"价值观议题兴趣不大，他的"美国优先"政策，不过是以不加掩饰的方式回归实用主义传统，旨在补偿本国的"全球化受害者"，并限制强大的竞争对手，为此选择性使用不同的政策工具箱：在传统制造业等领域，他强调"公平贸易"；在美国有优势的服务业（如IT产业、金融业与高端制造业）依然强调"自由贸易"而闭口不谈"公平贸易"；对于通过"自由竞争""公平竞争"也不能取胜的行业，则毫不犹豫地动用政治与法律手段扶持美国企业、打压对手国企业。迫使美国制造业回归、鼓励其他国家制造业投资美国、打压华为公司都是在这种背景下出台的政策。

这方面特朗普之前的总统也有先例：对日本的打压除了1986年的"广场协议"外，还有1991年的汽车对美出口"自愿配额"制；1998年亚洲金融危机时指责马来西亚政府采取资本项目管制与扶持企业政策，2008年国际金融危机时则以"大而不能倒"为由，坦然注资华尔街与汽车业。对国际事务与国内事务采取双重标准，是美国的一大特色，两党总统均如此。这对强调"基于规则的秩序"的超级大国，有点讽刺意味。

总之，国际规则是非中性的，现行"基于规则的秩序"的主导者是来自基督教文明的欧美国家特别是美国，来自其他文明的国家只是参与者与接受者。这是"威斯特伐利亚道统"的继续，主要体现的是基督教文明国家的价值观，有利于这类国家"吃肉"，但也在适当兼顾了来自其他文明国家的价值观，这些国家参加这些规则后也能"喝汤"，因此这个秩序能持续几十年。

现在，以中国为代表的新兴经济体已经成为全球经济增量的主要贡献者,他们已经不满足于"喝汤",也要求"吃肉",这无疑具有正当性。那么,现有的"基于规则的秩序"能适应这种变化么?笔者将专文论证:这个秩序将走向分化,以满足世界上多种文明的需求。

(本文以《美国如何运用"基于规则的秩序"》为题,发表于《世界知识》2019年第13期。编入本书时有部分增补)

3.17 俄罗斯研究：中俄合作的潜力与限度

核心观点：中俄双方主观上都没有结盟的意愿，客观上结盟对双方弊大于利；结盟外交有违中国的战略文化，伙伴外交则符合中国的战略文化，应该长期坚持。伙伴关系不影响中俄在某些方面形成实质性的同盟关系。

2019年6月中俄元首决定将两国关系从"全面战略协作伙伴关系"提升为"新时代全面战略协作伙伴关系"。这并非同盟关系，但就伙伴外交来说，已经达到了很高的层次，某些方面已经具有同盟外交的特点。那么，是否有必要将之调整为同盟关系？这取决于三点：结盟是否利大于弊，同盟外交是否与中国的战略文化相吻合，俄罗斯的立场。

结盟利弊分析　与俄罗斯结盟意味着中国与欧美从竞争走向了整体对抗，这将严重影响中国与欧美的政治、军事、经济、人文、教育、科技交流，并波及欧美的盟友与密切伙伴国。其损失很难从其他国家得到弥补。中国只需要维持与俄罗斯的伙伴关系即可防止这种伤害发生。

中俄合作对中国的主要价值是：在中亚地区、在某些重大议题上进行战略协作，减少来自欧美的压力；获得某些武器、军事技术与太空技术，缩小与欧美在这些方面的差距；进一步多元化油气、矿产、林木、畜牧产品与农产品等供应；为中国具有比较优势的产品（智能手机、电子商务、电机产品、轻工产品）提供市场。

一些熟悉俄罗斯经济的中国学者已得出结论：中俄经济合作进一步提升的空间有限。另外，笔者8月在东北调研中获得的信息是：近几年俄罗斯经济的不景气已经明显地影响了中俄边境经贸合作。而俄罗斯经济总量不大，中俄经贸合作在中国对外经贸中所占比重本来就不大。"政热经温"是过去20年中俄关系的集中概括，这种状况还将持续相当长时期。

　　战略文化分析　20世纪五六十年代，中国曾推行"一边倒"的外交并与若干国家建立了同盟关系，70年代则调整为"一条线""一大片"，80年代初期中国确定奉行"独立自主的和平外交"原则，90年代初开始致力于推行伙伴外交。这些调整中的关键环节是从结盟走向独立自主。这种调整的现实原因是，中国需依据国际形势变化与自身利益适时调整外交政策，而结盟使得中国外交受到制约，同盟外交对中国来说整体弊大于利。

　　从战略文化的角度看，结盟的做法也与中国"不兼容"。结盟体现了基督教欧洲的战略文化。随着欧洲势力的全球扩展，结盟变成了国际政治中的突出现象。而结盟在中国主要盛行于春秋战国时期。随着秦始皇统一中国、汉武帝推行儒家伦理，中国虽然仍有分分合合，但中国整体上处于华夷秩序主导者的地位，历代王朝本着"礼治天下"的理念处理内外关系，外交方略是"怀柔远人"。这种理念与方略在近代以前是有效的，并被周边国家所接受乃至模仿。近代以来中国被迫适应欧洲人主导的国际体系，在"以夷制夷"无效后于20世纪上半叶也采取"同盟外交"方略，因为这一时期难有其他选择。同盟外交在"二战"前是有效的。而在中华人民共和国成立后到改革开放前，这种方略的效果并不理想，"外交十年一变"也与此有关。而"独立自主的和平外交"则从20世纪80年代确立后一直奉行到今天。"伙伴外交"是"独立自主的和平外交"的延续与展开，目前为止中国已经与79个国家建立了不同类型的伙伴关系。在共建"一带一路"的过程中，中国依然奉行伙伴外交。

伙伴外交具有强大生命力的深层原因在于，它打通了现实外交需要与传统天下治理理念之间的脉络，中国执行伙伴外交远比同盟外交更为得心应手。因此，中国在崛起的过程中，虽然有条件自主选择外交方略，但依然应该坚持实行伙伴外交。这并不妨碍中国与特定国家的关系具有同盟的某些特点。

俄罗斯视角　俄罗斯的自身定位是"欧洲国家"，虽然奉行"双头鹰外交"，但外交重心依然在西方，"东方外交"对其价值有限；俄罗斯领导人反复表示无意与中国结盟，从联邦到地方在处理对华关系时始终抱持防范心理，典型表现为限制边界地区对华经济、文化、基础设施联通等多方面的合作，腐败、行政低效、劳工酗酒且欠勤劳等进一步限制了双边合作；担心与中国结盟影响到与西方的整体关系。

总之，"独立自主的和平外交"与"伙伴外交"既是不结盟外交理念在中国的体现，更是中国传统战略文化的体现，它既能为世界所接受，也能更好地服务于中国的国家利益，具有稳定性与可持续性。它与"一带一路"建设相契合，能有力推动中国梦的实现与人类命运共同体的构建。

就中俄关系而论，双方都缺乏结盟的意愿，结盟对中国弊大于利。中俄合作进一步提升的潜力主要集中在几个领域且空间有限。因此，中国应清晰把握双边合作的限度与重点，不宜把对俄关系调整为同盟关系，保持伙伴关系是更好的选择。

（本文以《中俄合作的潜力与限度》为题，发表于《世界知识》2019年第19期）

第四部分
"一带一路"下的国际变局与双多边关系

  This part includes 22 articles on various topics published in English. Whilst the main theme remains the building of The Belt and Road, these articles argue from different perspectives attempting to give readers a broader understanding on this of China's contemporary top-level foreign relations design.

  These English articles can be categorized into four parts: China's diplomacy and global governance, regional governance, bilateral relations, and nation studies. The author's research and views on these issues can be more clearly observed through this categorization. The author is one of the representative scholars on The Belt and Road initiative in Chinese academia, and his viewpoints may be helpful to the English readers who are willing to have a further understanding of The Belt and Road.

All articles included in this part were published from January 2018 to December 2019. My acknowledgements go to my co-authors: Dr. Cheng Zhangxi, Shou Pan, Liu He, as well as editors from China-US Focus (Zhu Yinghuang), Global Times (Wang Wenwen) and the Korea Times (Jaeho Hwang).

4.1　UN Best Framework to Address NK Nuke Issue*

Alongside China's rise, neighborhood diplomacy has been a priority in its foreign diplomacy. Northeast Asian nations are an important part of this strategy. Throughout Northeast Asia, economic development has long been blighted by political and security conundrums. Formulating a strategy targeting this region not only helps solve the Korean nuclear issue, but also serves China's long-term interests and brings more benefits to other regional stakeholders.

Given the complexities of this region, China's Northeast Asia policy consists of approaches toward Russia, Mongolia, the Korean Peninsula and Japan. China's relations with Mongolia is not as intractable as its ties with the other three parties.

Among the Northeast Asian nations, Russia is the only comprehensive strategic partner of China, and the two ushered in a new stage of the partnership in May 2014. Pursuing a non-aligned foreign policy is a common choice of major developing countries. Though Beijing and Moscow have reached a high degree of security cooperation, they are neither allies, nor do they intend to forge an alliance in the future. Becoming rivals against the world's sole superpower and its al-

---

* This article was published on Global Times, 21 Jan, 2018.

lies is a strategic mistake, as well as a violation of China's principle of maintaining strategic friendly relations with the US since Beijing adopted its reform and opening-up policy in 1978.

In addition, alignment means the formation of a military alliance, but who would be in the dominant position is a thorny issue. Again, Moscow's strategic alertness toward Beijing will not fade even if they ally with each other. And since a large-scale conflict between China and the US can be primarily caused by the Taiwan question, the alliance between China and Russia cannot prevent such a conflict from taking place.

The Yamato people, the dominant native ethnic group of Japan, hold a less usual philosophical view of seeing others as the center, which determines that their diplomatic principle of teaming with the most powerful country has not changed for thousands of years. It is expected that in the foreseeable future, Tokyo will seek to return to a state of normalcy through a deepened alliance with Washington by using the excuse of the "China threat".

Therefore, Beijing does not need to pin high hopes on its Tokyo policy. Maintaining economic and cultural ties and readjusting bilateral ties until the two sides see a larger gap in strength might be the practical path for now.

The key to the security of Northeast Asia lies in the Korean Peninsula, and in particular the North. It is worth noting that a secluded, backward DPRK has blocked the development of three provinces in Northeast China, exerting a rather negative influence that may well go beyond the advantages brought about by the so-called buffer zone. It's a pity that the stalemate, one of the multiple legacies of the Cold War, still exists on the peninsula, and the later-developed nuclear issue has complicated the scenario.

Constant security threats from the US and South Korea, drastically reduced

4.1 UN Best Framework to Address NK Nuke Issue

support due to the dissolution of the Soviet Union, China's reform and opening-up policy, and the establishment of diplomatic ties with the South have all prompted DPRK to develop nuclear weapons to defend its national security.

Washington holds that Pyongyang has the intent to strike American mainland and therefore it must not possess the capacity to conduct nuclear strikes. Its bottom line lies in excluding the possibility of being hit by the North.

DPRK is capable of striking China but has no intention to do so. But as China objects to the deployment of the Terminal High Altitude Area Defense anti-missile system in South Korea, out of consideration that it might break the strategic balance between Beijing and Washington, it has every reason to oppose the development of nuclear weapons that may threaten its security landscape. China must give greater priority to the goal of a nuclear-free Korean Peninsula than preventing war. But over the past year, China actually put prevention of war before denuclearization, which was an important condition for the North to develop nuclear weapons.

However, Beijing cannot persuade Pyongyang to give up nuclear weapons on its own. Now that North Korea's security concerns must be addressed, China's influence is not enough to make it abandon its nuclear plans, and joint maneuvering from China and the US may further provoke the isolated nation to take risks. A relatively feasible solution might be for the UN Security Council to adopt a resolution to render security guarantees and economic assistance to the North on the condition that it will give up its nuclear development plan.

Contradictions and lack of policy coordination among major powers provide the external conditions for Pyongyang to develop nuclear weapons. Consequently, as long as they reach consensus that the North must give up nuclear weapons but has the right to security guarantees, a UN Security Council resolution will be the most effective approach to the Korean Peninsula issue.

Beijing should encourage Seoul to play a bigger role in solving this issue while preventing their ties from being shocked by it. The Moon Jaein government must define the bottom line of the Sunshine Policy and should not, without any premise, object to addressing Pyongyang's nuclear issue in non-peaceful means.

4.2　How Will the Indo-Pacific Strategy Impact the Belt and Road Initiative?*

The US President Donald Trump's visits to five Asian countries in November 2017 made the word "Indo-Pacific" topical in China. There have been seminars regarding the "U.S. Indo-Pacific Strategy". This reflects the fact that the United States is still the country that influences China's diplomacy the most, though this influence is obviously declining.

What exactly is this "Indo-Pacific Strategy"?

One specific feature of Western strategic culture is to identify a rival and make an appropriate strategy to deal with. For the United States, this rival was the Soviet Union during the Cold War. In the 1990s, it then became the non-Western civilization. And after the 9/11 Attack, this rival was identified as terrorism and failed states. The Trump Administration at present regards the so-called revisionist countries (China and Russia) and rogue states (Iran and DPRK) as rivals. The rapid rise of China has not only changed the balance of power in the region, but it also challenged the values and interests of the United States. Whilst the Obama administration responded with the "Asia-Pacific Rebalancing" strategy, the Trump administration has the "Indo-Pacific Strategy".

---

* This aticle was published on China-US Focus, 12, Feb, 2018.

This is a strategy that is still under development. It seems President Trump hasn't got enough time to finalize this strategy. To realize "America First", Trump has placed more emphasis on the United States' homeland and economic issues, as well as a number of issues, such as the Islamic State and the Korean nuclear issue, which could directly affect the security of the United States. In short, Trump has much less interest in America's international leadership status than Obama, and the "Indo-Pacific Strategy" is mainly pushed forward by military forces and the Republican establishment.

Some U. S. allies, like Australia and Japan, have a strong interest in the "Indo-Pacific Strategy". Australia worries more than Japan that the United States will one day give up its leading role in Asia-Pacific security affairs. Australia is also more active than the United States in promoting the rule-based order to "rebalance China". In the name of "building a free and open Indo-Pacific region", Japan urges the "Quadruple Alliance" (QUAD) of the United States, Japan, India, and Australia to counter-balance China.

The Indian Prime Minister Narendra Modi is more interested in the "Quadruple Alliance" than his predecessors. However, India has a deep-rooted non-alignment strategic culture and cherishes its own strategic autonomy. India does not want to be a pawn of any great power, neither of the Soviet Union during the Cold War nor of the United States after the Cold War. At the same time, India is also worried about the influence of Japan, Australia, and the United States in the Indian Ocean and the South Asian region.

Therefore, it is unlikely that the "Quadruple Alliance" will be formally established. The four countries will cooperate on certain issues, such as military exercises, operations in the South China Sea and the Indian Ocean, but such cooperation will be limited.

4.2 How Will the Indo-Pacific Strategy Impact the Belt and Road Initiative?

The Indo-Pacific Strategy is also influenced by two factors: the particularities of Sino-U.S. relations and the characteristics of The Belt and Road initiative.

The United States has abundant experience in dealing with enemies and allies, but China is neither an enemy nor an ally of the United States. The basic judgment of the United States on China has changed dramatically in recent years. Since the Nixon administration, U.S. strategy toward China has been based on the belief that, with economic development, China will eventually move toward the Western Political model. This is not the case. China is demonstrating a model that differs from the West. This makes the elites in the United States particularly frustrated, prompting them to adopt tougher policies towards China. The problem, however, is that China has a variety of roles for the United States. China is an economic and cultural partner, an opponent in military and ideology, and a competitor in the IT and manufacturing industries. And when it comes to anti-terrorism, the Korean nuclear issue, Afghanistan's post-war reconstruction, and climate change, China is a collaborator. China is also the number one buyer of U.S. bonds. Therefore, in the National Security Strategy Report released in December 2018, China's position was identified as a strategic competitor, but in some paragraphs it was called "a rival power". It is difficult for the United States to use one word to define China. This means that the United States needs to wrestle with China in different fields. This is a new issue and the United States has no confidence in winning.

The Belt and Road is a top-level strategy of the current Chinese government to improve foreign relations. It is a peace-developing initiative that aims at promoting China's relations with other countries, assuming due responsibilities as a great power and benefiting other countries. China has no intention of establishing a military alliance against the United States during this process. China sees itself as "the builder of world peace, the contributor of global development, and the defender of the international order".

The construction of the The Belt and Road mainly focuses on the economic and cultural fields. Cooperation is the only way for the success of the The Belt and Road and for benefiting all concerned. China doesn't pursue exclusiveness in the process of building The Belt and Road. This also reflects the traditional Chinese philosophy of global governance, which is characterized by "seeking common ground and shelving differences".

To conclude, the Trump administration will likely use the "Indo-Pacific Strategy" to rebalance against China. But given that such a strategy is not in line with Trump's idea of "America first" and lacks institutional implementation, the "Indo-Pacific Strategy" is unlikely to affect the building of The Belt and Road.

4.3 What Might a Chinese World Order Look Like? Using the Ancient Concept of Li to Understand a Chinese Order*

What kind of world order will China be committed to building? This is a topic of global concern, and one which Chinese scholars need to ponder and answer. We suggest that China may be committed to building a Chinese order governed by the ancient concept of "li" (礼). The main characteristics of this order are: it regards li as the key means to conducting relationships; it is based on a concentric zone structure; and it is open.

What is "li"? Whilst we will adopt "propriety" as the English translation, li is also often translated as "ritual" or "rites." The word has a broad meaning in Chinese, and can refer to, among other things, proper words or behavior, codes of conduct, ceremonies, gifts, surnames, etc. Li, in the sense of the first two meanings, is one of the Five Constant Virtues (五常 wu chang: 仁 ren, benevolence; 义 yi, righteousness; 礼 li, propriety; 智 zhi, wisdom; and 信 xin, fidelity).

---

* This article was published on The Diplomat, 13 Apr 2018, with CHENG Zhangxi.

◇◇ A Brief History of Li

Since the Han Dynasty, Confucianism has become the primary backbone of Chinese culture and has great influence on both the country's politics and peoples' lives. Propriety is the key tenet of Confucianism, as it is intrinsically related to each of the other Five Constant Virtues. One must have propriety to realize benevolence and righteousness, while wisdom and fidelity are requirements to achieving propriety.

Further, ancient China's tradition holds that families and countries are based on the same structure, which is underpinned by li. Hence the saying goes that: "Man without propriety shall not stand, matters without propriety shall not succeed, and countries without propriety shall not last." In other words, whether in personal affairs or interstate relations, propriety should always be the foundation, whereas rudeness (the lack of li) can only lead to disaster.

For more than 1,000 years of history, East Asia had an international state system centred on China, namely the Hua-Yi Order (华夷秩序), which refers to China (Hua) and others or, less charitably, "barbarians" (Yi). Under this system, China adopted a policy of "give more but take less" （薄来厚往 bo lai hou wang）. This policy conformed to the Chinese conception of propriety, and it helped maintain the stability of the East Asian region, and thereby the Hua-Yi Order itself.

When driving forward The Belt and Road initiative, China may not copy that ancient policy; however, it is also not placing business interests first. To support the development of China-friendly countries is obviously an important factor,

4.3 What Might a Chinese World Order Look Like? Using the Ancient Concept of Li to Understand a Chinese Order

hence the emphases on the correct view of righteousness; the principles of amity, sincerity, mutual benefit and inclusiveness, and so on; and the implementations of bilateral government cooperation and investment in infrastructure projects seen as less desirable from a business perspective. In a future that Chinese order governed by propriety, however, China as a leading country is less likely to stress relative gains, for that is neither a general practice of major powers toward small states, nor is it a traditional Chinese approach.

The Hua-Yi Order was built on a concentric zone structure that expanded from the Emperor's palace outward. The relationships of the members within the system were both hierarchical and distinguished by their closeness to the center. To understand the Hua-Yi Order, envision a series of concentric circles, with the Emperor's palace at the heart. Every additional 500 Chinese miles (250 kilometers) in the radius delimits a circle (服 fu); the Chinese considered the Hua-Yi Order to consist of Five Circles (五服 wu fu). The first three circles were considered Hua, which meant the civilized land. The latter two circles were called Yi, which refers to the uncivilized land.

Both interpersonal and interstate relationships could be divided into Five Circles. Traditional Chinese culture believes that the inequality between individuals is normal. What really matters is not how to achieve equality, but how to connect individuals with propriety so as to facilitate an orderly society.

Christianity has the concept of everyone being equal before God. This basic philosophy evolved into modern concepts in Christian-majority countries like equality before the law, equality between men and women, equality between major and small countries, etc. However, these concepts have changed from local philosophies to the concepts and practices recognized by most people and countries in the world. Therefore, it is impossible for the Chinese order governed by propriety to rebuild its hierarchy in the modern world.

Still, different degrees of relationship depending on closeness (whether in geography or affinity) to the center cannot be overlooked nor eliminated. Even in today's international system, the United States has its own particularly close partners: Canada, the United Kingdom, Australia, and New Zealand.

It can be expected that in the Chinese order governed by propriety, China will also classify member countries according to closeness. However, the countries with relatively better relations with China may not necessarily come from the Confucian cultural circle.

◇◇ The Openness of the System

In the historical Hua-Yi Order, no countries were excluded from joining the system. For places that were considered less civilized lands, that would entail paying tribute or conferring titles (recognizing the prominence of China). These actions were ideally voluntary (although dependencies had less autonomy). This characteristic was mainly due to the concept of "inclusiveness" in Chinese traditional culture and a belief in "harmony in diversity". Chinese tradition stressed that "if people far away are not obedient, then improve civility and morality to smooth their way" —in other words, a diplomatic approach based on propriety and benevolence was the best choice.

This tradition diverges from the nation-state system created and led by Western countries, which emphasizes alliances and antagonists, and is accustomed to using institutional constraints to assimilate allies.

Since the 1980s, China has promoted independent and peaceful diplomacy,

4.3 What Might a Chinese World Order Look Like? Using the Ancient Concept of Li to Understand a Chinese Order

and during the 1990s, this gradually became "partner diplomacy". After implementing The Belt and Road initiative, China continues to strengthen partnerships. This is a manifestation of traditional culture and will also be reflected in the Chinese order governed by propriety.

Considering that this order can, by its self-definition, only be established in a peaceful manner, it will be extremely difficult to replace the existing international system. Openness also makes the Chinese order governed by propriety compatible with the current international system. The number of countries joining the Chinese order governed by propriety will be dynamic—neither too many, nor too few. Members might be spread over all continents, but the majority will be China's neighboring countries.

In short, the Chinese order governed by propriety is neither a power-based order, like the one the Western world has engaged in for hundreds of years, nor is it the sort of rule-based order that many countries have repeatedly promoted to China. It is a bilaterally-oriented new international order founded on Chinese tradition and reformed through modernity. And, importantly, it is compatible with the current international system.

4.4 Moon's Policies Could Enhance Cooperation with The Belt and Road[*]

South Korean President Moon Jae-in has made much of economic cooperation with Northern countries. Not long after taking office, he decided to assemble the Presidential Committee on Northern Economic Cooperation (PCNEC).

In late August 2017, Moon appointed Song Young-gil as head of the PCNEC. Moon announced his New Northern Policy at the third Eastern Economic Forum, which kicked off in September 2017 in Vladivostok, Russia.

In an interview in April with HK01, a Hong Kong, China-based media outlet, Song said that Moon mentioned the New Northern Policy during his visit to China, proposing stronger cooperation between China and South Korea on areas such as trade and investment. Also, he suggested The Belt and Road initiative and the New Northern Policy should be jointly directed at cooperation in infrastructure construction and Super Grid connection, to get other neighboring countries on board.

According to the HK01 report, the joining of the two strategies can be divided into two parts.

---

[*] This article was published on Global Times, 8 May 2018

4.4 Moon's Policies Could Enhance Cooperation with The Belt and Road

First, the New Northern Policy will link the Northeastern provinces in China and also connect with the China–Mongolia–Russia economic corridor. To be specific, as to the solution of the Korean nuclear issue and a better North–South relationship, South Korea could build a multilateral relationship with China, DPRK and Russia by restarting the Rajin–Khasan–Hunchun logistics project or promoting the Tumen River development plan.

Second, the transcontinental rail network, an important plank in The Belt and Road initiative, the China–Central Asia–West Asia economic corridor together with the New Northern Policy will combine to promote economic cooperation with Russia, Mongolia and Central Asia. This combination will improve communication between South Korea and the other countries on this route.

What's the substance of the New Northern Policy? Will it create synergy with The Belt and Road initiative? How should China respond to it?

The US–South Korea alliance is the cornerstone of South Korea's foreign policy. Any external economic cooperation will be secondary to it. Even Moon's program for international economic cooperation was released after his visit to Washington in June.

The New Northern Policy is part of the New Economic Map initiative that was made public internationally in July 2017 at the Korber Foundation. But Moon published documents with the same name before he became president.

The New Economic Map has been his consistent proposition. The main idea is to strengthen economic cooperation between DPRK and South Korea, and build an H–shaped economic structure through cooperation with neighboring countries such as Russia, Japan and China. The goal is to forge the Korean Peninsula into the focal point of common prosperity in Northeast Asia.

Better North–South relations and closer economic cooperation lie at the core of this concept. Moon's economic blueprint has similarities with the 10-year economic development plan drawn up by DPRK, and DPRK highly trusts Moon. The plan is very likely to progress, especially to facilitate the restarting of the Kaesong industrial region and the Kumgang Mountains tourist program.

The foreign economic policy of Moon has two main focuses, both of which are intended to push forward cooperation between the two Koreas: the New Northern Policy and the New Southern Policy.

In November 2017, Moon proposed the New Southern Policy in Indonesia, targeting the Association of Southeast Asian Nations (ASEAN). He has tried to include South-Asia, especially India.

The main connection with The Belt and Road initiative is in joint development of the Southeast Asian market. The New Southern Policy sets a trade goal with ASEAN of \$200 billion by 2020, which would be nearly equal to the \$220 billion in trade between China and South Korea in 2017.

The New Northern Policy covers all countries in the Commonwealth of Independent States, with China and Mongolia on board as cooperative partners. But Russia is its primary partner.

Moon even chose Russia as a site to release the New Northern Policy, and he has shown great interest in developing Russia's Far East region with Moscow.

China is the next most important partner after Russia. Three factors have held South Korea back: the US-South Korean military alliance, the Korean nuclear issue, and the already close bilateral economic relationship which does not have much room left for improvement.

Russia seems more appealing to South Korea. But the economic cooperation between China and South Korea has potential and is going to a deeper level. South Korea has greatly benefited from it. China will play a constructive role in welding

4.4 Moon's Policies Could Enhance Cooperation with The Belt and Road

the North and South. Thus, South Korea would like to link the New Northern Policy and The Belt and Road initiative.

In Northeast Asia, security issues—the Korean nuclear issue in particular—clash with economic development and cooperation from time to time. However, no country alone can significantly improve the regional security situation.

Nonetheless, South Korea is still China's key partner in the region, especially on the economic front. It is crucial to promote the joining of The Belt and Road initiative and the New Northern Policy, and even the New Southern Policy.

South Korea has done thorough research on The Belt and Road initiative. But there has been insufficient study of the New Northern Policy in China. China needs to study the list of cooperation items more carefully. Some projects can even involve DPRK. After all, the denuclearization of the Korean Peninsula and cooperation of the two Koreas are both essential parts of the Peninsula policy.

4.5   Singaporean Chinese Struggle with Identity Amid Cross Currents[*]

A recent New York Times article on China's cultural influence on Singaporean Chinese has sparked wide debate.

The identity of Singaporean Chinese can be analyzed from three dimensions, political, cultural and emotional.

Singapore has a population of around 5.5 million. Among them, 3.4 million are Singaporean citizens, with Singaporean Chinese accounting for 75 percent of total population.

Within the nation-state system, nationality is the major sign of a citizen's political identity. Therefore, dual nationality amounts to double political identity. But the Singaporean government does not recognize dual nationality. To qualify for Singaporean citizenship, an immigrant must first renounce his or her original nationality. Thus, a Singaporean Chinese is a Singaporean in terms of political identity, and views Singapore as his country—he has nothing in common with a Chinese in these two aspects.

Most of the Chinese permanent residents in Singapore are eligible to apply for citizenship. They have a Chinese political identity, and theoretically they are

---

[*]   This article was published on Global Times, 12 Aug 2018.

4.5 Singaporean Chinese Struggle with Identity Amid Cross Currents

supposed to maintain that identity. However, since they have lived in Singapore for a long time, their emotional ties to China seem to be weakening.

By "ethnic Chinese," Singaporean government and media mean past and recent immigrants from China, as well as their descendants, including Straits Chinese (i.e., Peranakan) and Chinese permanent residents who have not been naturalized. Before 1965, Chinese immigrants in Singapore were generally from Fujian, Guangdong or Hainan. But since 1990, Chinese immigrants from other provinces of China have been migrating to Singapore. The arrival of these recent immigrants helped strengthen the original Singapore citizens' self-identification as a true blue Singaporean. New Chinese immigrants or visitors are referred to as "Chinese" or even "Ah Tiong." Singaporean Chinese (except for Straits Chinese) mostly belong to the Han ethnicity in terms of consanguinity, and are part of Chinese civilization and cultural identity. Subjectively, they are proud of the Chinese civilization and identity. But their cultural identification varies sharply among different generations.

The first generation immigrants maintain a strong attachment to Chinese civilization. They show a preference for "Chinese" festivals, dressing, food, art, and even travel destinations. However, second generation immigrants show a weakening attachment to Chinese civilization. They recognize that their ancestors are from China, but hold a critical view of Chinese culture. Their identification of Chinese culture is mostly embodied in their communication in Chinese on certain occasions and participation in traditional Chinese festivals. Identification with Chinese culture among Straits Chinese is even weaker.

The main function of Chinese cultural identity is to distinguish different ethnic groups in Singapore-Singaporean Chinese do not belong to Malays, Indians, or Eurasians, their ancestors are from Fujian or Guangdong. Having lived in a patriarchal society for thousands of years, Chinese people are accustomed to building a network according to clans or regions, even when they are abroad.

There are several reasons why Singaporean Chinese are not emotionally attached to China. First, for more than a hundred years, British authorities implemented an education policy that instilled a servile attitude in Straits Settlements, which is most shown in true-blue Singaporeans. To build a nation state after the founding of Singapore, the government tried to emphasize that Singapore was a country of diverse races and cultures, and made efforts to dilute the Chinese characteristics of Singaporean Chinese.

Second, located between two Muslim countries, the Singaporean government deliberately distances itself from China so as to avoid the suspicion of its neighbors.

Third, in an English-dominated education system, elites who generally accept Western education are getting increasingly unfamiliar with Chinese culture.

Fourth, Singaporeans hold that China has been chauvinistic toward Southeastern countries since the new century. There is a widely-held view among Singaporeans that though China has provided many commercial opportunities, Chinese culture lacks attraction.

All in all, the political and cultural identity of Singaporean citizens has little to do with China. China or Chinese civilization is not highly appreciated among Singaporeans in terms of politics, culture or emotional attachment. Singapore has undergone thorough desinicization, though not complete Westernization.

The right grasp of the identity of Singaporean Chinese is a necessity to properly deal with China-Singapore relations.

4.6 The Belt and Road Initiative in Malaysia has Exemplary Effect[*]

Malaysian Prime Minister Mahathir Mohamad's visit to China from August 17 to 21 will have influence on at least three frontiers—strategic competition between China and the US in Southeast Asia, stable development of Sino-Malaysian ties and the overall sustainability of The Belt and Road initiative. For China, Mahathir's tour is important as there is a possibility of a new consensus over further joint promotion of The Belt and Road with the Malaysian government after talks.

Conflicts in history between a rising power and a hegemonic power have been normal. Outbreak of an armed conflict between Beijing and Washington is unlikely, but peaceful competition between the two is inevitable and Southeast Asia is a vital area for such competition.

Southeast Asian countries rely on China for economic growth but depend on the US for matters of security while safeguarding the Association of Southeast Asian Nations (ASEAN) 's centrality in regional affairs.

Although the US President Donald Trump is advocating "America First", Washington is reluctant to see its strategic competitor, China, leading the way in

---

[*] This article was published on Global Times, 16 Aug 2018.

Southeast Asia. So he is asking his allies and partners to take greater responsibility for security while offering symbolic economic support.

For instance, Washington initiated the Indo-Pacific strategy at the end of 2017 and revived the Quadrilateral Security Dialogue, or QUAD, a four-way security mechanism between itself, Japan, India and Australia.

Earlier this month, US Secretary of State Mike Pompeo pledged to provide about \$300 million in new security funding for the Indo-Pacific region. In July, he announced \$113 million the US investment to promote Indo-Pacific's new technology, energy and infrastructure initiatives.

Meanwhile, China is seeking mutually beneficial economic cooperation with ASEAN nations, taking under control divergences with claimants in the South China Sea over security issues and developing collaboration with ASEAN in non-traditional security affairs.

So far, when it comes to cooperation with Southeast Asian countries, China is having an upper hand economically and the US is prevailing on security issues.

Neighborhood diplomacy is the priority of China's foreign policy and Southeast Asia is a crucial area in China's neighborhood diplomacy. It is also a hub on the 21st century Maritime Silk Road.

Among the 10 ASEAN members, Malaysia is one of the main partners of The Belt and Road. Over the past few years, Beijing and Kuala Lumpur have inked a large number of cooperation contracts and agreements. But Mahathir, who assumed office not long ago, believes his predecessor Najib Razak signed too many contracts for major infrastructure projects which need too much money. There is also a suspicion of corruption. Therefore, he wanted to re-examine all major international projects, of which most are China-linked.

The prior option for China is to coordinate with Malaysia in re-examining the

4.6 The Belt and Road Initiative in Malaysia has Exemplary Effect

agreements so as to come to a new consensus with Kuala Lumpur. If the two sides fail to agree in the end, Beijing could consider terminating the projects and ask for compensation from Malaysia. If Chinese companies are found involved in corrupt practices, they should be punished by the Chinese government. It can also be seen as an opportunity to promote China's anti-corruption laws to regulate Chinese enterprises overseas.

When young, Mahathir was a radical Malay nationalist. But he became a practical and mature politician after assuming power. He is well aware of the value of cooperating with China. During his tenure as prime minister from 1981 to 2003, Mahathir visited China seven times, giving a boost to Sino-Malaysian ties.

The Belt and Road is about five years old. It is time to make a general reflection and evaluation. The Belt and Road has seen several milestones in the past five years but there have also been problems. While promoting the initiative, China should also pay more attention to its quality.

Malaysia's case shows how the changes in The Belt and Road participants' political landscape can influence projects. Experience in resolving the case will have implications for China's cooperation with Malaysia in post-Mahathir era as well as other main partners along The Belt and Road route.

In the meantime, Washington has little experience of promoting economic development in other countries. As long as China can steadily promote The Belt and Road, there is no need to worry about economic competition with the US in the region.

4.7 Africa Key to Chinese Diplomacy in New Era[*]

The Belt and Road initiative is a top-level planning of China's diplomacy in the new era. Chinese diplomacy is aiming at realizing the Chinese dream through The Belt and Road. China's diplomatic style stresses on competent and energetic, and the country attaches more importance to neighboring countries and welcomes other nations to take ride of China's economic development.

So what is the role of Africa in China's diplomacy in the new era? In terms of the promotion of The Belt and Road, the importance of Africa is only that it's next to China's neighboring countries. A number of African countries are set to become key partners in The Belt and Road.

It is not only because Africa is a region that has the most developing countries, but also because during the liberation movement throughout Africa in the late 1950s, China and many African countries supported each other. With no major contradictions and conflicts of interest, China and African countries have maintained favorable political and economic ties.

West Asia is also a region that comprises a vast number of developing countries. The 22 Arab countries in West Asia and North Africa are areas where China

---

[*] This article was published on Global Times, 30 Sep 2018.

pushes forward its strategy of strengthening ties with developing countries. But the Arab world and West Asia are not as important as Africa.

As for Latin America and Oceania, given their geographic distance, their political, economic and cultural ties with China are relatively weak and their importance is not comparable to the aforesaid regions in China's diplomacy in the new era.

Since the reform and opening-up, China has gradually formed a foreign policy that treats "major power relations as key, relations with neighboring countries as a top priority, relations with developing countries as a foundation, multilateral diplomacy as an important arena, and public diplomacy as a supplement."

The concept that relations with neighboring countries are China's top priority was born after reform and opening-up and has become a component in China's diplomatic architecture.

Before the reform and opening-up, China did not have a close relationship with neighboring countries. It was not until 1990 that China normalized diplomatic ties with all the 10 ASEAN nations.

After 1989, China strengthened cooperation with developing countries, to break the Western blockade. Since 1991, Chinese foreign ministers have chosen African countries as their first foreign stop every year. It shows that Africa is at the center of China's diplomacy with developing countries.

Since 1992, China has been dedicated to a socialist market economy. With a fast-growing economy, it has a rocketing demand for energy and raw materials. Therefore, economic cooperation such as resource exploration and basic infrastructure buildup between China and Africa reflects the complementarity between the two sides, and such cooperation has seen a noticeable increase. China has been Africa's biggest trade partner for nine consecutive years.

Enterprises are the forerunners of the Belt and Road. Africa is the key region where many Chinese enterprises expand their businesses overseas. Among the 20 national-level foreign trade zones approved by China's Ministry of Commerce, seven are in Africa. There are more than 3,200 Chinese companies operating in Africa.

China's development experience, governance and anti-corruption campaign have offered incentives to some African countries. For instance, Egypt hopes to learn from Shenzhen's experience for its economic zone located in the country's Red Sea port city of Safaga, so does the economic zone in the Dar es Salaam harbor of Tanzania. Meanwhile, Ethiopia is eager to learn from China's anti-graft experience.

The status of Africa as China's diplomatic foundation will not change. In face of pressure from developed economies such as European countries, the US and Japan, ties with Africa will be a driving force for China to enhance diplomacy with developing countries.

But problems in China-Africa cooperation are worthy of attention. According to a survey conducted by the China Foreign Language Publishing Administration, in 2017 China got a score of 7.2 from people from four African nations, namely Egypt, Nigeria, Kenya and South Africa, in terms of their impression of China, lower than 8.0 in 2013. This proves that there is room for improvement in China-Africa cooperation.

4.8 Understanding China-US Relations: Cold Wrestle Rather Than a New Cold War[①]

There are rising perceptions among Chinese academia in international relations studies this year claiming that "China-US relations are entering a new Cold War". The intensifying trade war of recent months and some measures of the Trump administration's approach toward China are seen as new evidence by some Chinese scholars proving that the China – US relationship is entering a new cold war.

Here are their main arguments: The US has defined China as its main strategic rival. Therefore, the US has taken aggressive and restrictive measures against China in terms of propaganda, economic and military cooperation, technological and cultural exchanges. Apart from taking actions themselves, the US has instigated the participation of its allies and partners for concerted actions. All those mean that the US containment on China has become a reality, enough to constitute a new cold war. Although this new cold war has not yet arrived, it could eventually become a reality as the situation intensifies.

Are they right? In fact, the key features of the last Cold War were as follows: the US and the Soviet Union, based on confrontational ideology, aimed at

---

[①] This article was published on China Focus, 10 Oct 2018.

disintegrating or assimilating each other. They took every aggressive action except initiating a war, to advance their overall strength and expand their respective sphere of influence while at the same time weakening the other one. Their diplomatic policies included: suppressing the rival party in politics and ideology, and in terms of the military, they engaged in an arms race, built their own system of alliances and partner networks and started wars in other regions as agents or supporters. In economic terms, they built parallel markets, separated from one another in cultural, technological and human exchanges.

With that standard of what constitutes a cold war in mind, let's turn to China-US relations.

In the new era, China has continued with its ideology of Socialism with Chinese characteristics, with domestic and diplomatic goals of achieving the China Dream and building a community with a shared future for mankind. Diplomatically, China upholds a new type of international relations with win-win cooperation at its core, promoting globalization. China is committed to be "a builder of world peace, contributor to global development, and defender of the international order", and to provide China wisdom and proposals for solution of issues facing the mankind.

Meanwhile, China will not copy foreign modes of development on the whole and won't impose the Chinese model on other countries, meaning that China won't ask other countries to do as China does. In terms of its relationship with the US, China speaks about the two nations building a new type of international relations so as to avoid Thucydides's Trap, expressing that it is neither a so-called international sheriff nor holds hopes of replacing others.

Clearly, China has no intention to disintegrate or assimilate the US, and also has no intention of starting an arms race with the US. China advocates partner-

4.8 Understanding China–US Relations: Cold Wrestle Rather Than a New Cold War

ship diplomacy without any system of alliances. In economic terms, China constantly formulates new open policies to strengthen cultural, technological and human exchanges with all other countries. The key of The Belt and Road initiative lies in economics and culture. The multilateralism that China has constructed with other countries is open, as is evident in the Asian Infrastructure Investment Bank, Conference on Interaction and Confidence-Building Measures in Asia (CICA) and the Free Trade Area of the Asia-Pacific (FTAAP). Furthermore, China currently engages in or has plans to carry out cooperation with Japan, South Korea and Singapore in third countries.

From the US's perspective, a consensus was reached after years of debate: The US has to adjust its policies and mindset toward China after the failure of a strategy used since the Nixon Administration—guidinging China to the US-led international order through engagement. In the view of the US, with the rapid growth of China's overall strength, China has become more and more aggressive in its diplomacy and even threatened other countries, especially neighboring middle and small countries, in various ways. China has also stepped backward in political democratization. In terms of its economy, China's state capitalism has highlighted the competitive disadvantages of the US's market capitalism, while China has also influenced the technological advantages of developed countries including the US through compulsory technology transfer and intellectual property theft. Industrial policies such as "Made in China 2025" will improve China's technology in systematically threaten the advantages of the US. Chinese students and technological personnel in the US are exactly the tools that China can use to steal US technologies. In cultural terms, China is penetrating into the US through Confucius Institutes and various media organizations. It is unlikely at this moment that China and the US will enter a real war, for China is not a new Soviet Union and its overall strength is still inferior compared to that of the US. However, considering the fact that China is experiencing rapid growth, America must quit its unilateral compromise to China and pay attention to quid pro quo. That is, US-China relations must be based on reciprocality. If China fails to do so, the US will fight back. . At the same time, the US requires China to conform to a rules-based order in international affairs, especially in diplomatic affairs with China's neighbors.

The views of the Trump administration are as follows: the administration will focus on American interests and homeland affairs, emphasizing the protection of homeland manufacturing, energy, technology and infrastructure and protecting the interests of the military-industrial sector and victims of globalization. The administration will reject to shoulder too runck overseas obligations and leave more responsibilities to allies and partners if it needs to step some international affairs. Additionally, the administration is not interested in global leadership and value diplomacy, and chooses to participate in international affairs only on some particulare issues or limited areas. In terms of diplomatic policies toward China, the Trump administration is oriented toward taking a hard line against China. They are trying to exclude pro-China colleagues to avoid the "failures" of the previous government. Under the promotion of regional allies and partners, the US only participates in hotspot issues such as the denuclearization of the Korean Peninsula, the East China Sea issue, the Taiwan question and the South China Sea issue. Such participation is under the premise that other countries shoulder more responsibilities and obligations, therefore allowing the US to take more flexible and efficient measures.

In conclusion, China will continue its tone of cooperation rather than confrontation in terms of its diplomacy with the US. "New Cold War" is not a per-

4.8 Understanding China-US Relations: Cold Wrestle Rather Than a New Cold War

suasive argument because China won't participate in such a war. Certainly, in terms of diplomatic policies toward the US, China is to be more positive in terms of setting an agenda, more steadfast in maintaining its bottom line and more flexible in diplomacy. China may show its flexibility so long as the US doesn't challenge China's core interests, such as the Taiwan question.

The US remains the stronger player in terms of China - US relations. However, the US won't apply to China the policies it once used toward the Soviet Union. Instead, the US aims at gaining tangible profits from reducing China's "impropriate" advantages (such as service market access) through flexible but determined approaches under the premise of not triggering a wide-scale conflict.

As a result, China-US relations are not in a new cold war but in a situation of intertwined competition in which their interests are tangled. This cold wrestle (intertwined competition) is aimed at finding new equilibrium of interest between China-US through each issue.

It's worth emphasizing that it is almost impossible for China and the US to start a new cold war even if tensions continue to escalate, because their relationship lacks the key features of what constituted the cold war that occurred between the US and the Soviet Union.

4.9 Resolving the Trade War at the G20 Summit?*

On November 30, the G20 Summit will begin in Buenos Aires, Argentina. The leaders of China and the United States will hold talks during the summit to explore ways to resolve the ongoing trade war between them. According to reports, the US has given China a detailed list of demands for stopping the trade war, and the Chinese side is believed to have responded with its own suggestions. U.S. President Donald Trump's response was that he hoped China want to reach an agreement, and that although China's list was relatively complete, it still omitted four or five important issues. The two sides are, therefore, engaged in close consultation. Trump has stated that if the two sides fail to reach an agreement, he will impose another $267 billion worth of tariffs on Chinese goods. This would mean the launch of a full-on trade war between the two countries. Such a trade war between the world's two largest economies would have a major impact on both the belligerents and the rest of the world. The Chinese and U.S. stock markets is the recent proof of this.

Is it possible for China and U.S. to reach an agreement before the 30th? If an agreement is reached, what will the impact be on the future of China-

---

* This article was published on China-US Focus, 26 Nov 2018.

U. S. relations? To answer these questions, we first need to understand the nature of China–U. S. relations.

In a column published in World Affairs, I defined a cold war and stated my belief that the occurrence of a cold war requires certain conditions, which I found to be missing between China and U. S. , and thus concluded that a cold war would not take place. Rather, I stated that the two nations are engaged in a "cold wrestle" over interests. They have been locked in this state for a considerable period of time as they grapple for a new equilibrium in their relationship concerning various regions, fields, and issues. Their trade war is a part of this cold wrestle.

Between 2010 and 2015, U. S. reached a consensus that although China is not the Soviet Union, it is still a strategic competitor of U. S. The strategy of engagement of U. S. implemented since President Nixon had failed, and its future strategy was to be to unite with allies and partners to urge China to respect the rules-based order while also requiring equal treatment in bilateral exchanges from China. Trump, though, is not that interested in values or world leadership. He is interested in his America First strategy. The list he gave to China is a clear indication of this.

Chinese diplomacy has always been about persuasion by reason and not by force, which has resulted in it daring to take on U. S. in a trade war. This is unique in the world today. But China is also aware of the importance of maintaining friendly relations with U. S. It has no intention of engaging U. S. in an all-out confrontation and hopes to establish a new type of relationship between major powers. So long as U. S. does not jeopardize China's core interests, China will be flexible in order to end the trade war. Based on its adopted policy of "fighting to the end if the other attacks, or opening the door if the other talks", China evaluated the list proposed by U. S. and has provided a detailed response.

Since Trump has no objections to the majority of issues in China's feedback, it is likely that the two sides will reach agreement on the remaining issues. This, however, will require U. S. to show sufficient sincerity and flexibility and not simply expect China to fully accept all the requirements set out by U. S. As a savvy businessman, Trump will understand this. Looking at his negotiations with South Korea, Japan, Canada, Mexico, and other countries, one sees that his usual style is to make successive demands, then pragmatic compromises and timely agreements. I therefore believe that China and U. S. will, in all probability, reach a consensus in Argentina, and the China-U. S. trade war is likely to end at the G20 Summit.

Nevertheless, reaching an agreement and ending the trade war simply means that the two sides have temporarily reached a new equilibrium on one issue, and it will not affect the view of U. S. that regards China as a strategic competitor. In some ways, U. S. may also regard China as an opponent and enemy. Even if China engages in investment and cultural exchanges, U. S. will tighten its China policy and force the Chinese market to open up to U. S. This will lead the two sides into a cold wrestle over other issues, such as cybersecurity, naval navigation rights, the new space race, or intellectual property. In short, China and the U. S. will be in a state of "coopetition" (cooperative competition), with occasional confrontation on certain issues, particularly the Taiwan Strait issue. Fortunately, two nuclear powers such as China and U. S. would not launch a full-scale war something like that. It is, therefore, expected that appropriate measures will be adopted to manage differences and prevent conflict from escalating. The situations in the East China Sea and South China sea are similar, but their importance to China's national interests is obviously less than the importance of Taiwan, China.

In the context of The Belt and Road initiative, peripheral diplomacy has become the priority of Chinese diplomacy. An appropriate level of competition between China and U. S. will give China's neighbors the space to pursue policies that balance their relationships between U. S. and China. They certainly do not want the relationship between China and U. S. to deteriorate to the point that they need to choose between them. This would seriously impact their economies and affect other areas, such as security.

As far as China is concerned, as it seeks to realize the Chinese dream of transforming itself from a large country with global influence into a global comprehensive power, it will need to increase both its hard and soft. For China, which pursues a foreign policy of non-alignment, this means not only strengthening economic exchanges with neighboring countries, but also allowing them to ride on the coattails of China's rapid economic development, while increasing China's appeal to them and dispelling any doubts or reservations they might have, thereby becoming a trusted partner. This is a big test for China. For major powers, it is much easier to flaunt power than to show affinity in diplomacy. But showing affinity while guarding the core interests of the country is a necessary part of China to become a trusted partner. China was a traditional great power for more than 2,000 years, but it still has much to learn about how to wield regional and global influence in the nation-state system. It should learn from U. S. and from its neighbors.

Learning from other's strong points can make one great. This is a necessity if China is to compete with U. S. , but it is also fitting of a major power. China has done well in the past 40 years, but it still has room for improvement.

4.10 Will the UK Isolate Itself after Brexit?*

What does Brexit mean for the UK? According to my fieldwork in the UK in September, the British public is divided along two lines on the issue. The elites are worried. In their opinion, the UK will take many years to recover from the impact of Brexit which will make the country weaker and even autistic. Yet they have no consensus over the second referendum.

The grassroots support Brexit. They believe that the Channel Tunnel immigrants are a burden on the UK, and the nation contributes more than it takes from the EU. While hating orders from Brussels, they insist on that the UK has its fate in its hands, and believe that one more referendum will only see more Brexit supporters.

Historically, unlike Japan, which has been secluded, the UK has always maintained close ties with the European continent. Not only do its religions and races come from the continent, but it is also economically close to Europe and politically part of the European royal family network. Queen Victoria was also broadly called the "European grandmother".

In order to understand the relationship between the UK and the European

---

* This article was published on Global Times, 9 Jan 2019.

4.10 Will the UK Isolate Itself after Brexit?

continent, the Hundred Years' War is a useful beginning. The 116-year war ended in 1453 in the loss of Calais—the last stronghold of England on the continent. Since then, England turned its expansionary intent to the British Isles and the seas on the one hand, and conceived a new strategy toward the continent on the other.

In 1534, Henry VIII broke up with the Roman Curia and "established" the Church of England (COE, Anglican Church). He did it mainly to remarry. Afterwards, religious differences were born between COE and Catholics much less than that between COE and Lutheranism–Calvinism for quite long. To strengthen the Anglican Church, Henry VIII promoted the development of business and industry by expropriating Catholic land and property, supporting industry, commerce and overseas expansion.

In 1588, defeating the Spanish Armada in the Battle of Gravelines boosted the confidence of England's Royal Navy. Emboldened, it even launched an attack on the Spanish Armada. Meanwhile, England supported France and the Netherlands—main Spanish rivals on the continent. At this stage, England laid out its continental strategy: balance of power with a primary doctrine of "aligning with the weak".

One hundred years later, the rapidly growing bourgeoisie and new aristocracy successfully practiced the Glorious Revolution in 1688 and thus prevented the restoration of Catholic forces. Economic development combined with "laissez-faire" gave Britain the opportunity to lead the industrial revolution in the 1760s, which in turn led to a significant increase in its power, and enabled the British Navy to defeat a combined Spanish and Dutch fleet in the Battle of Trafalgar in 1805.

Through the efforts of the 19th century, especially the Victorian period

(1837–1901), the UK entered a glorious age. Based on its colonies, the British Empire earned the name of an empire "on which the sun never sets."

The UK was never a true empire. After 1876, the full title of Queen Victoria was "Queen of the United Kingdom of Great Britain and Ireland, Empress of India", not "Empress of Great Britain, Ireland and India". Then prime minister Benjamin Disraeli was definitely sure that the bill would be vetoed by Parliament if he proposed the latter, which was obviously not in line with the UK's constitution.

During 1815–1914, a so-called European Centennial Peace period, the Splendid Isolation only existed between 1880 and 1903. Between the two World Wars, the UK got actively involved.

After World War II, the UK insisted on maintaining the "Anglo-American special relationship" on the one hand, and in 1961 applied to join the European Community to avoid being marginalized on the continent on the other hand. The UK had not joined the European Community until 1973 due to two vetoes from France. The membership has benefited the UK in many ways, especially in the service sector where it has distinct advantages.

Take the financial industry as an example. If the UK did not join the European Community, the EU would inevitably build its own financial center. London would not have grown to be one of the top three global financial centers.

EU membership influenced the UK so deeply that Brexit will be like a surgery for "human separation". It will affect the UK much more than the EU.

It is hard for the British government to hold another referendum without guaranteed success. May's cabinet has to carry on implementing Brexit.

However, Brexit won't make the UK isolated and autistic because of three reasons. First, Brexit is a peaceful split, not a break-off of diplomatic

4.10 Will the UK Isolate Itself after Brexit?

relations. Second, grassroots may influence the outcome of the referendum, but decision-making and implementation of foreign policy depends on elites and major industry interest groups. Most of them oppose Brexit and will try hard to minimise its impact. And third, when the consequences of Brexit are apparent, the grassroots will eventually find out it has more disadvantages than advantages for them and turn to the EU for strengthening the relationship.

In short, the UK will avoid becoming autistic by the force of historical connections, policymaking and enforcement, even if it leaves the EU.

4.11 New World Order must Be Based on Cooperation*

The world order is facing increasing challenges because of the change in the balance of power and rising anti-globalization. What sort of world order should China pursue to facilitate its own long-term development, global stability and shared interests?

For a long time, the world ignored the growing influence of a rising China, as the existing order is based on the leadership of Western countries and participation of other countries. But China, the largest emerging economy, has had a big impact on the world order. Therefore, despite being committed to peaceful rise, China will not seek a future world order similar to the current one, so as to avoid its interests being given short shift again.

To help establish a new world order, China should make continuous efforts and adjustments by interacting with other countries on various issues and in different fields. In this process, it is likely that conflicts but not a large-scale war will occur. So China should make full use of its advantages to make its development more effective and ensure it adheres to a peaceful development path.

Also, China should make efforts to make the characteristics of Chinese civi-

---

* This article was published on China Daily, 13 Feb 2019.

4.11 New World Order must Be Based on Cooperation

lization part of a future world order. Differences distinguish civilizations and similarities enable them to better communicate. As such, one civilization, by learning the advantages of other civilizations, can evolve and increase its chances to not only survive but also thrive.

Modifications helped the Chinese civilization to develop for thousands of years, laying the cultural foundation for China's rise. It will continue playing a vital role in China's development.

China is undergoing a modern remolding of the Chinese civilization's core values, which requires the removal of what is bad, and retention of its good aspects to build upon its advantages.

China also needs to act in accordance with its capability based on a clear understanding of its soft power. No civilization or superpower has the comprehensive strength to govern the world as one country. Islam and Christianity are the most-practiced religions in the world, but Islamic civilization has only a limited influence on non-Islamic countries.

Similarly, the United States, the leader of the modern international system, cannot act as the global government on its own. What's more, actions beyond the effective areas and fields will cause the decline of a country.

Cooperation and mutual benefits are the clearest path to success and security and, therefore, they should be an integral part of a new world order.

But since China is a typical regional civilization, its influence will be concentrated in neighboring countries and some other countries, and several specific fields. It will be difficult for China to replace the US and lead the whole world.

Therefore, China should pursue a regional order to make efficient contributions for its own and other countries' goods. A peaceful and objective proposal will promote understanding and cooperation on a future and fairer world order.

4.12 China and US: Are They Rivals or Enemies?*

  Chinese international relations scholars are one on issues such as that China-US relations cannot be restored to what they were in the past, Washington has defined Beijing as a strategic competitor, the rivalry between China and the US will be prolonged, etc. But they still argue on topics like whether China and the US are decoupling, whether China-US ties have changed qualitatively, and whether China and the US will be caught in a new cold war. These controversies stem from one issue-are China and the US rivals or enemies? In my view, China and the US are rivals but not foes. They may turn into enemies, the possibility of which is very low.

  On the basis of closeness, countries can be divided into allies, close partnership, partnership, rivals and enemies. Rivals can compete, confront, or even engage in conflict. In the stage of conflict, rivals tend to resemble enemies. During the confrontation phase, rivals may engage in conflicts. When competition is the theme between two countries, the two sides are normally partners or rivals. Washington has newly defined Beijing as an overall strategic competitor, rival in some domains and enemies in others.

---

 * This article was published on Global Times, 20 Aug 2019.

4.12　China and US: Are They Rivals or Enemies?

Washington and Beijing are rivals but their rivalry is not as strong as that between enemies. Although some of the deep state tend to regard China as an enemy, out to contain the country, US President Donald Trump, the establishment and China hands believe China is a strategic competitor of the US, not an enemy, because China's ideology is not expansionary and the Asian country doesn't attempt to change the lifestyle in the US or undermine capitalism. The problem lies in that China has carried out state capitalism, which many US politicians and observers believe has "taken advantage" of the US, a country with market capitalism. The US believes it needs to establish a so-called reciprocal relationship.

The US has united its allies and partners to put pressure on China to make structural changes, especially in the field of economy and trade. Furthermore, the US has restricted China by slapping tariffs, censoring Chinese scholars, limiting the number of Chinese students studying science, technology, engineering and mathematics, registering some Chinese institutions in the US as "foreign agencies," and cancelling the 10-year visa of some Chinese scholars and others. What Washington has adopted vis-à-vis enemies is not the same. In fact, to avoid turning China into an enemy is still the mainstream idea in the US. The open letter "China is not an enemy" signed by over 100 US scholars can prove it.

Trump has repeatedly claimed China's top leader is his friend. What he wants is to "make America great again" and to pursue US interests, rather than create or destroy enemies.

Beijing is reluctant to treat Washington as an enemy as well. China would like to be a developer of and contributor to the existing international system. The overall strength gap between China and the US remains large. China does not intend to replace the US as the global leader. Both countries should build a new model of major country relations featuring win-win cooperation and avoid the Thucydides Trap. Beijing has taken measures such as increased buying from the US, amending the foreign investment law, relaxing or removing restrictions on foreign investment, which are beneficial for Washington. All those reveal that challenging the US, decoupling from the US, or launching a new cold war is not what China wants.

However, China is a rising power and has been pursuing independent diplomacy. China will not bend to the US on major issues as what US allies and close partners do.

How to judge a qualitative change in bilateral ties? First, the US has defined China as a strategic competitor and has shifted from combination of cooperation and containment to comprehensive containment. It simply means a change in US foreign policy on China, quantitatively but not qualitatively. Qualitative change will be realized by overall containment or a massive war, which implies a big change.

Second, China realizes the policy adjustment the US has undertaken. China still hopes to maintain friendly relations with the US without affecting the overall diplomatic landscape and the process of rise.

Third, going from good to bad is insufficient to judge the qualitative change in bilateral relations. China and the US have just shifted from being partners to rivals. Although the US is the stronger side, it cannot unilaterally determine the character of China-US ties.

Fourth, both nuclear powers would not engage in full-scale war. Issues on the South China Sea, the Korean Peninsula and East China Sea may not lead to a massive war between China and the US, either.

4.13 What Kind of Future Order Should China Pursue?*

What kind of future order will China pursue? What's China's relationship with the current international order? This is not only about China's own future and destiny, but also that of the world. My answer is that this order must have the following characteristics to survive, stabilize and enhance the well-being of China and other countries.

Firstly, it must be compatible with the current international order, which was established via leadership of Christian states and the participation of other countries, with the United States playing the most predominant role. This is directly related to the overwhelming hard and soft global power of the United States after World War II. In the process of designing this order, the variable rising China—has not been taken into account, or at least not enough. With its huge volume and potential, China will inevitably have a huge impact on the current international order in the process of its rise. The internal and external environment determines that China must go through a path of peaceful rise. This makes it a necessity for China to participate in building an order which is compatible with the current order if it does not want to be rejected.

---

* This article was published on China-US Focus, 12 Feb 2019.

Building a future order in a peaceful environment is bound to be a gradual process. During the process, China and other countries will find a new equilibrium in many fields and on many issues. This process will last until the kind of order advocated by China has been steadily set up, which on the one hand shows China's hard and soft power and on the other, has been accepted by the current international order. Certain conflicts, and even wars, may occur during the process, though the possibility of a full-scale war is very small. External influences are important, but what's most important is China's own choice. If China is fully aware of its strengths and weaknesses, and acts accordingly, then it's possible to achieve the goal with relatively low costs in a relatively short period.

Secondly, it must have distinctive Chinese characteristics. In contrast with barbarism, civilization is the exploration and cultivation of humanity and human potential, including commonality and difference. The "genetic improvement" of civilization is generally achieved through exchanges between different civilizations.

Chinese civilization also has its own characteristic genes and has undergone several "genetic improvements". This is the main reason why Chinese civilization has been passed down for thousands of years. This also lays a civilized foundation for the rise of China. In the process of building the future order, what China needs to do is identify the "genetic components" that strengthen or weaken it, maintain strong elements, eliminate weak, and combine its strong elements with the powerful ones of other civilizations. By doing so, Chinese civilization can be "genetically improved" again under the context of modernity, thus reconstructing the core value system of Chinese civilization

Thirdly, it must not go beyond the limits of competence. The cost of governance across civilizations is tremendously high. Never has one civilization ruled the

4.13 What Kind of Future Order Should China Pursue?

whole world. It's unlikely that such a civilization or country will emerge in the future either. Therefore, every civilization or great power must clearly evaluate the influence of its hard and soft power in order to avoid overstretchhy.

Among the two major civilizations with relatively strong global influence, the inherent cohesiveness of Islamic civilization is quite strong, but it lacks attraction, and its hard power is also limited, which limits its influence in non-Islamic countries. After its modernization, the inherent cohesiveness, hard power and outward influence of Christian civilization have surpassed other civilizations, and thus become the leading one in the modern international system, but it also fails to achieve the global homogenization of its soft power. As a representative country of Christian civilization, the United States has gathered and used global talents and led the world. Even during its peak period of power after the Cold War, however, it was not able to rule the world.

As a typical regional civilization, Chinese civilization is even less likely to lead the world in the future. Even at the peak of its power, China's influence will be limited in the region.

4.14 Japan's Heisei Era is Not the Lost 30 Years[*]

The new era of Reiwa has replaced that of Heisei in Japan. Evaluating the age of Heisei has been a hot topic for observers. Some believe that the Heisei period was the "lost 30 years" of Japan's economy. Others believe that Japan implemented a strategy of hiding its capabilities and biding its time while the whole country quietly completed industrial upgrade.

I think these are two extreme views and the truth may lie somewhere in between. Generally speaking, it was a period of 30 peaceful years and Japan did what a mature economy was supposed to.

Led by Prime Minister Shinzo Abe, Japan has taken a big step toward becoming a "normal state" amid challenges both at home and abroad. However, how to balance Japan's diplomacy with both China and the US so as to define its new regional and global position will be the country's main diplomatic challenge in the Reiwa age.

In the Heisei era, Japan's economy grew slowly. According to World Bank statistics, in most years from 1989 to 2017, its GDP growth was less than 2 percent and during this period, there were six years of negative growth. There was

---

[*] This article was published on Global Times, 8 May 2019.

no obvious change in its international status.

Nevertheless, in terms of social security, Japan has been one of the safest countries in the world and has established a good international image.

"The Japanese passport is the strongest in the world··· with holders able to enjoy visa-free access to 190 countries and regions," said The Asahi Shimbun.

Achieving industrial progress is the proof of Japan becoming a mature economy. For instance, its auto manufacturing is leading the trend of energy conservation and environment protection and the country is cutting the production of ordinary steel while focusing on producing special steel. Moreover, Japan is also boosting its outward foreign investment.

Domestically, there were catastrophic events like the 1995 Sarin gas attack and 2011 Fukushima Daiichi nuclear disaster, both of which shocked the world. The problem of an aging population with a slowing birth rate is also influencing Japanese society.

The US-Japan alliance is still the foundation of Japan's foreign policy. However, its relations with neighboring countries, especially its political ties with China and South Korea, have always been rocky.

Things like the Liberal Democratic Party of Japan regaining power and frequent change of Japanese prime ministers occurred during this period. Faced with China's rapid rise, Japan accelerated its pace by taking measures such as upgrading its defense agency into a ministry, passing legislation permitting its military to take part in foreign affairs, lifting the ban on collective self-defense by altering its interpretation of the constitution and building helicopter carriers. All of them were completed during Abe's tenure.

It is noticeable that many Japanese believe that it is necessary for Japan to maintain its imperial system after the World War II to ensure the stability of the country's politics and society.

Japan is a country that combines tradition and modernity. It achieved its modernization within a short period of time, while remaining a country with strong cultural traditions. Japan has never changed dynasties, which explains why Japanese value tradition. Emperor Akihito has a clear anti-war bent and has never visited the Yasukuni Shrine. He visited China in 1992 despite pressure from the right-wing forces in Japan, showing he is more mature politically than Abe and former prime ministers Yasuhiro Nakasone and Junichiro Koizumi.

In short, in the Heisei era, Japan achieved peace and prosperity for its people, upgraded its industries and expanded its economic might abroad. However, it has not been successful in avoiding natural and man-made disasters or maintaining necessary population growth.

4.15 How does US Wield 'Rules-based Order'?*

When Europe, the US and some neighboring countries chafe at China, they use the term of "rules-based order". So how does the US score on the parameter of a rules-based order?

Studies in international politics show that the international community is an orderly anarchy. Unlike nations, there is no machinery to govern the international community, which, however, is largely in an orderly state.

The basis for supporting the international order is changing though. In general, from the Peace of Westphalia to World War II, a power-based order existed in the world. Based on their national strengths, European powers, which dominated the international order, identified their sphere of influence in the world by using wars or peace treaties. The change in strength was the main cause of wars between great powers.

The international order after WWII turned to a rules-based one which was closely related to the US—because of its superior strength, the US regarded the whole world as its "sphere of influence" and promoted the "rules-based" international order. With the support of other major powers, the US helped estab-

---

* This article was published on Global Times, 30 Jun 2019.

lish global political, financial, economic and cultural order by having a leading role in the establishment of global organizations such as United Nations, World Bank, International Monetary Fund, General Agreement on Tariffs and Trade (GATT) and UNESCO.

The US vigorously advocated free trade and regarded it as the soul of GATT because it was conducive to expanding the influence of the US-led international rules. The US also had a comparative advantage in industrial goods and the services industry, especially finance. It helped the US take the moral high ground and highlighted the responsibility which comes with the leadership of the US.

To support allies, the US endured unilateral trade discrimination from some countries and regions such as Europe, Japan, South Korea as well as Taiwan, China. This was the primary reason for the low overall tax rate in the US. In a reciprocal gesture and coupled with the need to occupy a large American market, these countries and regions exported goods to the US at lower prices.

With the sharp increase in the number of countries, the growth of developing countries, and competition from some big countries, the impact of the US on some international rules declined. Along with this, the of the US interests in some international organizations was eroded and Washington is increasingly unwilling to fulfill some international obligations and haggling more and more until it retreats. As a result, the US owes the UN millions in arrears, while it demands its allies to increase military spending.

For an international system that clearly doesn't bring it many benefits, the attitude of the US is clear: withdrawing, for instance, the Paris climate agreement, and ending the Bretton Woods system; not participating in but signing other bilateral agreements, a typical instance of which is the International Criminal Court; not participating but interpreting it in a way that benefits itself such as

4.15　How does US Wield 'Rules-based Order'?

with the United Nations Convention on the Law of the Sea; requiring special treatment at first and withdrawing when demands were not met, such as with the International Court of Justice; withdrawing from organizations where the influence of the US is decreasing such as UNESCO and the UN Human Rights Council.

Historically, the US has always been pragmatic about the international order. Isolationism that haunted Washington, Monroe Doctrine that prevailed for more than half a century, Woodrow Wilson's "Fourteen Points" and Franklin Roosevelt's "Four Freedoms" are important instances.

Incumbent U.S. President Donald Trump is not interested in agendas such as world leadership and values. His policy of "America First" is aimed at returning to the pragmatic tradition in an uninhibited manner, with the aim of compensating the "victims of globalization" in the country and holding back strong competitors.

To achieve this, he selectively uses different policy tools: In the traditional manufacturing sector, he emphasizes "fair trade"; in the services industries such as finance and high-end manufacturing that the US has an advantage, he emphasizes "free trade" and abandons "fair trade"; for U.S. industries that could not gain benefits either through "free competition" or "fair competition", he does not hesitate to use political and legal means to prop up American companies and suppress rivals. Forcing manufacturing to return to the US, encouraging other countries to invest in the country and persecuting Huawei are the very policies against this backdrop.

In this regard, the US has precedents before Trump. The US suppression of Japan includes the Plaza Accord in 1985 and "voluntary quota" for the export of automobiles to the US in 1991. Amid the Asian financial crisis in 1998, the US accused the Malaysian government of adopting capital controls and supporting enterprises. During the 2008 global financial crisis, the US blatantly invested in

Wall Street and the auto industry on the grounds of "too big to fail". Having double standards for international and domestic affairs is a major trait of the US, and the Democratic and the Republican parties are the same. This is ironic for the superpower that emphasizes "international rules".

In short, international rules are not neutral. The current rules-based order is dominated by European countries and the US have their roots in Christian civilization. Countries from other civilizations are only participants and recipients.

Nowadays, emerging economies represented by China have become the main contributors to the global economic growth. They are no longer satisfied with simply "receiving", they also demands contributing and reaping benefits, which is undoubtedly justifiable. However, the existing rules-based order has proven difficult to adapt to this change. Therefore, this order will diverge to meet the needs of cooperation and competition among civilizations.

4.16 Competition Won't Even Spare Civilization[*]

The current rules-based international order reflects the values of Christian countries, in which these countries eat the cake while other nations are left with the crumbs if they follow the same rules.

Since the US started to attack China's tech giant Huawei, it has violated the fundamental principles of a market economy. The Chinese people are clearly well aware of the nature of the current so-called rules-based international order—even if China follows the rules, it will only get the crumbs.

Due to the existence of nuclear weapons, it is unlikely for emerging powers to reshape the international order through launching wars. However, such reconstruction efforts in functional domains and regional order by peaceful means are possible, for the decline of Christian civilization and the improvement of soft and hard power among other civilizations is the trend.

Civilizations enjoy similarities but are also unique. Similarities make coexistence and communication possible, while uniqueness leads to mutual learning. As coexistence and competition have always been the norm, a sole civilization worldwide has never existed. It is more so in the nuclear-weapons era.

---

[*] This article was published on Global Times, 31 Jul 2019.

In the distant future, there will be local conflicts and wars, but a full-scale conflict is unlikely among the major powers. Competition among great powers will evolve into competition among major civilizations, or peaceful competition among major civilizations.

Christian civilizations, along with Chinese, Islamic, Hindu, Japanese, and others with populations over 100 million will become major competitors.

The global geographical spread of Christian and Islamic civilizations is larger than Hindu and Chinese cultures. This is based on religious ideas. In general, polytheistic civilizations lack the driving force to expand globally, while a monotheistic civilization has a strong motivation to expand. Believers in monotheistic civilizations consider themselves as the chosen ones or followers of Allah, possessing a strong belief and mission of converting non-believers through either peaceful preaching or with force.

Before Columbus discovered America, the geographical spread of Islamic civilization was larger than Christianity. However, the Renaissance and capitalism gave rise to modern Christianity, such as separation of church and state, the replacement of theocracy by sovereignty. In return, religious reforms paved the way for the industrial revolution and delivered a massive productivity boost. Christian powers were able to defeat Islamic forces, providing convenience and the possibility for global expansion. Hence, Europe became the center of the world for global immigration and colonization. Since WWII, that center has shifted to the US.

The backbone of Chinese civilization is Confucianism and Taoism. Taoism is a semi-secular faith, focusing on the relationship between man and nature, and pursuing the doctrines of "let it be" and "action through inaction".

Confucianism has a greater influence on China than Taoism. It focuses on in-

4.16 Competition Won't Even Spare Civilization

terpersonal relations, takes the family as the core, ritual as the criterion, and provides a set of norms to tackle relationships between individuals, the state, and the world with the goal of realizing the orderly state of society.

It allows secular enjoyment but asks them to never act in excess. In short, Confucianism and Taoism advocate harmonious societies that are distinct, receptive to other civilizations but lack the motivation to spread worldwide.

Chinese civilization can adapt to modernity. Once internal barriers are removed, the economy can develop rapidly. It has already been proved by South Korea and other economies with similar civilizations. The Chinese mainland has already impacted the current international order because of its size. It would undoubtedly build a regional rules-based order based on its own values, and a global rules-based order for specific regions. Many other civilizations will also follow the example of China.

In short, the world is entering a new era of competition among civilizations.

4.17 Unexpected Achievements, Emerging Challenges on Sixth Anniversary of The Belt and Road*

It has been six years since The Belt and Road initiative, regarded as a "Century Project," was proposed in 2013. The Belt and Road is now exerting an increasingly significant effect on the world while influencing China itself greatly. Overall, positive opinions of the many from home and abroad coexist with some doubts of the few. The research done over the past six years offers the author the following judgments.

◇◇ The Top-level Design for China's Diplomacy

At first, The Belt and Road was mainly aimed at promoting cooperation with developing countries and then it gradually integrated cooperation with developed countries into its framework.

It is implemented by means of memorandums of understanding, third-party

---

* This article was published on The Korea Times, 9 Nov 2019.

4.17 Unexpected Achievements, Emerging Challenges on Sixth Anniversary of The Belt and Road

market cooperation, small multilateral mechanisms and resolutions of international organizations.

Building The Belt and Road jointly is both a means of deepening economic cooperation and an important way to improve the global development mode and reform the global governance system.

Internally, The Belt and Road provides support to realize the "Chinese Dream". Externally, it serves to build a "community with a shared future for mankind". It demonstrates China's foreign policy concept, such as non-alignment policy and partnership diplomacy. Meanwhile, it embodies China's independent foreign policy of peace, which it has pursued consistently.

The Belt and Road has been divided into different levels. First, it is the top-level designing for China's diplomacy under the Xi Jinping's administration. Second, it is the guideline of China's diplomacy in Xi's period. Third, it is the way for China to carry out global governance. Fourth, it serves as the main platform for China to provide public goods to the world.

◇◇ Achievements beyond Expectation

China has signed 195 documents with 136 countries and 30 international organizations under The Belt and Road framework. A large number of international organizations, including the United Nations (U.N.), have passed resolutions to extend their endorsement of The Belt and Road. What's more, some countries consider it as a great opportunity to promote self-development.

After gradually changing their attitudes to The Belt and Road, some developed countries finally participated in the construction of it by the way of third-party market cooperation. While criticizing The Belt and Road, some developed countries also began to borrow ideas from The Belt and Road.

For China, The Belt and Road can achieve several goals in a way the host countries can accept, which is to strengthen their bilateral relations, to stretch China's national interests and to assume more responsibilities as a major power.

Achievements of The Belt and Road are far beyond people's expectations. Meanwhile, The Belt and Road also needs to grow with constant adjustment and enrichment, and this is in accordance with China's concept and style of world governance. The accomplishments achieved by reform and opening-up prove that the strategy works well.

◇◇ Emerging Challenges

These challenges have three aspects. As a developing country and latecomer to the nation-state system, China still faces a series of challenges, namely, to further develop itself, to assume more responsibilities as a major power and to keep the sustainability of The Belt and Road construction.

In host countries, these challenges include their concerns over China's increasing influence, their political unrest, the common misunderstanding of some projects and the so-called debt trap fabricated by Western media.

Some developed countries and developing powers are worried that their interests and sphere of influence will be affected by China's rise and thus threw doubt on the intentions of The Belt and Road. What's worse, the sole superpower, the U.S., sees China as its strategic competitor and even balances and oppresses China with the Indo-Pacific Strategy and a trade war.

4.17 Unexpected Achievements, Emerging Challenges on Sixth Anniversary of The Belt and Road

◇◇ Sustainability of The Belt and Road Construction

As a Century Project mentioned by Xi, the success of The Belt and Road relies on its long-term effects rather than its short-term outcomes. Consequently, these challenges must be tackled well to achieve the sustainability of The Belt and Road. To ensure that goal, China needs to take the following measures, at least.

Firstly, strengthen the management of The Belt and Road. More priority should be assigned to the quality of projects than the quantity when choosing them. When cooperating with countries on some projects, China needs to slow down or even suspend them. Some of these high-risk projects can be done when conditions allow.

Secondly, reduce the doubts of host countries and gain further understanding and support. Thus, the cooperation pattern needs to be formed where the host countries take a major role, and China holding its veto power, plays a complementary one. China should show more respect for the host countries in terms of the way and speed of construction.

Thirdly, China should regard those developed countries that are willing to cooperate as important partners when promoting The Belt and Road. China also needs to strengthen the mechanism of bilateral cooperation and determine the region, the host countries and the projects for third-party market cooperation. For instance, China and South Korea may choose country A while China and Japan pick country B.

Some developed countries and developing powers express no willingness to support The Belt and Road openly. In this regard, China needs to be patient. Expanding the circle of friends in various ways is part of building The Belt and Road against the background that the competition between China and the U. S. is increasingly fierce and will be prolonged. China's concept of pursuing cooperation and mutual benefits with openness will gain acknowledgement from more and more countries.

China needs to realize clearly that qualitatively, the essence of Sino-U. S. relations remains the same and the United States is China's competitor rather than enemy. Therefore, "decoupling" and "comprehensive confrontation" are not within options. However, wrestling with it is a better alternative. That is to say, China should strengthen its relationship with Americans who are still willing to cooperate with China. By doing so, China may continue to use the comparative advantages in science and technology, capital, market, education and other aspects.

Briefly, with its impressive achievements, The Belt and Road is likely to become one of the foreign policy decisions that influence the world most since 1949. In the meantime, the challenges facing it are increasingly emerging. This is normal for a project lasting for about 100 years. To build The Belt and Road in a sustainable way, China needs to maintain concentration and keep patient when tackling challenges.

4.18 The Recent CPC Resolution and Sino-US Relations*

The "Resolution of the Central Committee of the Communist Party of China on Upholding and Improving the Socialist System with Chinese Characteristics and on Modernizing the System and Capacity for the Governance of China" was adopted at the Fourth Plenary Session of the 19th CPC Central Committee on Oct 31, 2019. What does this resolution mean for China? And what does it mean for China's relations with the United States?

How can China benefit?

Since Xi Jinping took office in 2012, he repeatedly stressed CPC leadership as the essential feature and the greatest advantage of socialism in China. The reason is that in the past 70 years, under the CPC, China first gained independence and later emerged as the world's second-largest economy. Now it is expected to make the national economic reach the level of middle deve-loped countries, and basically realize socialist modemization by the middle of this century.

This political system, which allows China to become independent, rich and strong, is undoubtedly an effective one and suitable for the country. Therefore, what China must do next is not conduct political reforms but rather, under CPC

---

* This article was published on China-US Focus, 20 Nov 2019.

leadership, to improve the system and capacity for governance in order to realize the Two Centenary Goals—namely, a moderately prosperous society in all respects and a modern socialist country.

For this reason, at the Third Plenary Session of the 18th CPC Central Committee in 2013, the CPC decided for the first time to "modernize the system and capacity for the governance of China." It also made it the overall objective of China's reform to "improve and develop the socialist system with Chinese characteristics and modernize the system and capacity for the governance of China." The session was meaningful in that, it marked the beginning of the CPC's systematic design and implementation of reforms.

Taking into account the importance of this issue, the Standing Committee of the CPC Central Committee's Political Bureau and the Political Bureau met on Feb 28 and March 29 and decided that this issue should be discussed at the Fourth Plenary Session of the 19th Central Committee. A team was therefore established to draft the resolution and began to work under the leadership of the Standing Committee of the Political Bureau.

The drafting team began to function in April. It worked out a draft resolution based on a review of various CPC documents, summarizing the experiences of China's revolution, construction and reform, especially the main theories and practices since the 18th CPC National Congress, and reviewed discussions. At the beginning of September, the first draft of the resolution was distributed to certain members of the CPC, including veteran members, for discussion. These people proposed 1948 revisions, and 436 of which were accepted. In addition, supplements were made, content was rewritten and wording was improved in 283 places. The resolution was finalized with 15 parts and 18449 Chinese characters. Its main significance is that it answered the questions of what China should

4.18 The Recent CPC Resolution and Sino-US Relations

uphold and strengthen and what China should improve and develop.

How will it affect Sino-US relations?

China's first consideration is not diplomacy but the decisive factors that affect its present and future. By design, the resolution did not mention the United States. However, the U.S. is the country that exerts the most influence over China, although the impact is significantly less than when China first launched its policy of reform and opening-up. Moreover, the process of drafting and revising the resolution coincided with the Sino-U.S. trade war. This could not be ignored in the drafting process.

In his explanation of the resolution, Xi called it a powerful guarantee of China's success in response to risks and challenges, and it positions China to take the initiative. These risks and challenges come from economic, social, natural, domestic and foreign sources.

The U.S. factor is undoubtedly an integral part of the foreign risks and challenges. Thus, China must uphold and improve its socialist system with Chinese characteristics, modernize its systems and capacity for governance and "use the power of the system to cope with the impact of risks and challenges."

The resolution emphasizes the need to improve the national security system, pursue a holistic approach to national security, balance development with security, improve mechanisms for identifying and defusing national security risks and boost China's ability to guard against and defuse those risks. Therefore, in its diplomacy with the United States, China will think about the worst-case scenarios and work to play a greater role in setting the agenda for bilateral relations.

Maintaining peace and realizing development remains China's central task. The resolution emphasizes that the country will uphold an independent foreign policy of peace, promote the building of a human community with a shared future and advance the establishment of an open system of cooperation and win-win results. To this end, China will follow the global governance principle of achieving shared growth through discussions and collaboration, actively participate in the reform and development of the system for global governance, stand for multilateralism and democracy in international relations and work to reform the mechanisms of global economic governance.

The resolution also emphasizes that China will uphold the mutually beneficial strategy of opening-up, contribute to high-quality development in The Belt and Road, safeguard and improve the multilateral trading system, promote trade and investment liberalization and facilitation and help create a global free trade zone network with high standards. The resolution stresses that China will also support other developing countries in improving their capacity for independent development and contribute to an open world economy. And it will help resolve issues such as uneven global development and the digital divide.

It can be seen that, while thinking about the worst-case scenarios, China has not closed itself and has no intention of "decoupling" from the U. S. or pursuing a comprehensive confrontation with it. On the contrary, China will continue to promote The Belt and Road in an open and inclusive manner. It welcomes the continued cooperation of institutions, individuals and the government of the U. S. It believes that both China and the United States have many areas and issues on which they can cooperate, including in third-party markets.

4.19 With Security as the Core Concern, Japan Seeks Help in Quartet Alliance

The world is now entering a new period of peaceful competition among different civilizations. A rising China should know other countries better, and Japan is one of them. It is important to deepen people's understanding of Japan through its foreign policy.

Japan has a clear strategy for its diplomacy: Since it cannot compete with China on its own, comprehensive steps on politics, security, economy and culture need to be taken.

Politically, Japan doesn't recognize China's political system and political value. It recognizes itself as part of the West. Thus, it creates the "Arc of Freedom and Prosperity" alongside eastern, southern, and southwestern China.

Economically, Japan set its Economic Partnership Agreement as the focus to promote relations with other countries. In order to counter China's influence, Japan also participates in ASEAN Plus Six, the Trans-Pacific Partnership (TPP) and the Comprehensive and progressive Agreement for Trans-Pacific Partnership (CPTPP). Moreover, its dithering on the Regional Comprehensive Economic Partnership (RCEP) and limited support for the China-proposed Belt and Road Initiative reflect its fear of China as well.

Culturally, Japan has strong faith in itself as a tourist magnet. Besides its influential animation and cuisine, some NGOs also take the responsibility to promote Japan worldwide. For example, the Japan Foundation holds travel exhibitions and Japanese film screenings overseas. Under their joint efforts, Japan's cultural diplomacy has achieved great success. Japanese passport holders can access 189 countries visa-free. Besides, with its attractive tourist spots, Japan is also one of the top destinations for travelers to revisit.

Security is the core concern of Japan's "Free and Open Indo-Pacific Vision." Japan worries about the rise of China, believing that in order to restrain the regional powerhouse, the rebalance to Asia-Pacific strategy should be expanded to the Indo-Pacific. Therefore, Japanese Prime Minister Shinzo Abe announced his "Free and Open Indo-Pacific Strategy" in 2016, intending to develop cooperation with countries which share the same values with Japan in the Indo-Pacific region, such as US, Australia and India. It seems that Japan is much keener on its quartet alliance than the others.

But this four-way alliance does not achieve much by way of Japan's efforts to strike a rebalance to Indo-Pacific strategy. First, even though US military is interested in the alliance, US President Donald Trump who emphasizes "America First" cares much less about it. While, as for India which pursues a foreign policy of non-alignment and strategic autonomy, it does not want to be used by other countries as a tool to go against China. For example, India kept Australia out of the 2018 Malabar trilateral naval exercise among the US, Japan and India. Australia is interested in the alliance but it worries about its economic relations with China even more.

ASEAN members do not want to choose a side between China and the US, which is the reason why they are reserved about Japan's Indo-Pacific strategy. In

4.19 With Security as the Core Concern, Japan Seeks Help in Quartet Alliance

November 2018, in light of improvement in China-Japan relations and factoring in ASEAN, Japan started to use the term "Free and Open Indo-Pacific Vision" to refer to "Free and Open Indo-Pacific Strategy."

Japan is also not against forming a so-called Asian version of NATO through military cooperation with the US and South Korea. Yet the Asian version of NATO will hardly be realized in the foreseeable future, because South Korea even announced in August to scrap the General Security of Military Information Agreement (GSOMIA) with Japan, although it eventually made a last-minute decision to renew the deal in November.

Whether it is the "Free and Open Indo-Pacific Strategy" or the "Free and Open Indo-Pacific Vision," the main target of Japan's Indo-Pacific foreign policy is China. By making friends with other stakeholders, Japan can maintain its influence, make gains and balance China at the same time.

The author is director of the Department of International Strategy at the Institute of World Economics and Politics under the Chinese Academy of Social Sciences. opinion@ globaltimes. com. cn

4.20 Will China Replace the US Global Role?*

Our previous article suggested that China may be committed to building a world order governed by the ancient Chinese concept of li (礼). Such an order regards propriety as the key means to conducting relationships; is based on a concentric zone structure; and is open. While this order is compatible with the current international system, the majority of the members will be China's neighboring countries, as well as a small number of countries from other continents.

By the time this order is fully established, will China have replaced the global leadership role currently held by the United States? This depends on two factors. First, does China have such a desire? Second, does China have such a capacity?

Chinese leaders including Deng Xiaoping, Jiang Zemin, Hu Jintao, and Xi Jinping have all clearly stated that "China will never seek hegemony." Xi also further mentioned that China "is not willing to become the so-called 'world police', nor to replace anyone." This can be taken to mean that China does not have the desire to replace the global role of the United States. Some may argue, however, a country's desires are volatile, and that capacity matters more—

---

* This article was published on The Diplomat, 28 Apr 2018.

4.20 Will China Replace the US Global Role?

meaning that China will change its desires when its capacity rises. Is China's capacity likely to exceed that of the United States, and then?

One country's capacity could be divided into "hard power" and "soft power". Hard power, particularly economic capacity and military strength, is the foundation of the US global leading role after World War II. But a combination of hard and soft power is the necessary and sufficient condition for a global leader's rise. The soft power of the United States is mainly embodied in the construction and leadership of the postwar international system, its cultural attributes, the development of science and technology and higher education, and the relatively loose immigration policy.

At the end of the WWII, the United States accounted for 60 percent of the global GDP and its industrial production capacity was half of that of the world. Its oil and steel production accounted for 70 percent and 64 percent of the world total, respectively, the United States held 73.4 percent of the gold reserves of the entire capitalist of the world at the time. With this hard power as the base, in addition to the United States' advanced production capacity and technological development, American military strength at the end of the WWII surpassed that of the other victorious allied powers. Thanks to these advantages, the United States has continuously been the world's largest economy since the WWII, and built a global alliance system and a network of global military bases at the same time.

Unlike Great Britain, France, and other countries that exerted international influence through colonies, the United States preferred to govern the world by establishing a series of international systems: the United Nations and its affiliates for the political and security arena; the alliance system and military base network in the military arena; the Bretton Woods system for finance, and the General Agreement on Tariffs and Trade (GATT, which later evolved into the WTO) for trade.

The United States already ranked first in the world in terms of industrial output in 1894. However, it was not until after the World War II that it surpassed European countries in terms of technology and higher education. Given the rapid development of the United States in the humanities and social sciences, as well as the influx of European intellectuals during WWII, the United States, by this stage, had replaced the European countries as the global center for scientific research and higher education, thereby attracted talents from all over the world.

The United States' relatively loose immigration policy also promoted this trend. As a result of gathering global talents, the United States gained an unrivalled capacity for innovation and became a universal home for capable peoples from different countries and civilizations. After WWII, the United States consequently contributed more than 50 percent of the Nobel Prize winners. This talent influx also boosted the US. global leadership role. The United States will keep its advantage in attracting high quality immigrants in the foreseeable future.

The WWII provided the United States an exceptional opportunity to become a world leader. Reconstructing the world order through war is hard to imagine in the era of nuclear weapons. Given that a peaceful rise is the only realistic choice for China at present, China can only surpass the United States in some specific aspects such as GDP, national defense expenditures, the number of international students, and so on. In terms of the number of allies, global military bases, influence on the United Nations and its affiliates, influence on the global finance sector and so forth, it is very difficult for China to rival the United States.

In addition, cross–civilization governance costs dearly. While the United States soft power was helped by a global familiarity with European cultural elements, as spread during colonialism, Chinese culture is a typical regional civilization—this significantly raises the cost of China's global governance and limits China's global appeal. On further Consideration, it is difficult for China to attract global talents like the United States and become a new home for immigrants, China is highly unlikely to outperform the United States in higher education, scientific research, and innovation.

In the process of its rise, China is likely to concentrate on building its own order or system. However, this will be largely limited to regional influence, and mainly reflected in nonmilitary aspects. China can be expected to establish international mechanisms confined to certain areas (such as the Asian Infrastructure Investment Bank), but again, creating dominant international organizations like the United Nations will be impossible for China.

All in all, China is unlikely to replace the United States'global role after its rise.

4.21 Distinguishing between Anti-globalization and De-globalization amid Global Turmoil*

In the Past two years, certain developed countries have been proclaiming protectionism and implementing immigration control. Meanwhile, some marginal parties nurturing populism have been gaining in strength. As a result, events that were quite unlikely such as Brexit and Trump's election victory have seen the light of day. To distinguish it from "anti-globalization", which emerged in Seattle in 1999, some scholars identify this pattern as de-globalization.

"Anti-globalization" is a social movement in which non-governmental organizations (NGO) in Western countries go against governments of developed countries, international economic organizations and multinational corporations. These NGOs make loose cross-border alliances based on various issues to express their opinion through demonstrations and confrontational meetings. However, anti-globalization forces can only exercise indirect and limited influence on governments and international economic organizations.

In contrast, "de-globalists" target developing countries and those looking to emigrate from there. They nominally put national interest first. They realize their

---

* This article was published on Global Times, 27 Nov 2018.

4.21 Distinguishing between Anti-globalization and De-globalization amid Global Turmoil

purpose by influencing governments composition and policy trends through votes. "De-globalists" believe that globalization has already been reversed.

But I do not agree with the view.

Adam Smith said that social division of labor helps increase productivity. David Ricardo proved that trade helps exploit comparative advantages of countries. The development of modern science and technology has greatly reduced the cost of communication and transportation. Therefore, despite the bipolar confrontation after World War II, the US and the Soviet Union established two parallel market systems within which global division of labor and trade were achieved.

After the end of the Cold War, the Soviet-led market system disintegrated, and the participating countries then merged into the US-led system. Specifically, the higher end of various industries (especially service and manufacturing) is concentrated in developed countries, while the lower-end is moving to developing countries. The middle rungs are either in developed countries or being transferred to developing countries that are relatively developed.

Globalization has improved overall welfare in the world. The life expectancy of people in developing countries has significantly increased, the number of the educated is rising and a large number of population in the developing world can enjoy facilities similar to developed countries.

Nevertheless, side-effects include deteriorating traditional lifestyle, polluted environment, unsafe food, and the increasing possibility of certain diseases including cancer, cardiovascular disease and diabetes. But on the whole, the living standard is improving.

The population at the lower end of the industrial chain in developed countries has become the victim. They didn't gain actual benefits from the end of the Cold War, but have had their actual income grow slowly, suffered stagnation and even lost their jobs.

Before 2008, the welfare system in developed countries could provide the basic needs for these victims of globalization. After the global economic crisis, the weakening of the welfare system affected the income of the middle class, even pushing it to the bottom of the social ranks. It largely expanded the anti-globalization movement and forced the middle-class to seek improvement in knowledge, skills in organization, etc. It is waiting for the moment to express itself through the ballot. For EU members, the trigger is the impact of immigrants on their daily lives.

What the victims of globalization in developed countries did indeed affects the nature of the government and the policy so that tighter border control and trade protection followed soon.

However, elites in developed countries are mostly believers in and beneficiaries of globalization. The chunk of the GDP in these countries comes from industries like services, advanced manufacturing, mining, modern aqriculture and planting, which are advocates of globalization. These elites and industries determine where developed countries stand in terms of globalization.

Developing countries represented by large emerging economies like China and India, though part of the midstream or downstream of the global industrial chain, have benefited from globalization. They hope to improve their position in the industrial chain while participating in the global industrial division of labor and transfer low-end industries to other countries.

Developing countries have had larger GDP than developed ones, and China has even become the biggest contributor to the global economic growth. Advocacy for globalization is still dominant among developed countries.

It's fair to conclude that the process of globalization hasn't been reversed. The

4.21 Distinguishing between Anti-globalization and De-globalization amid Global Turmoil | **291**

phenomenon of deglobalization is just a problem that arose in some developed countries to properly compensate victims of globalization in order to encourage them to stay in the process. This happened earlier and will recur.

4.22 UK Will Increase Internal Division after Brexit*

After Brexit, UK will not become secluded, let alone autistic. However, UK will start its reorientation of national position, and division will happen between elites and grassroots as well as between England and other regions. It is hard to reverse the trend through a minimal Brexit favored by the Cabinet.

◇◇ Division Between Elites and Grassroots

So-called anti-globalization nowadays is a "whirlpool" in the stream of globalization. Elites and industries always seek fame and fortune across the world except those unable to do so. Elites and industries in Britain (mainly in England) are no exception. As contributors at home, they request the government to enhance their international competitiveness by promoting commercial interests home and abroad on the one hand, and making laws and regulations accordingly on the other. Grassroots are not qualified to use enough information for decision making though they have received some education and get to know kind of European af-

---

* This article was published on FT, 16 Jan 2019, with LIU He.

fairs. That happened in the case of Brexit referendum. Until now, they gradually recognize the consequences of Brexit and some of them have changed the opinion.

Mainly because of the capability to acquire and analyze enough information, the gap between elites and grassroots are widening, both in developed countries and emerging economies. After Brexit, Britain may narrow this gap while at the cost of a brain drain and the weakening of its industry superiority. Consequently, a decline of Britain's international competitiveness will be witnessed.

◇◇ Division between England and Scotland

To be precise, England and Scotland will become more alienated. Scotland didn't merge well with England in the founding of the United Kingdom of Great Britain in 1707. In the aspect of race, most of Scots were from Ireland and Northern Europe. When it comes to culture, for a long period of time, Scotland maintained a closer relationship with continental Europe, particularly France, than that with England. The first choice for Scots to receive higher education outside is the continent rather than England. Scots have been always attaching much importance to education and Scotland had more universities than England for quite long. Those invited the Scottish Enlightenment (1740–1790) and gave birth to top intellectuals like David Hume and Adam Smith. In terms of religion, Scottish Presbyterian Church originated from Calvinists while Anglican Church has little difference with Catholicism for ages. Economically, Scotland centering on agriculture is less developed than England with industry and commerce. Politically, with its own parliament, Scotland has more liberty on the domestic front. From the point of law, Scotland is closer to the legal systems of the continent of Europe than England. Scots have gotten used to the multilevel of legislation, administration and law enforcement system. The above factors converged to create a limited psychological identification of England for Scots and they prefer a closer relationship with the European continent. Besides, this relationship can be regarded as a tool to resist England Hegemony inside the UK. After Brexit, Scotland will get more alienated with England while closer to EU. However, it is difficult, if not impossible, for Scotland to gain independence in the near future.

◇◇ Division between England and Northern Ireland

Ireland has attracted a large amount of foreign investment since 1980s through development of industries such as software and bio-technologies, and successfully transformed itself into "The Tiger of Europe" from "The Countryside of Europe". Now, Ireland's GDP per capita has exceeded that of Britain. The economic and trade ties between Northern Ireland and Ireland of Republic have much strengthened, and 31% of Northern Ireland's trade is related with Ireland. Nevertheless, there is limited room for the improvement of the relationship between Northern Ireland and the UK. Northern Ireland and Ireland are located on the same island and they need a special arrangement for trade and personnel exchanges. On January 15th, the British parliament refused to pass the Brexit Deal proposed by PM Theresa May. But if she rejects to delay the Brexit, Britain will step into Brexit without a deal from 29th of March, and Northern Ireland will be affected in several aspects. Taking its own interest into account, Northern Ireland may have to make a unilateral compromise with Ireland backed by EU, thus loosening its ties with London.

◇◇ Division between England and Wales

King of Gwynedd in Wales bowed to England in 927 AD, but the actual rule of Wales under England did not start until 1284 when King Edward I conquered the whole Wales and issued Welsh Law. To put Clause of Prince into effect, he played a trick by sending his pregnant wife to Wales for delivery so that his newborn son became qualified as prince of Wales. That is why the Crowned prince has been best owed the title of Prince of Wales. Welshmen are descendants of Celts while the majority of Englanders are posterity of Anglo-Saxons. For a long time, Wales played its role as Backyard Garden of King/Queen. With their own cultural tradition, Welshmen have a strong self-identification all the time. They operated their own parliament after the referendum in 1997. In recent years, the UK began to make more efforts to develop Wales while there is a low likelihood that Wales will become a "new England". Under the background of Brexit and with the influence of multiculturalism in Europe, the centrifugal force of Wales towards England, though weaker than Scotland, is still enforcing.

◇◇ Conclusion

The above divisions will affect British people's political and cultural identification at different levels. Both elites and grassroots will maintain their cultural identification of England, but politically, they will further divide in identification of the role of government, and conflicts concerning these issues may ensue. The other three regions, Scotland, Northern Ireland and Wales, will reflect on the following questions: Who am I? What does the United Kingdom mean to me? Remote areas like the U. S. , Canada, Australia and New Zealand have developed well and even better than the UK after independence. Closer areas, like us, why cannot? Republic of Ireland is a good case that small and backward parts of the UK can also accomplish leapfrog developments after independence. However, England feels that these three regions bite the hand that feed them. Hence the alienation between England and the three regions will increase. Nonetheless, the gap between social classes in England may narrow and the degree of the alienation on regional bases is limited. Where the equilibrium lies rests in compromise through gaming on various topics for discussion, in which England is greatly experienced. It may take a generation before the UK overcomes the Shock Waves of Brexit and achieves a new balance in politics, economy and culture.

后　　记

这是我的第三部个人文集。随着可选择空间的增加，过去几年已经很少写应景文章，除了学术论文、学术访谈外，偏爱写作"深度战略评论"。即使是短文章，也不太乐意写就事论事的时评文章，而愿意写一些不会很快过时的文章。也就是说，不太愿意聚焦"树叶"做文章，而愿意"解剖树干"乃至"深挖树根"。读者将会从本文集中对此有所感受。此类文章在许多年后，或许对读者仍有若干价值。近读钱穆的《国史新论》，强化了上述感受。不过，出版此类文集需要面临一个挑战：不大容易找到出版资助。我在勉力应对。

一部书的出版，从来不是一个人的事情。本书能够面世，也是多方出力的结果。

感谢我的同事彭博博士，一个踏实、能干的年轻学者。他承担了文章收集、分类、调整格式等大量烦琐事务。没有他的鼎力相助，本书的出版肯定会延后许久。有了他的敦促，我只好克服惰性，就他发来的一个又一个文本给出反馈意见，以便他下一步处理。感谢博士后程章玺，承担了最后一版书稿的删减、依照出版社要求调整全书格式等事务。

感谢中国社会科学院世界经济与政治研究所对本书出版的资助。

感谢本书的出版单位中国社会科学出版社与社长赵剑英先生、副总编辑王茵女士。能在这家出版社出版这个系列无疑是一种荣幸。与中国社会科学出版社几年来的合作，留下的是愉快的记忆与继续合作的自觉。同样要再说一遍：没有他们的支持和帮助，本书将无法以现在的标准面世。

在新冠肺炎疫情时期编辑本书是一个独特的体验。好在经过全国上下的努力，中国已经度过了疫情最严重的时期，正走向有序复工并重点防控外来输入的阶段。而东坝郊野公园的绿意也越来越浓。

不幸的是，中国以外新冠肺炎疫情尚处于扩散期，全球确诊病例已经上千万，导致了数十万人死亡。疫情明显地影响了全球大部分人的生活。甚至有人说，新冠肺炎疫情将深刻改变国际关系、逆转全球化进程。我想说的是，历史上不少传染病对人类的影响明显大于新冠病毒肺炎（这是中国的叫法，世界卫生组织称之为 19 冠状病毒病，英文为 COVID-19）。有证据表明，2019 新冠病毒（2019-nCoV）虽然有些奇怪的特点（如有一些无症状感染者，有些患者症状突然恶化，有些患者二次患病），但引发重症肺炎与多脏器衰竭的比率不高。也就是说，患者的死亡率低于鼠疫、伤寒、流脑、西班牙大流感等。总之，本次不幸染恙的患者绝大部分没有生命危险。而且，人类对抗传染病的能力与手段已经今非昔比。现在所需要的是，各国携手合作，共同应对新冠病毒这个人类共同的敌人，让各国民众以尽可能小的代价早日回归正常的工作与生活。

本书献给我的曾外婆陆允菊。她的一生非常不容易：一个生于 1894 年的缠足女性，28 岁携一岁多的幼女（我的外婆）回到双溪娘家，靠裁缝手艺把幼女抚育成人后，又一手拉扯大外孙女（我的母亲，外婆在母亲三岁时去世，不久外公又去了台湾），年过七旬后还帮助这个外孙女带长子（也就是我）。1978 年，以 84 岁高龄仙逝于长桥镇屏南四中职工宿舍，并被安葬在后山。"魂归双溪"是她的临终强烈愿望，"给她上坟"则是我的强烈情感诉求，锄草、献供、烧香、跪拜、叩头、默语，做完这些，心里舒坦而充实。因此，只要我在屏南，一定每年上坟。遗憾的是，她去世不久，我就转到县城上学，此后越走越远，漂泊于海内外，有时几年都没有回屏南。2011 年，母亲把曾外婆与外婆的骨灰盒移入长桥镇天宝寺骨灰塔。那儿可以永久安放。而我只去过两次。

　　三兄妹中，她与我相处的时间最长，也最疼爱我，叫我"阿力崽"，常说我是她的"小火笼"（福建山区常用的取暖用具，冬天几乎人手一个）、冬夜里的"暖脚宝"。写到这里，与她相处的经历又浮现在眼前，许多细节亲切而温馨。我想说的是：阿婆，您在那边还好吗？当年的阿力崽早已过了知天命之年，并在京城定居，是研究国际问题的学者，算是按照自己的意愿"回归文科"了。迄今为止，写过几百篇文章，走过数十个国家，出版过几本书。这最新的一本是献给您的，届时奉上。

2020 年 3 月 20—31 日于京东东坝福润四季 A 区寓所初稿毕

2020 年 5 月 18 日修改

2020 年 6 月 27 日改定